U0554955

本报告得到

国家社会科学基金项目（08BKG001）、

国家社会科学基金重大项目（10＆ZD085）资助

八 连 城

——2004~2009年度渤海国东京故址
田野考古报告

吉 林 省 文 物 考 古 研 究 所
吉林大学边疆考古研究中心　编著
珲 春 市 文 物 管 理 所

主编　王培新　梁会丽

文物出版社

封面设计：周小玮
责任印制：陈　杰
责任编辑：李克能

图书在版编目（CIP）数据

八连城：2004~2009年度渤海国东京故址田野考
古报告/王培新，梁会丽主编；吉林省文物考古研究
所，吉林大学边疆考古研究中心，珲春市文物管理
所编著. －北京：文物出版社，2014.5
ISBN 978-7-5010-3994-4

Ⅰ.①八…　Ⅱ.①王…　②梁…　③吉…　④吉…
⑤珲…　Ⅲ.①渤海国－都城（遗址）－发掘报告
Ⅳ.①K878.35

中国版本图书馆CIP数据核字(2014)第075598号

八 连 城

——2004~2009年度渤海国东京故址田野考古报告

吉林省文物考古研究所
吉林大学边疆考古研究中心　编著
珲春市文物管理所

文物出版社出版发行
（北京市东直门内北小街2号楼　邮政编码　100007）
http://www.wenwu.com
E-mail：web@wenwu.com

北京燕泰美术制版印刷有限责任公司制版印刷
新　华　书　店　经　销
889×1194　1/16　印张：27　插页：1
2014年5月第1版　2014年5月第1次印刷
ISBN 978-7-5010-3994-4　定价：360元

凡　例

一、编号系统

1．探方编号

2004～2009年度八连城遗址考古发掘分别在三个地点实施，第1地点为内城北部的宫殿建筑区，第2地点为内城南门址，第3地点为外城南门址。第1、2地点探方统一编号，第3地点探方以及内、外城南墙解剖探方独立编号。

第1、2地点探方编号方式：区号＋T＋东西方向编号＋南北方向编号。第1地点发掘面积较大，按象限分为Ⅰ～Ⅳ区，如：探方ⅠT0102。

2．器物编号

出土器物编号方式：发掘年度＋遗址名缩写＋出土探方及层位编号＋序列号。如：05HBⅠT0101②：1。

二、测量方向

1．坐标纵线方向

2004年10月对八连城城址进行的地形测量，平面坐标采用《1954北京坐标系》，高程基准为《1985国家高程基准》。利用这一测量系统，使用电子全站仪对第1、2发掘地点遗迹实施了平面测量。凡报告插图、图版中指北针方向标记为"北"者，即为《1954北京坐标系》中的坐标纵线方向（引用图除外）。

2．磁子午线方向

八连城遗址考古发掘第1、2、3地点探方纵线、现场手绘遗迹图方向，均采用磁子午线方向。凡报告插图中指北针方向标记为"磁北"者，即为八连城区域的磁子午线方向。《1954北京坐标系》中，八连城区域的磁偏角为-9°23′，子午线收敛角为+0°56′。

内容提要

　　吉林省珲春市八连城遗址为渤海国东京故址。2004年~2009年，吉林省文物考古研究所、吉林大学边疆考古研究中心、珲春市文物管理所对八连城实施了考古调查与发掘。六年期间的田野考古工作包括：

　　1. 对八连城遗址进行全面考古调查，测绘遗址地形图；

　　2. 对八连城内城主要宫殿建筑址、内城南门址、外城南门址、内城南墙、外城南墙等遗迹实施考古发掘。

　　本报告系此次八连城遗址调查发掘成果的最终考古报告，包括绪论、城墙与门址、内城建筑址、城址形制考察、出土遗物分析、结语六个部分。绪论部分介绍自然历史概况、调查发掘简史和2004~2009年度的田野考古工作；城址调查和内城建筑址部分分别报告城址调查及发掘成果；城址形制考察和出土遗物分析部分论述八连城规划布局、出土建筑构件类型及制作工艺；结语部分讨论城址年代、宫殿建筑功能以及八连城在渤海王城中所处位置。

　　本报告认为：八连城始建于公元8世纪后半期，废弃年代约在公元928年，为内外两重城规划设计，宫殿建筑采取中轴对称的院落式布局，位于内城北部中轴线上的两座宫殿建筑分别承担"前朝"和"后寝"功能。

目　录

插图目录

图版目录

第一章　绪　论

第一节　自然环境

八连城遗址位于吉林省延边朝鲜族自治州珲春市境内，东距珲春市区6千米。珲春市地处吉林省东部图们江下游地区，东南与俄罗斯滨海边疆区接壤，西南隔图们江与朝鲜咸境北道相邻，北与吉林省汪清县、黑龙江省东宁县为邻（图一）。

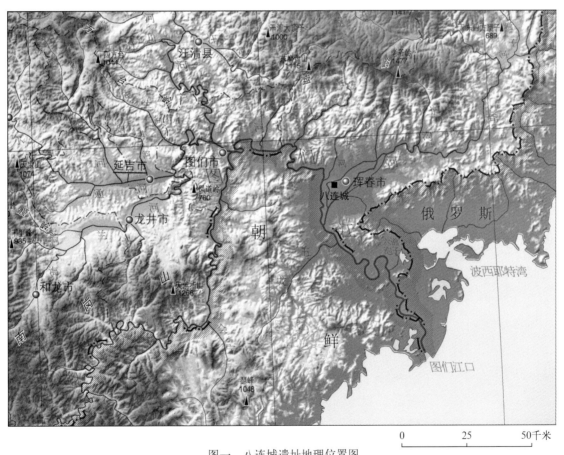

图一　八连城遗址地理位置图

珲春地区属中温带季风气候区，海洋性特征较明显，与同纬度内陆地区相比冬暖夏凉，雨量充沛。珲春地区年平均降水量为600～700毫米，6至9月平均降水总量约占全年降水量的70%。夏季多东南风，秋冬多西北风，风力一般5～6级。年平均气温5.6摄氏度，无霜期约130～160天。最高气温出现在8月份，平均为21.2摄氏度。最低气温出现在1月份，平均为零下11.7摄氏度。11月初封冻，翌年4月初解冻，最大冻深1.5米左右。

珲春境内地貌由山岭、河谷平原、浅山丘陵构成，境内地势北高南低。北部是由盘岭、大龙岭等山岭形成的山系，老爷岭是境内最高峰，海拔1477.4米。东南部为沿海丘陵地带，沿中俄国界呈东北—西南向分布多座海拔500～600米的低山。南部为图们江、珲春河冲积形成的河谷盆地，图们江入海口附近的防川村海拔仅5米。珲春境内共有大小河流五十多条，水资源总量20.58亿立方米。图们江和珲春河是流经珲春境内最大的两条河流。图们江为中朝两国界河，发源于长白山主峰东麓，一路流向东北，于珲春市西部折往东南流经珲春西南全境，注入日本海，全长521千米，是中国从陆路进入日本海的水上通道。珲春河发源于境内东北部山岭地带，全长150千米，从东北向西南流贯全境，沿途汇集大小河流三十余条，在下游冲积形成河谷盆地，于珲春市南部汇入图们江。

珲春境内森林覆盖率为76.5%，主要树种是松、椴、柞、桦、柳、黄柏、赤榆，林区野生动物有熊、虎、鹿、狍子、野猪等，平原地区则是多种候鸟迁徙时的必经之地。

珲春境内矿产资源丰富，能源矿产有煤、石油、天然气，金属矿有金、铝、铜、铅、钨、铁，建材原料矿有红柱石、水晶石、珍珠岩、辉长石等。其中煤炭资源最为丰富，珲春、春化、敬信等几个沉煤盆地，煤炭探明储量7.78亿吨。

珲春境内土壤的PH值为中性偏酸，全市耕地面积 20738 公顷，水田面积 7520 公顷，旱田面积 13218 公顷。主要农作物为水稻、玉米、大豆。

第二节　历史沿革

历史上珲春地区曾经是沃沮、高句丽、靺鞨、女真、满等多民族活动的地方，留下的古代遗存较为丰富。据初步统计，目前珲春市已发现古代遗址、城址、墓葬等遗迹80余处。

活动于长白山以东至日本海沿岸一带的沃沮人的遗存，已经得到了考古学的确认。在我国此类遗存被定名为 "团结文化"，年代约在战国晚期至东汉[1]。珲春发现的团结文化遗迹较多，主要有珲春河流域的一松亭遗址、小六道沟遗址、马川子遗址、杨泡遗址和图们江流沿岸的窟窿山遗址、密江西岗子遗址、敬信六道泡遗址等，是团结文化的一个重要分布地区[2]。《三国志·东夷传》记载："东沃沮在高句丽盖马大山之东，滨大海而居"。"汉初，燕亡人卫满王朝鲜，时沃沮皆属焉。汉武帝元封二年，伐朝鲜，杀满孙右渠，分其地为四郡，以沃沮城为玄菟郡。后为夷貊所侵，徙郡句丽西北，今所谓玄菟故府是也。沃沮还属乐浪。汉以土地广远，在单单大领之东，分置东部都尉，治不耐城，别主领东七县，时沃沮亦皆为县。汉建武六年，省边郡，都尉由此罢。其后皆以其县中渠帅为县侯，不耐、华丽、沃沮诸县皆为侯国"。"国小，迫于大国之

[1] 林沄：《论团结文化》，《北方文物》1985年第1期。

[2] 李云铎：《吉林珲春南团山、一松亭遗址调查》，《文物》1973年第8期；延边博物馆《延边文物简编》编写组：《延边文物简编》，延边人民出版社，1998年，延吉。

间，遂臣属句丽"[1]。 按《三国志·东夷传》的记载，至少从西汉初至东汉，在今长白山以东至沿海地区存在一个被称为"沃沮"的民族集团。沃沮经历了卫氏朝鲜、汉郡属县、废县为侯国和臣属高句丽等阶段。

高句丽大约在东汉前期征服了沃沮。据《三国史记·高句丽本纪》记载：太祖大王"四年（公元56年）秋十月，伐东沃沮，取其地为城邑，拓境东至沧海，南至萨水"[2]。又据《三国史记·高句丽本纪》记载：太祖大王"四十六年（公元98年）春三月，王东巡栅城。及至栅城，与群臣宴饮，赐栅城守吏物段有差。遂纪功与岩，乃还"。史地研究者多根据《新唐书·渤海传》中"秽貊故地为东京，曰龙原府，亦曰栅城府"之记载考证珲春八连城遗址为渤海东京龙原府故址，高句丽时期的栅城当在今珲春一带，并推定位于八连城遗址附近的萨其城或温特赫部城遗址为高句丽之栅城[3]。

自晋以后，史籍中已不见有关沃沮的记载。从南北朝开始文献中出现了勿吉、靺鞨的名称。《北史·勿吉传》："勿吉国在高句丽北，一曰靺鞨。邑落各自有长，不相总一。其部类凡有七种：其一号粟末部，与高丽接，胜兵数千，多骁武，每寇高丽；其二伯咄部，在粟末北，胜兵七千；其三安车骨部，在伯咄东北；其四拂涅部，在伯咄东；其五号室部，在拂涅东；其六黑水部，在安车骨西北；其七白山部，在粟末东南"[4]。靺鞨诸部按其居地得名，白山部位于长白山以东至海的广泛地区，与原沃沮之地大体相当。《旧唐书·靺鞨传》记载："其白山部，素附于高丽，因收平壤之后，部众多入中国"[5]。因此，沃沮地区在晋以后逐渐成为了靺鞨白山部的分布区。但目前考古学研究，还不能明确分辨出高句丽时期的沃沮及靺鞨白山部的文化遗存。不过，在延边地区的一些城址及遗址中常见一种施粗绳纹、席纹、方格纹的泥质红陶瓦的残片，其风格与高句丽遗迹出土的瓦相近，也许此类瓦片即是高句丽时期沃沮或靺鞨白山部的遗物。珲春境内出有高句丽风格瓦片的遗址有温特赫部城、萨其城、石头河子城等[6]。

隋至唐初，粟末靺鞨成为靺鞨诸部发展最快的一支，其首领突地稽于隋开皇年间率部南迁营州。唐灭高句丽后，又有部分粟末靺鞨、白山靺鞨人迁入营州。自隋以来，营州聚集了大量靺鞨人，其上层接受唐朝先进制度，积极学习中原技术与文化。唐武则天万岁通天元年（公元696年），乘契丹反叛之机，靺鞨首领大祚荣率部众迁回靺鞨故地，圣历元年（公元698年）自立为振国王。睿宗先天二年（公元713年），唐册封大祚荣为忽汗州都督、渤海郡王，始去靺鞨号，专称渤海。据《新唐书·渤海传》记载，渤海国地有五京、十五府、六十二州。史地及考古学研究成果普遍认为，珲春八连城遗址即为渤海国东京龙原府故址，渤海国第三代王大钦茂时曾一度以东京为王城。因此，珲春成为渤海国中心地区之一，渤海遗迹遍布全境。

唐朝灭亡后，东北地区契丹族兴起，于公元907年建立政权。辽太祖天显元年（公元926年）攻灭渤海，在其地建东丹国，对渤海人实施统治。太宗天显三年（公元928年），迁东丹国于东平

[1] 《三国志》卷三十·东夷传，中华书局，1999年，北京。
[2] 《三国史记》卷第十五·高句丽本纪第三 （校勘本），吉林文史出版社，2003年，长春。
[3] 李健才：《东北史地考略》，吉林文史出版社，1986年，长春；延边博物馆《延边文物简编》编写组：《延边文物简编》，延边人民出版社，1998年，延吉。
[4] 《北史》卷九十四·勿吉传，中华书局，1999年，北京。
[5] 《旧唐书》卷一百九十九下·靺鞨传，中华书局，1999年，北京。
[6] 延边博物馆《延边文物简编》编写组：《延边文物简编》，延边人民出版社，1998年，延吉。

郡（今辽宁省辽阳市），升为南京，后改为东京。在这一过程中，渤海遗民大部分被迁徙辽境和辽东，渤海故地遂成为女真人居地，属辽东京道率宾府。

辽代后期女真族势力崛起，女真完颜部首领阿骨打于1114年起兵反辽，1115年称帝，建国号金，1125年灭辽。金在其辖境设京、路、府、州实施统治，珲春地区属隶属上京曷懒路。曷懒路领猛安谋克不领民户，比于府州。1941年，在珲春沙河子山城（太平川山城）曾出土过一方"菜栏河谋克之印"铜印，印纽阴刻"定十八年三月礼部造"[1]。该城址位于珲春河上游右岸，城内处于山谷地带，城墙修建在周围山脊之上，周长约1700米，城内残存建筑础石及金代瓦片。"菜栏河谋克之印"印纽阴刻文字"定十八年"应是金世宗大定十八年，沙河子山城可能是金代曷懒路总管府下辖的菜栏河谋克城[2]。

金末由于受到蒙古军队的攻击，金朝的统治岌岌可危。金宣宗贞祐三年（公元1215年），辽东宣抚使蒲鲜万奴叛金，自称天王，建元天泰，国号大真，1217年改国号东夏，1233年被蒙古攻灭，存国十九年。东夏国是金末建立的地方政权，其疆域东达日本海，西、北边界为牡丹江及松花江下游地区，南境在朝鲜咸镜南道咸兴一带，大体相当于金代胡里改路、曷懒路、恤品路的范围。东夏国将其统辖区域划分为三路，即图们江流域的南京路，绥芬河流域的恤品路和牡丹江、松花江流域的开元路。延边地区属于东夏国南京路，位于延吉市东约10千米的城子山山城因出土天泰三年款"南京路勾当公事之印"、天泰二年款"兵马安抚使印"、大同七年款"勾当公事之印"等刻有东夏国年号的铜印，而被推定为东夏国南京故址。珲春亦是东夏国遗迹分布较多的地区，位于珲春市区西南约10千米的裴优城曾出土崇庆二年款"勾当公事威字号之印"以及天泰年款的"副统所印"、"行军万户之印"、"勾当公事天字号之印"和大同年款的"尚书礼部之印"、"副统所印"等金及东夏年号铜印。从地理位置、建制、规模、出土遗物等方面推断，裴优城为一座建制完备的金代城址，应是金及东夏时期的重要军政重地[3]。

公元1234年，蒙古灭金，1271年建立元朝。元初在东夏国故地设南京、开元万户府，延边地区属南京万户府管辖。元统一中国后，在全国设十一行省，东北地区为辽阳行省，延边地区隶属辽阳行省开元路。1931年，在和龙县七道沟曾经出土"开元路退毁昏钞印"铜印，是延边地区归属开元路的证明[4]。

公元1368年，明朝建立，在平定元朝在东北的残余势力后，明在东北地区设辽东都司，后置奴儿干都司，以及众多卫所等地方机构，招抚女真各部，接管了元在东北的全部版图。明代延边地区归属奴儿干都司统辖，永乐元年（公元1403年）在绥芬河流域置建州卫，永乐三年又在珲春河流域置毛怜卫，此二卫所范围大体上相当于渤海国的东京龙原府、率宾府地区[5]。明朝后期女真各部逐渐强大，其中原居住在绥芬河流域、珲春河及图们江下游的建州女真迁居到了浑河上游苏子河一带。自万历十一年（公元1583年）始，建州女真首领明建州左卫指挥使努尔哈赤起兵统一建州诸部、吞

[1] 斋藤優：《珲春県の遺跡遺物》，《半拉城と他の史蹟》，半拉城址刊行会，1978年。

[2] 延边博物馆《延边文物简编》编写组：《延边文物简编》，延边人民出版社，1998年，延吉。

[3] 延边博物馆《延边文物简编》编写组：《延边文物简编》，延边人民出版社，1998年，延吉。

[4] 延边博物馆《延边文物简编》编写组：《延边文物简编》，延边人民出版社，1998年，延吉。

[5] 李健才：《明代东北》，辽宁人民出版社，1986年，沈阳。

并海西女真、收服东部蒙古。万历四十四年（公元1616年），努尔哈赤即汗位，建国号金。1626年子皇太极嗣立，1635年改女真族名为满洲，1636年即皇帝位，改国号为清。顺治元年（公元1644年），清军入关，明朝灭亡。

清初在东北地区东部设宁古塔将军，旋改设吉林将军。入关以后至康熙二十年（公元1681年），以保护其祖先发祥地为由，将长白山地区划为禁区，实行封禁政策。康熙五十三年（公元1714年），清朝在今珲春城区设珲春协领，隶属宁古塔副都统。光绪七年（公元1881年）增设珲春副都统，帮办吉林边务，管辖今延边大部分地区。光绪三十三年（公元1907年），奉天、吉林、黑龙江将军改行省，设巡抚，又设东三省总督统辖。悉裁副都统、协领、城守尉等驻防，改设府、厅、州、县。宣统元年（公元1909年），设珲春厅，隶属吉林省。

民国三年（公元1914年），改设珲春县。1945年延边地区解放，成立珲春县人民政府，1988年珲春撤县立市。

第三节　城址土地开垦概况

民国初年，八连城遗址范围属于珲春县兴仁乡管辖，城址内土地开始被附近的半拉城子屯农民开垦。1931年"九一八事变"之后，珲春被日军侵占，并在八连城的东北和东南两侧修建军用机场，城址内外土地一律征为军用，不得耕种。

1945年日本战败后，八连城内外土地复归珲春县兴仁区八连城乡农民耕种。1948年，八连城内耕地划归珲春县集体农庄，1952年集体农庄改为珲春县良种场，在八连城外城东北部建立了一个生产队，对城内遗迹不断造成破坏。1958年建设完成的水利干渠，将外城北面护城壕及北墙墙体外侧堆积部分毁掉。"文革"期间，珲春县还在外城东北角建"五七干校"宿舍，加剧了人为活动对城址的干扰。此后，历年的农田基本建设，都对城址造成了一定程度的破坏，城址及其周边环境不断发生着改变。到20世纪70年代末，内城北墙东段已开垦为耕地，西段已被铲平成为道路，内城土地几乎全部被开垦耕种。

20世纪80年代以来，文物部门加大了对八连城遗址的保护力度，迁移了城址内的建筑。但因这一地区旱田改造水田的趋势不减，对城址的破坏行为仍时有发生。在外城的东北部和西北部，当地农民曾动用机械平整土地。城墙墙体多处被挖断，修建引水灌渠。

八连城城址内绝大部分土地现为珲春市良种场耕地，除了外城东北部保留部分旱田以外，均已开垦成水田，内城的南部也改造成水田，并且水田面积不断向北部扩展。

第四节　调查发掘简史

　　对八连城遗址的学术考察始于20世纪前半期，1937年日本学者鸟山喜一首次对八连城进行了考古发掘，次年发表八连城为渤海国东京龙原府故址的学术观点，此后八连城遗址备受学界关注。在日本侵占中国东北时期，曾对八连城实施多次调查发掘。从发表的调查发掘报告中不难看出，当时的考古发掘存在诸多问题。一是对城址的基本布局并未作出全面考察；二是对宫殿建筑的发掘也不规范，只是根据揭露出的础石推断建筑的范围及形制，不仅难以认识建筑的整体结构，而且对建筑台基造成了一定程度的破坏。由于当时渤海城址保存尚好，加之有较为专业的实地测量，使人们对渤海城址有了前所未有的认识，并对学界产生长期影响[1]。

　　自20世纪初开始，与日本侵华政策密切相关，一些日本历史、考古学者把研究重点转向中国东北地区。1922年，鸟山喜一到达延边地区，对多处遗址进行调查。1923年调查了和龙西古城，1924年调查珲春八连城，认为这两座城址与渤海国有关。1926年，鸟山喜一调查渤海上京城遗址，对比城址形制及采集的砖瓦，认为上京城遗址与八连城、西古城同属渤海国遗迹[2]。

　　"九一八"事变后，日本侵占中国东北地区，建立伪满洲国。在日本政府和侵华日军的支持下，鸟山喜一、斎藤優、驹井和爱等又以受伪满洲国文教部、珲春县公署委托之名义，对八连城遗址进行多次调查与发掘。因此，八连城遗址最初的考古发掘调查，是由日本学者实施的。

　　1936年，鸟山喜一调查八连城遗址。1937年，鸟山喜一、藤田亮策测绘八连城城址平面图，发掘了位于内城北部的两座宫殿址（图二）[3]。1938年，鸟山喜一在《渤海东京考》一文中，对八连城遗址考古发掘成果作出进一步说明与分析，并结合文献记载及史地考证，提出了八连城为渤海国东京龙原府故址的学术观点[4]。

　　1941年，斎藤优（斎藤甚兵卫）调查八连城遗址。1942年，对城址进行测绘，发掘了位于内城北部的多座建筑址和内城西门、南门址和城址南方的三处佛寺遗迹。斎藤優认为八连城遗址的外城相当于都城的内城，内城相当于宫城，并根据城内遗迹分布以及城址南方寺庙址位置等迹象推断，八连城存在更大规模的外城（图三）[5]。

　　1942年，为了证实八连城是否存在更大规模的外郭城或栅城遗迹，并进一步确认内城南门及鸟山喜一发掘的"第二殿址"的规模，驹井和爱再次对八连城进行调查和测量，并发掘了内城南门和第二殿址。此次发掘调查并未发现外郭城或栅城遗迹，但驹井和爱对八连城的重新调查以及对内城南门址及第二殿址的发掘，获得了比此前发掘调查更为详尽的资料，澄清了第二殿址的规模及形制，并确认内城南门为面阔五间进深二间的建筑。驹井和爱认为，八连城并无斎藤優推测的更大规

[1]　王培新：《20世纪前半期珲春八连城考古选评》，《边疆考古研究》第11辑，科学出版社，2012年，北京。
[2]　鸟山喜一：《渤海文化の跡を求めて》，《渤海史上の諸問題》，風間書房，1968年，東京。
[3]　鸟山喜一、藤田亮策：《間島省の古蹟》，満洲国文教部编，1942年。
[4]　鸟山喜一：《渤海東京考》，《史学論叢》第七辑，京城帝国大学文学会論纂，岩波書店，1938年，東京。
[5]　斎藤甚兵衛：《満洲國間島省琿春縣半拉城について》，《考古学雜志》第三十二卷第五號，1942年；斎藤優：《半拉城と他の史蹟》，半拉城址刊行会，1978年。

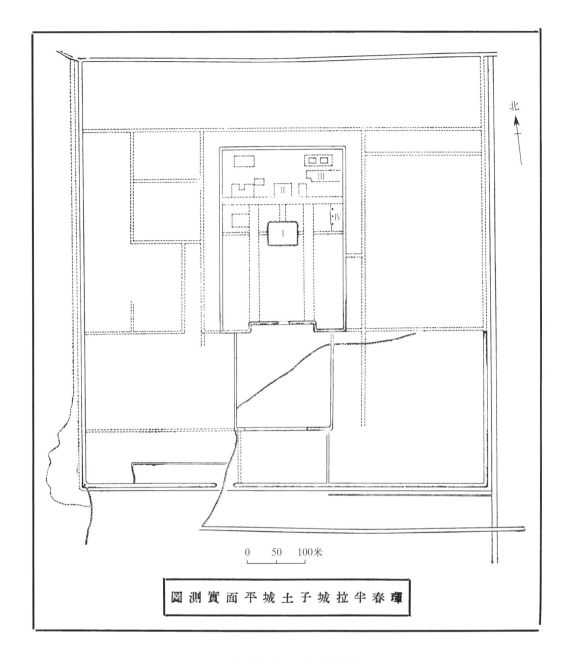

图二　珲春半拉城子土城平面实测图

模的外城遗迹，但也许正如文献中所记"东京亦曰栅城府"，而存在木栅外城郭（图四）[1]。

20世纪50年代以来，吉林省文物考古工作者曾多次对八连城遗址进行调查及测量。

1958年，珲春县文教科调查八连城遗址，建立文物保护档案，开始了有组织的遗址保护工作。1960年延边朝鲜族自治州文物管理委员会调查八连城遗址，充实文物档案内容，为遗址保护提供了详细的考古资料。1961年，吉林省政府公布八连城遗址为吉林省重点文物保护单位。

1972年，吉林省博物馆李健才调查八连城遗址。通过实地调查，李健才对八连城遗址提出以下

[1]　驹井和爱：《渤海東京龍原府宮城址考》，《中国都城·渤海研究》，雄山閣出版，1977年，東京。

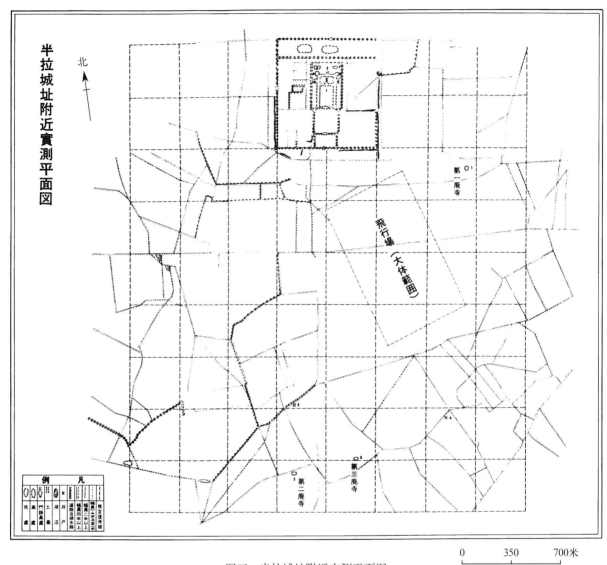

图三　半拉城址附近实测平面图

观点：八连城为土筑方形，有内城和外城，外城周长2854米，内城周长1044米。从八连城的形制和采集到的渤海瓦块来看，是典型的渤海城。其形制以及出土文物，和宁安东京城、和龙西古城子基本相同。从其地理位置来看，八连城在东京城的东南，"东南濒海"，和文献所载渤海东京龙原府的地理位置相符，因此八连城为渤海东京龙原府遗址可谓无疑[1]。

1983年，吉林省文物管理部门组织专业人员，对珲春县开展了文物普查工作，期间对八连城遗址进行了全面调查。据《珲春县文物志》记录：八连城分内城和外城，城墙均为土筑。外城呈方形，周长2894米。北墙长712米，东墙长746，西墙长735米，南墙长701米，城外护城河尚依稀可辨。内城位于外城中央稍偏北处，呈长方形，周长1072米。其南北墙各长218米，东西墙各长318米，南墙中部有宽25米的南门址。内城中央有一座东西45米，南北30米的高台，其北约32米有三座房址，础石东西排列成行，房址和高台之间由一条步廊相连接。《珲春县文物志》编写者认为，八

　　[1]　李健才：《东北史地考略》，吉林文史出版社，1986年，长春。

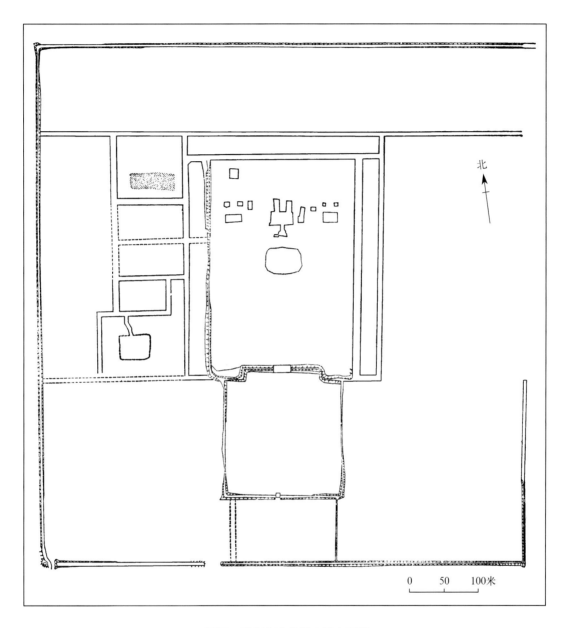

北

0　　50　　100米

图四　渤海东京龙原府址实测图

连城是渤海国东京龙原府故址，渤海"日本道"的枢纽（图五）[1]。

　　1990年以来，对于八连城遗址的调查，主要围绕着专题学术研究及遗址保护而展开。为此，吉林省文物考古研究所、延边朝鲜族自治州文管会、珲春县文管所等单位，做了大量的田野调查工作，建立了较为健全的文物档案及保护制度。1992年，吉林省人民政府公布八连城遗址保护范围和建设控制地带。2001年，国务院公布八连城遗址为第五批全国重点文物保护单位。

---

[1]　吉林省文物志编委会主编：《珲春县文物志》，1984年。

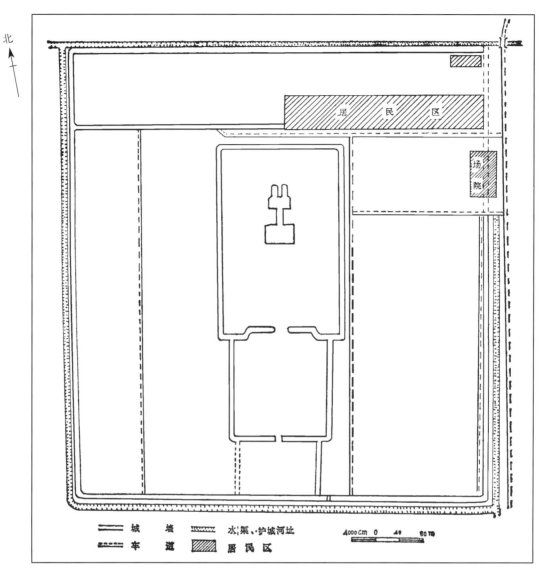

北

图五　八连城平面图

第五节　2004～2009年度田野考古工作

　　2004年～2009年度八连城遗址田野考古调查与发掘，是"吉林省境内渤海都城址研究"学术课题的组成部分，同时也是实施八连城大遗址保护规划的基础工作。通过此次专题性科学调查与发掘，将较为全面地掌握、揭示八连城遗址的保存现状及城址规划布局特征，为八连城大遗址保护规划的具体落实及渤海都城建制等学术研究提供系统考古学资料。

　　为此，2004年～2009年，吉林省文物考古研究所与吉林大学边疆考古研究中心联合，对八连城遗址开展了六个年度的考古调查与发掘工作。

2004年7月16日～11月4日，对八连城遗址进行全面调查，发掘位于内城的第一、二号建筑址之间廊道和第二号建筑址主殿及其北部附属设施，揭露面积约3500平方米，并完成本年度发掘资料的整理工作。参加工作人员有吉林省文物考古研究所梁会丽、李光日、王志刚，吉林大学边疆考古研究中心王培新、张文立、史吉祥，珲春市文物管理所李今锡。8月1日～10月4日，吉林大学边疆考古研究中心硕士研究生赵俊杰、博士研究生唐淼，吉林大学文学院博物馆学系2002级本科生陈超、陈立成、昌硕、范琳琳、侯静波、黄莉、胡彦羽、李飘飘、兰廷成、刘莹、马晓光、孙琳、沈莎莎、宋文佳、王征宇、王宇、杨明远、张小平、张雅真、章竹林等，在八连城遗址参加田野考古实习。10月20日～26日，由北京特种工程设计研究院完成了八连城遗址地形图的测绘[1]。

2005年7月1日～11月20日，发掘第一号建筑址和第一建筑址东西两侧廊庑的南部，揭露面积约4000平方米，并完成本年度发掘资料的整理工作。参加工作人员有吉林省文物考古研究所梁会丽、刘玉成、徐坤、谷德平、王新胜、王昭、林世香、于丽群，吉林大学边疆考古研究中心王培新、赵俊杰（研究生），珲春市文物管理所李今锡。吉林大学边疆考古研究中心硕士研究生燕妮、宋蓉、孙颢、张玲，考古学及博物馆学专业本科生罗鹏、郭小宁、易立、陈章龙、王征宇、黄莉、陈超等参加了部分发掘工作。

2006年7月7日～10月27日，发掘第二号建筑址东西朵殿、东西廊道和第一建筑址东西两侧廊庑的北部，揭露面积约3000平方米，并完成本年度发掘资料的整理工作。参加工作人员有吉林省文物考古研究所梁会丽、刘玉成、王昭、于丽群，吉林大学边疆考古研究中心王培新，珲春市文物管理所李今锡。吉林大学边疆考古研究中心硕士研究生陈章龙、王光远、崔鲜花、林海慧、肖新琦，考古学及博物馆学专业本科生于焕金、许鹏、杨利平、胡长城等参加了部分发掘工作。10月12日，由辽宁省文物考古研究所穆启文、李军完成内城发掘区空中摄影工作。

2007年9月21日～10月19日，配合八连城遗址本体保护工程，发掘内城南门址，揭露面积约700平方米。因天气突变，发掘工作未能全面完成，覆土回填保护。参加工作人员有吉林大学边疆考古研究中心王培新，珲春市文物管理所李今锡。

2008年4月18日～6月15日，继续上一年的工作，发掘内城南门址。两年度揭露面积合计约1000平方米，完成了内城南门址的资料整理工作。参加工作人员有吉林省文物考古研究所梁会丽、刘玉成、王昭、于丽群、赵昕。

2009年5月8日～8月31日，配合八连城遗址本体保护工程，发掘外城南门址，解剖外城城墙，揭露面积约130平方米，完成了外城南门址的资料整理工作。参加工作人员有吉林省文物考古研究所刘玉成等。

2004年～2009年度八连城遗址田野考古调查与发掘，以科学的规划为指导，具有较强的计划性。在对城址进行全面调查的基础上，考虑到渤海王城的营造是以唐朝都城为模式，因此中轴线建筑布局及建筑形制就成为了渤海城址考古的核心。此次发掘有针对性地选择了位于内城北部全城中轴线上的两座建筑址以及内、外城的南门址开展工作。发掘期间对城址实施了地形测量，设立永久性坐标基点，内城全面敷设探方，揭露面积较大，操作规范。

[1] 吉林大学边疆考古研究中心、吉林省文物考古研究所：《吉林省珲春八连城遗址2004年调查测绘报告》，《边疆考古研究》第七辑，科学出版社，2008年，北京。

　　八连城是一处城址整体格局及诸单元建筑遗迹保存相对完整的渤海王城遗址，发掘工作认真贯彻《八连城遗址保护规划》的要求，发掘时基本上仅作揭示，只进行必要的少量解剖，尽可能地保存了遗迹的原真性。

　　通过2004年～2009年度八连城遗址田野考古工作，取得了以下几个方面的学术成果：

　　1．通过实地调查和地形测量，较为全面地掌握了八连城遗址的保存现状，获得了城址地貌特征及城墙等遗迹的准确测量数据，为八连城遗址保护规划的具体落实提供了科学、系统的考古学资料。

　　2．对内城主要建筑基址、内外城南门址及城墙的发掘，弄清了渤海大型建筑、王城城墙、城门的建筑技术与结构特征，明确了八连城宫殿建筑布局及主要建筑的使用功能。

　　3．在城址现况调查及内城主要建筑址发掘的基础上，分析早年八连城考古资料所记录的遗迹迹象，对地表现已不能辨识的城址结构和未实施发掘区域存在的建筑遗迹作出科学推断，尽可能做到全面复原城址格局。

　　4．在资料整理过程中，对出土的建筑材料进行了详细的分类，划分类型、考察制作工艺及文字瓦特征。考古报告按出土位置和层位发表遗物，资料方便渤海城址、建筑等综合研究的利用。

　　5．根据此次发掘所获地层关系、建筑遗存埋藏迹象、出土遗物特征，对八连城的始建与废弃年代作出科学推断。

第二章　城墙与门址

第一节　城址保存现状

八连城遗址位于吉林省东部图们江下游珲春河冲积平原，城址中心地理坐标为东经130°16′58″，北纬42°51′30″，高程36米。八连城西2.1千米图们江自西北向东南流淌，东7千米珲春河自东北流向西南，于城址的南面汇入图们江。城址地处河谷平原地区，近处地势平坦，河渠密布，远处群山环绕（图六）。

八连城遗址现处于农田耕种环境，城内构筑物较少，自然环境基本无污染。城址内部及周边地带多已开垦为水田，外城东北部和内城北部地势稍高，为小面积的旱田。由于长期的农业耕种，特别是20世纪50年代以来不断加速的水网改造，已使八连城遗址内外田畦阡陌、沟渠纵横，遗址环境发生很大改变（图七）。

为了全面了解八连城遗址现存状况，制定遗址保护规划，2004年7月至10月期间，八连城考古工作队会同八连城遗址保护总体规划设计单位、八连城遗址本体保护工程总体方案设计单位、测绘单

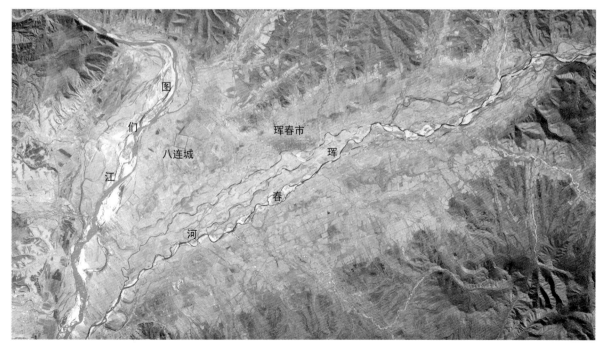

图六　八连城周边地貌图片

图七　八连城遗址自然环境图片

图八　第一号建筑址保存状况图片（西南—东北）

位、当地土地规划和水利部门的专业人员，对八连城遗址进行了多次专题性田野调查、测绘城址地形图，基本掌握了八连城遗址的保存现状及所处环境状况（图八）。

八连城遗址有内、外两重城垣，分别构成八连城的内城和外城。目前通过地面调查可以确认的遗迹包括：外城四面城墙、内城四面城墙、内城南门址、内城北部中央的二座建筑基址、外城北部一条东西向隔墙、外城南部四条南北向和一条东西向隔墙。

2009年，配合八连城遗址本体保护工程的实施，通过考古钻探，在外城南墙中央位置发现外城南门址。除内、外城南门址以外，其他门址已无法通过地面调查得到确认。以往调查、发掘所认定的建筑遗迹，除位于内城北部中央的二座建筑基址以外，其他建筑均已不辨迹象。此外，外城城墙现存的几处豁口，因缺乏考古证据，尚不能确认其是否为门址所在。沿外城城墙的外侧修建了引水干渠，地面调查已不可辨认城濠迹象。

八连城外城平面呈长方形，以城址几何中心位置计算，外城东西约707.4米、南北约744.6米[1]。城址纵轴与真子午线方向基本平行。内城位于外城中央略偏北，内城南墙的中段向北折入，平面近似"凹"字形。以内城几何中心位置计算，内城东西约216.4米、南北约317.6米。内城南墙中央位置有宽约24米的豁口，为内城南门址。外城的北部存有1条东西向隔墙，其中段已被耕地破坏，此隔墙将外城北部分隔为一处东西约700米、南北约130米的封闭区域。在内城南墙与外城南墙之间，有4条南北向和1条东西向隔墙，将外城南部中央划分出南北并列的两处封闭区域。北区东西约170米、南北约160米，南区东西约156米、南北约95米。

在内城北部中央，可以确认二座南北向分布的大型建筑基址，二者间距约38米(图版一、二)。位于南面的建筑基址编号为第一号建筑址，现存迹象为东西约52米，南北约36米，高出周围地面约2米的椭圆形土丘，其上仍有数十座尚未迁移的无主坟（图八）。位于北面的建筑基址编号为第二号建筑址，现在基本处于早年发掘后的遗弃状态，地面长满灌木、杂草。从地表可辨认迹象观察，基址东西约30米，南北约20米，高约0.3米，台基顶部暴露出河卵石铺层，还有数块础石散布其上。

第二节　城墙遗迹

八连城遗址现存城墙遗迹包括：外城四面墙、内城四面城墙、外城北部隔墙、外城南部隔墙（参见图九）。

一、外城城墙

八连城外城的四面城墙，除东墙北段和北墙东段墙体不存以外，其他部分的墙体均有迹象可辨。现在外城城墙多已成为道路，农机车辆的辗轧、挖掘水渠等耕作活动，使大部分墙体颓塌，迹象漫漶不清，门址等遗迹已无法通过地面调查确认。

（一）南墙

全长约698.4米，底部宽5.4～10.8米，高0.4～0.5米，最高处约1米。外城西南角东14米、115米、143米处有排水涵管穿过墙体，西南角东246.6米处有宽约11.7米的豁口，东南角西270米有水渠穿过墙体。南墙西段（外城西南角东0～264米）为机耕道路，受破坏严重，墙体低矮。中段（外城西南角东264～423米）和东段（外城西南角东423米～外城东南角）为田间小路，墙体保存稍好。西段和中段墙体的南坡有数座现代墓葬。

（二）北墙

北墙东段部分墙体，地表已无迹象。自外城西北角至北墙延长线与东墙延长线交汇点，全长约

---

[1]　由于八连城遗址各面城墙均有不同程度的破坏，部分地段墙体迹象不甚明确，因此本报告以现存城墙遗迹的顶部中心点为基准计算长度，以各面城墙墙体保存状况较好位置举例报告城墙现存高度和底部宽度。

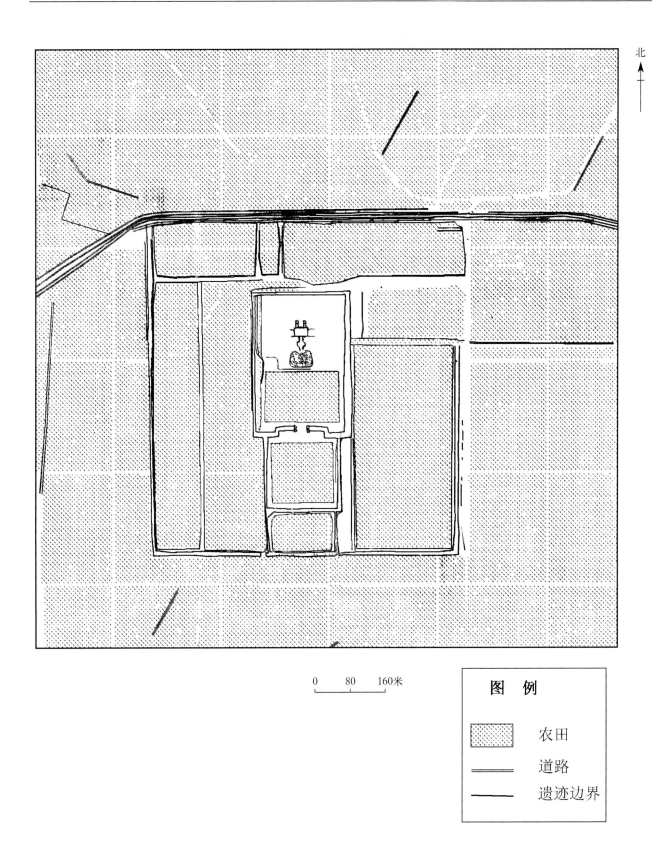

北

0　　80　　160米

图　例

农田

道路

遗迹边界

图九　八连城遗址地形图

709.2米，现存北墙墙体长约657米，底部宽2.7~4.5米，高1.7~1.9米，最高处约2.6米。外城西北角东15米有水渠穿过墙体，西北角东83米处墙体有一处宽约8.8米的塌方，西北角东269米和507米处有排水涵管穿过城墙。北墙北侧紧邻灌溉干渠，现存墙体较其他三面城墙窄，顶部凹凸不平。通过地面调查推测，北墙墙体外侧可能受到了水渠的破坏，顶部存有修建水渠时的堆土。外城西北角位置，因受到挖掘引水渠及平整土地等活动的破坏，墙体已无迹象。

（三）东墙

东墙北段墙体早已被破坏，地表无迹象。自外城东南角至东墙延长线与北墙延长线交汇点，全长约743.4米，现存东墙墙体长约462.6米，底部宽5.6~11.7米，高0.6~0.7米，最高处约1米。外城东南角北34米处有沟渠穿过墙体，东南角北104米处城墙有一处塌方，东南角北69米和165米处分别有宽约8.8米和23米的豁口。东墙的北段现在已辟为耕地，中段为机耕道路，南段曾种植过林带，现处于自然状态。

（四）西墙

全长约734.4米，底部宽3.8~10.8米，高0.4~0.6米，最高处约0.8米。外城西北角南123米处有沟渠穿过墙体。西墙墙体现为机耕道路，顶部平坦，西北角处墙体受破坏严重。

二、内城城墙

内城位于外城中央略偏北，呈南北向长方形。内城南墙距离外城南墙约266米，内城北墙距离外城北墙约162米，内城东墙距离外城东墙约248.4米，内城西墙距离外城西墙约237.6米。

（一）南墙

南墙中段墙体（内城西南角东52.3~167.4米）向北折入约13.5米。从内城西南角至内城东南角直线距离约216米，南墙西段长52.3米，中段长115.1米，东段长48.6米，底部宽9.8~12.6米，高约1.7米。南墙中段中部，宽约24.3米的地段无墙体，此处尚存1块础石，为内城南门址。内城西南角东25米和东北角西15.3米处有水渠穿过墙体，中段的北折墙体均有豁口。

南墙基本处于自然保存状态，墙体上杂草灌木丛生，墙体南侧有相当数量的现代墓葬。

（二）北墙

全长约219.6米，底部宽5.4~7.2米，高约0.4米。北墙西段为机耕道路，东段受到耕地破坏墙体低矮，东北角墙体已被夷平。

（三）东墙

全长约316.8米，底部宽10~18.5米，高约0.6米。中部有一处宽约8米的豁口。东墙北段现为机耕道路，墙体低矮，南段基本处于自然保存状态。

（四）西墙

全长约313.2米，底部宽3.6～5.4米，高约0.3米。西墙现为机耕道路，墙体内外两侧均有水渠。

三、外城隔墙

早年调查确认，八连城外城南部曾筑有多条隔墙，将外城分隔出多个不同大小的院落[1]。因长期的农耕活动，现在通过地面调查仍可辨认的隔墙遗迹仅存外城北部的一条东西向隔墙和外城南部的四条南北向隔墙及一条东西向隔墙。本次只是依据以往资料，对隔墙遗迹进行了地面踏查，并未实施考古勘探和发掘。

（一）外城北部隔墙

位于外城北墙南约133米，与外城北墙平行，东西向。隔墙的西端与外城西墙相接，东端墙体虽已破坏，但从墙体延伸位置等迹象推测，隔墙的东端似应与外城东墙相接。因此，隔墙与外城北墙之间便形成了一处东西约700、南北约130米的封闭区域。本次调查时，隔墙的西段已为机耕道路，中段被耕地破坏墙体不存，东段仅存低矮土垄。隔墙西段可辨认长度约261、底部宽约5米，略高于两侧地表，墙体两侧有引水灌渠。东段墙体残长约217.8、底宽约2米，略高于两侧地表。

（二）外城南部隔墙

位于内城南墙与外城南墙之间，有4条南北向和1条东西向隔墙遗迹。在内城东南角西23.4米处，有一条北端与内城南墙相接，长约164.7米的南北向隔墙。在内城西南角东25.2米处，有一条北端与内城南墙相接，长约165.6米的南北向隔墙。两条南北向隔墙的南端，连接一条长约171米的东西向隔墙。三条隔墙与内城南墙合围，在内城南侧构成一处平面近方形的封闭区。从此区域的东南角和西南角分别内延9米，各有一条北端与此区南墙相接，南端与外城南墙连接，长约97.2米的南北向隔墙。这两条南北向隔墙与外城南墙合围，在外城南墙中段的北侧构成了一处平面长方形的封闭区。

外城南部隔墙墙体均已成为农耕道路，遗迹略高于周围地表，底部宽约4～10米，隔墙两侧多有引水灌渠。

四、墙体结构

为了解城墙的建筑结构，2007年发掘内城南门址和2009年发掘外城南门址的同时，分别对内城南墙和外城南墙进行了解剖。

（一）外城南墙结构

在外城南门址门道中线以西约14米，与南墙墙体垂直布1.2×7.8米探沟（编号：WQT2），对

---

[1]　鳥山喜一、藤田亮策：《間島省古蹟調査報告》1937年；斎藤優：《半拉城と他の史蹟》，半拉城址刊行会，1978年；駒井和愛：《渤海東京龍原府宮城址考》，《中国都城·渤海研究》，雄山閣出版，1977年，東京。

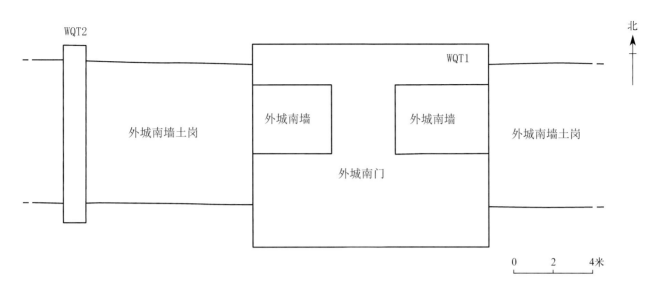

图一〇　外城南墙发掘区布方平面图

墙体进行解剖发掘（图一〇）。

根据解剖的结果，基本确认了该段城墙的构筑方式：即先在当时的地表往下挖掘一个宽约3、深约0.5米的基槽，基槽内填黄土分层夯实，再在基槽上用黄土分层夯筑墙体。

墙体夯层明显，质地较硬。从探沟剖面可以看出，现存城墙土垄由夯土墙体和内外两侧后期堆积组成。以当时的地表为基准面，城墙夯土残高约1.1米，底宽约6.1、顶宽约2米。基槽宽2.87米、深0.52米，剖面略呈上大下小的梯形。城墙夯层的顶部，覆盖了一层黄灰色松软土层。城墙夯土的内外两侧，为城址废弃后自然形成的堆积，两侧堆积土质土色有所不同，堆积层数亦相差较大（图一一）。

（二）内城南墙结构

在内城南门址以东约25米，与南墙墙体垂直，布2×10米探沟（编号：NQT1），对内城南墙进行解剖发掘。探沟附近南墙遗迹为南侧稍缓，北侧略陡，中央隆起的一条东西向土岗，地表长满杂草、灌木等植被，南坡密布现代墓葬。

内城南墙南北两侧地下水位较高，探沟的北部和南端地表下约30厘米地下水涌出，未向下发掘。探沟中南部因城墙夯土坚实阻隔了地下水的渗透，因此只能在探沟南壁以北1.4～5.6米的范围内发掘至城墙的底部。以探沟（NQT1）西壁剖面为例具体说明内城南墙地层堆积及墙体结构（图一二；图版三）。

城墙遗迹的表面普遍存在一层厚约5厘米的地表土。去掉表土层，城墙顶部即露出墙体夯土层，南北两坡表土层下是城墙颓塌及风积作用形成的堆积。

城墙的建筑方式为，先挖出宽于墙体的基槽，在基槽底部铺垫河卵石，其上夯筑2层黄土，然后按城墙宽度用黄土逐层夯筑墙体。

按夯层结构，墙体分为中段、南段、北段和顶部。中段墙体夯土黄褐色，土层中夹杂较多白色

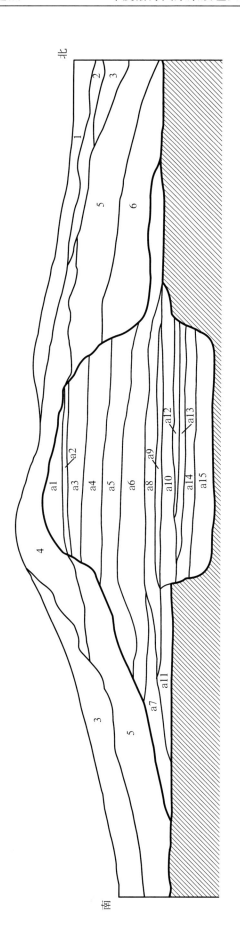

1. 黄褐色土，较松软
2. 浅黄灰土，土质细密，较软
3. 灰黑土，土质细密，较软
4. 黄灰土，松软
5. 黄灰土，土质疏松
6. 棕黄土，土质较疏松，此层北侧底部含有少量瓦片
a1—a15. 墙体及基槽夯层

图一一　外城南墙解剖沟（WQT2）两壁剖面图

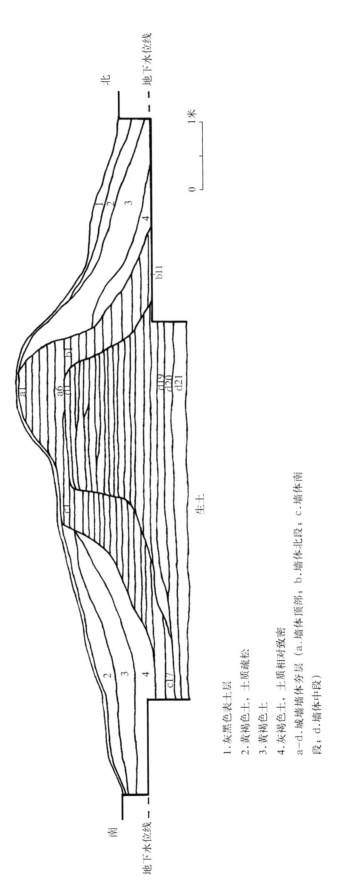

图一三　内城南墙解剖沟（NQT1）西壁剖面图

1. 灰黑色表土层
2. 黄褐色土，土质疏松
3. 黄褐色土
4. 灰褐色土，土质相对致密

a—d. 城墙墙体夯层（a. 墙体顶部；b. 墙体北段；c. 墙体南段；d. 墙体中段）

颗粒，使用了掺合料，其中偶见小块碎瓦，土质极致密。墙体下半部的夯层厚约15～20厘米，上半部的夯层厚约6～10厘米。墙体基底宽约5.4、顶宽约1.8、高约1.5米。

墙体南段及北段和顶部，是中段墙体出现颓塌后补筑的部分。建筑方式为，将中段墙体酥解部分去除，在墙基的外侧夯筑2层黄土，在上层的表面铺垫一层瓦片，然后略宽于中段墙体的基底，向上逐层夯筑南段和北段墙体。修建顺序为，先筑南段墙体并与中段墙体等高，再筑北段墙体和加高顶部。南、北段和顶部墙体夯土为黄色黏土，土质较疏松。南段墙体夯层厚约8～10厘米，北段和顶部墙体夯层厚约10～15厘米。修补后的内城南墙，底宽约6.5、高约2.05米。从基槽底部河卵石层至城墙夯土层的顶部，内城南墙残高约2.6米。

由于地下水位较高对发掘的限制，城墙基槽的宽度、底部河卵石层以下结构、中段墙体北侧和北段墙体的下部结构未能确认。

第三节　外城南门址

一、保存状况与地层堆积

外城南门址位于外城南墙的中央，1942年斋藤優调查八连城时，外城南墙中央略有凹陷，并推测此处可能是门址[1]。但此后，城墙凹陷已被填平，形成高约0.6米下宽上窄的土岗，与外城南墙连为一体，并无门址迹象。发掘之时，门址的北侧即为成片的水田，南侧有一条灌溉水渠与城墙平行延伸，水渠南侧亦为成片的水田。门址一带受到破坏的程度较为严重。

2009年5月初，配合八连城遗址本体保护工程的实施，对外城南墙中段进行考古勘探，在南墙中央发现了外城南门址，随即展开考古发掘，田野工作至6月末结束。此次发掘，在门址区域布东西12、南北10米探方一个（编号：WQT1）。

门址地层堆积较为简单，可分为3层：

第1层，现代表土层。黑色粉沙土，土质松软，厚约24厘米，不见遗物。

第2层，门址废弃后的倒塌堆积。黄色黏土，土质较为松软，厚约23厘米，含极少量的瓦片。

第3层，门址地表垫土层，该层表面即为门道的地面。黄褐色沙土，夹有许多黑色土斑，土质较硬略呈沙性，厚度超过30厘米（门址地表30厘米以下地下水涌出，该层实际厚度不明）。

外城南门址地层关系系络图：　①→②→门址→③→生土

二、形制与结构

外城南门址规模较小，单门道，东西宽约3.2、南北长约5.2米，直接利用城墙墙体作为城门两侧墩台。在门道的东西两侧各铺砌一列石条，西侧4块，东侧5块，两列石条的内侧边缘对齐呈一条

---

[1]　斋藤優：《半拉城と他の史蹟》，半拉城址刊行会，1978年。

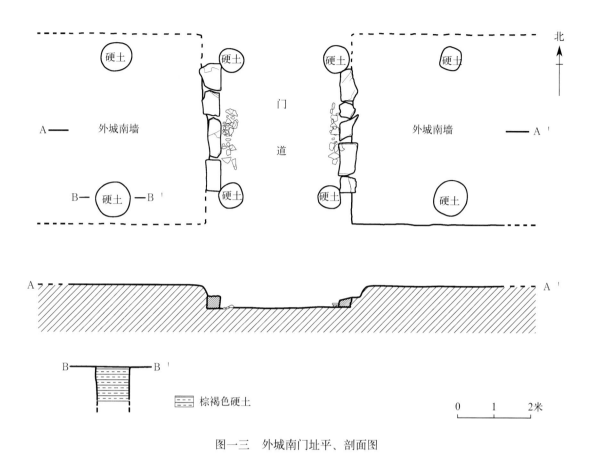

图一三　外城南门址平、剖面图

直线。石条的形状为长方形或多边形，表面平整，大小不一，厚约30厘米。此两列石条应为夯土门墩两壁包石底部的土衬石（图一三；图版四）。

门道地面为黄色垫土层，东西两侧中央部位的地面，发现呈南北向分布的碎石带，长约1.6米，推测应为门道两壁立柱的基础。

在门道两侧土衬石的南北两端各有一个圆形硬土圈，门道东西两侧墩台之上也各有两个南北排列的圆形硬土圈，8个圆形硬土圈呈南北2排、东西4列分布。圆形硬土圈内为棕褐色的坚硬黏土，与周围的土质土色明显的不同，直径约60～90厘米，深度均在40厘米以上。由于地下水涌出均未能解剖至底部，位于南侧西端的圆形硬土圈发掘深度超过86厘米仍未到底。以圆形硬土圈中心计算，南北两排圆形硬土圈距离约3.7米，西起第2、3列圆形硬土圈相距约2.8米，西起第1、2和第3、4列圆形硬土圈距离约3.2米。圆形硬土圈性质不甚明确，推测与城门木结构建筑有关。

三、出土遗物

外城南门址出土遗物极少，共有30余件破碎的瓦片，集中分布在门道外东西两侧墙体附近。残瓦均为泥质灰陶，有筒瓦和板瓦，仅见一块莲纹瓦当残片。瓦件形制与内城建筑址出土的同类器物相同。

第四节　内城南门址

一、保存状况与地层堆积

内城南门址位于内城南墙的中央，1942年，斋藤優、驹井和愛分别对内城南门进行了发掘。驹井和愛的发掘确认，内城南门址存在南北3排、东西6列柱础遗迹[1]。

2007年10月及2008年5～6月，对内城南门址实施考古发掘。为了从整体上精确控制内城建筑的平面位置，2004年已在内城敷设10×10米的探方网（参见第三章第一节），南门址发掘区位于Ⅱ T0113、0114、0115、0116、0214、0215、0216、0314、0315、0316和Ⅲ T0114、0115、0116范围内（图一四）。

由于早年经过发掘，门址周围地表平坦。清除地表杂草，门址的轮廓即清晰可辨，四周各有一条早年发掘堆土形成的土垄。门址东西两侧的土垄将内城城墙端口叠压，南侧土垄中埋有3座现代坟墓，对门址台基造成一定程度的破坏。

门址位置地层堆积比较简单，分为2层：

第1层，现代表土层。黑色粉沙土，疏松，厚约5～10厘米，包含现代遗物。

第2层，城门建筑倒塌形成的堆积。黄色黏土，较疏松。分布于门址台基南北两壁外侧宽约3.5米的范围内，地层向外侧倾斜，靠近台基处厚约0.6米，地层内成片堆积砖瓦。

内城南门址地层关系系络图：

①→②→城门使用时期地面
↓
门址台基→生土

二、形制与结构

南门台基为黄土夯筑，平面呈长方形，南北16.2米，东西两端正中与城墙相接，台基在城墙内外两侧的东西向长度有所不同，城墙以南为28.6、城墙以北为27.4米，现存高度0.6～0.8米（图一五；图版五）。

南门台基与城墙连接的方式为：台基将城墙的一段墙体包于其中，城墙与门址台基连接处宽3.3、残高1.9米，嵌入门址台基的部分长度，南侧为1.5米，北侧为0.9米，城墙的修建时序早于门址台基。嵌入门址台基的城墙内外两面使用长方砖包壁，砖壁表面涂抹白灰。此次发掘虽未发现城墙墙壁的包砌现象，但从塌落于台基西侧土台表面成片分布的白灰块迹象可以看出，白灰块的一面曾贴附于长方砖之上（图版八，3）。白灰块大多已成碎片，但有部分白灰块呈规整的长方形，厚度可达1.5厘米，规格与长方砖基本相同，分布散乱无规律，有的叠压在一起。发掘过程中，只在台基与城墙结合处的

[1]　斋藤優：《半拉城と他の史蹟》，半拉城址刊行会，1978年；驹井和愛：《渤海東京龍原府宮城址考》，《中国都城·渤海研究》，雄山閣出版，1977年，東京。

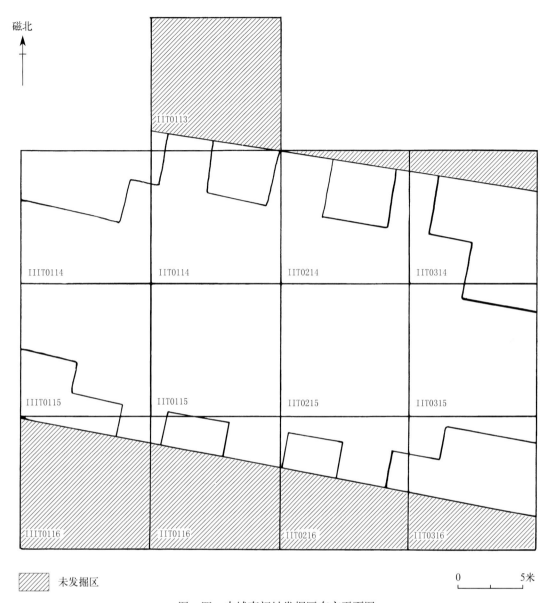

图一四　内城南门址发掘区布方平面图

南北两侧见到白灰块堆积，分布范围有限，推测城墙壁面装饰可能只限于内城南门。

　　台基的东西两侧，沿内城南墙南壁分布有黄土夯筑的土台，从城墙上塌落的瓦片、白灰块堆积在土台之上。西侧土台保存较好，南北约4.8、残高约0.4米，因发掘范围所限，东西宽度不详。东侧土台基被多座现代墓葬破坏，土台与城墙墙体的界限难辨。

　　台基顶部分布南北3排、东西6列柱础基础[1]。柱础基础为河卵石层与黄色夯土层交替构筑而成，平面呈圆形，直径多在2.5米左右，与台基夯土部分同时起建，约铺垫5～6层河卵石，最上层河卵石之上放置础石。本次发掘仅见第2排第1列柱础之上存留一块已遭破坏的础石，柱础基础的南、北两侧边缘各有一块边长15、厚5厘米的方形石板，可能用做墙体间柱础石。第1排第1列柱础基础的北缘

[1]　本报告柱网排序方式：以单体建筑柱网为一个独立单元，横向（东西）为排，纵向（南北）成列，每排柱础自南向北排序，每列柱础自西向东排序。

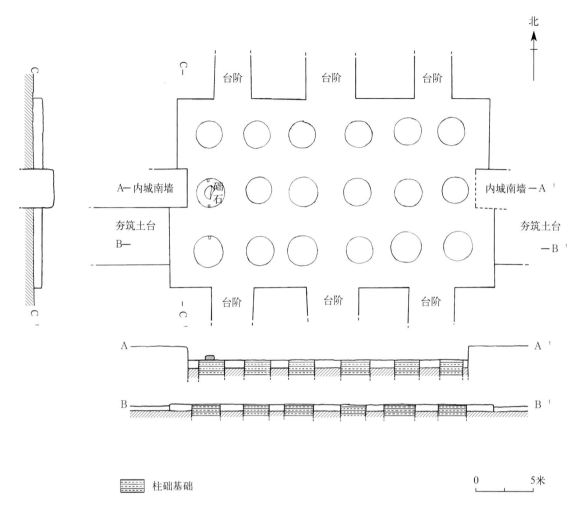

图一五　内城南门址平、剖面图

也有一块相同性质的石板（图版六）。

台基的南北两壁各设左、中、右三个台阶，南北对应，黄土夯筑而成。中阶位于第3列和第4列柱础之间，宽约4.5米。西阶位于第1列和第2列柱础之间，宽约3.5米。东阶位于第5列和第6列柱础之间，宽3.5～4米。台阶的保存状况较差，中阶中部被一座现代墓葬打破。各台阶的顶部似已被早年的发掘破坏，现存高度明显低于门址台基，顶面平坦，阶梯形状及台阶长度不甚明确。

台基南北两侧的建筑倒塌堆积，包含大量瓦、砖等建筑材料（图版七）。倒塌堆积中的瓦片多破碎严重，无排列规律，仅台基北壁中阶和东阶之间的堆积一定程度上保存了当时屋顶铺瓦的排列形式（图版八，1、2）。此外，台基北壁各台阶的两侧还有散落的灰陶长方形砖堆积，中阶的东西两侧分布较为集中。长方砖单体规格大体一致，长33、宽18、厚6厘米左右，多为素面，少数一面印有横向平行条纹，有的表面或侧面经打凿，留下大面积的凿痕，目的可能是在涂抹泥浆或白灰时增大粘接力度。除了方砖之外，还见有一定数量的半截长方砖，其断面有修凿的痕迹，应是人为将长方砖打断以便加工成需要的尺寸。

三、出土遗物

1．陶质建筑构件

（1）板瓦

均为夹砂灰陶，模制，多数平面呈等腰梯形，少数为长方形，凸面抹光，少数有戳印或刻划文字，凹面印有断续的布纹，种类有普通板瓦和檐头板瓦。

普通板瓦　平面呈等腰梯形或长方形，窄端瓦沿圆弧，凸面微翘起，宽端瓦沿平直无纹饰或凸面饰指压纹。

标本08HBⅡT0214②∶11，平面呈等腰梯形，宽端瓦沿无纹饰。残长43、宽26～31、厚2厘米（图一六，1）。

标本08HBⅡT0214②∶2，平面呈等腰梯形，宽端瓦沿无纹饰。长45、宽24.8～32、厚1.6厘米（图一六，2）。

宽端瓦沿饰指压纹板瓦　出土77件。

标本08HBⅡT0214②∶10，平面呈等腰梯形，宽端瓦沿凸面饰指压纹，凸面靠近窄端瓦沿有一戳印"利"字。长4、宽26～32、厚2厘米（图一七，1）。

标本08HBⅡT0214②∶14，平面呈等腰梯形，宽端瓦沿饰指压纹。长42、宽26～32、厚1.8厘米（图一七，2）。

标本08HBⅡT0214②∶16，平面呈等腰梯形，宽端瓦沿凸面饰指压纹，窄端瓦沿微残。长45、宽28～32、厚1.5厘米（图一八，1）。

标本08HBⅡT0214②∶23，平面呈等腰梯形，宽端瓦沿凸面饰指压纹，靠近窄端瓦沿的凸面有戳印"俳"字。长45、最宽处31、厚1.8厘米（图一八，2）。

标本08HBⅡT0214②∶19，平面呈等腰梯形，宽端瓦沿凸面饰指压纹，窄端残缺一角。长45、最宽处35.4、厚1.8厘米（图一九，1）。

标本08HBⅡT0214②∶47，平面呈等腰梯形，宽端瓦沿凸面饰指压纹，瓦身凸面有多道横向平行条纹。长40、宽26～31、厚2厘米（图一九，2）。

标本08HBⅡT0214②∶1，平面呈等腰梯形，宽端瓦沿凸面饰指压纹，靠近窄端瓦沿的凸面有戳印"己"字。长40、最宽处32、厚2厘米（图二〇，1）。

标本08HBⅡT0316②∶18，平面呈等腰梯形，宽端瓦沿凸面饰指压纹，瓦身凸面有多道横向平行条纹。长40、最宽处31、厚2厘米（图二〇，2）。

标本08HBⅡT0214②∶24，平面呈等腰梯形，宽端瓦沿凸面饰指压纹，窄端凸面有戳印"主"字。长40、宽27～32、厚1.7厘米（图二一，1）。

檐头板瓦　平面呈长方形或等腰梯形，窄端瓦沿圆弧，凸面微翘起，宽端瓦沿处加厚，沿面施戳印、刻划纹饰。基本纹样是沿面中央有两道凹槽，上下两侧饰斜向栉齿纹，凹槽之间饰一排圆形戳点纹或圆圈纹。

标本08HBⅡT0214②∶46，平面呈长方形，残长15、宽27.5、厚2.3厘米（图二一，2；图版五一，2）。

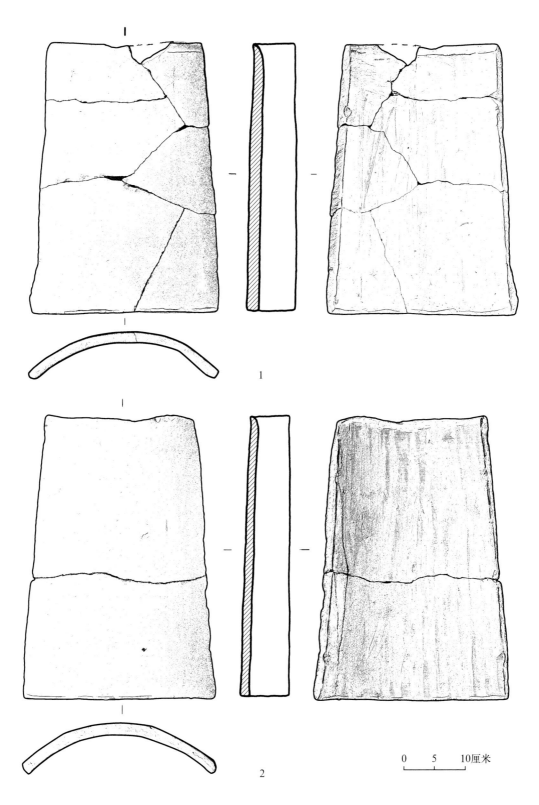

0　　5　　10厘米

图一六　内城南门址出土普通板瓦
1. 08HBⅡT0214②：11　　2.08HBⅡT0214②：2

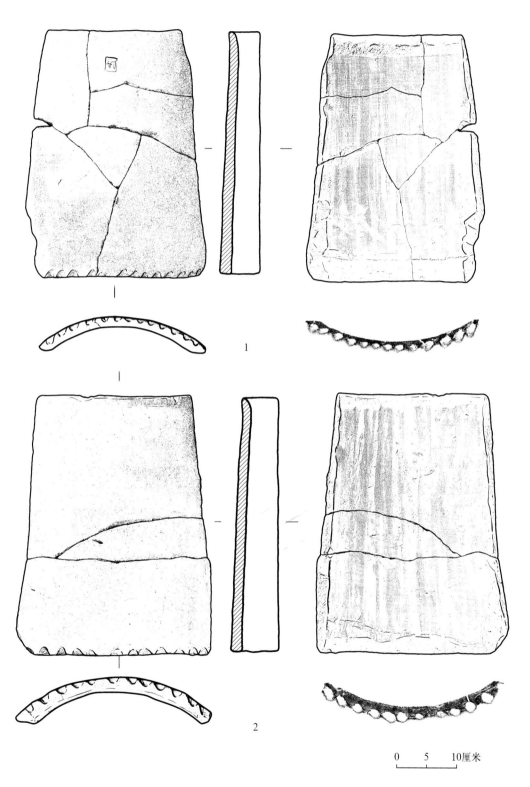

图一七 内城南门址出土指压纹板瓦（一）

1.08HBⅡT0214②：10 2.08HBⅡT0214②：14

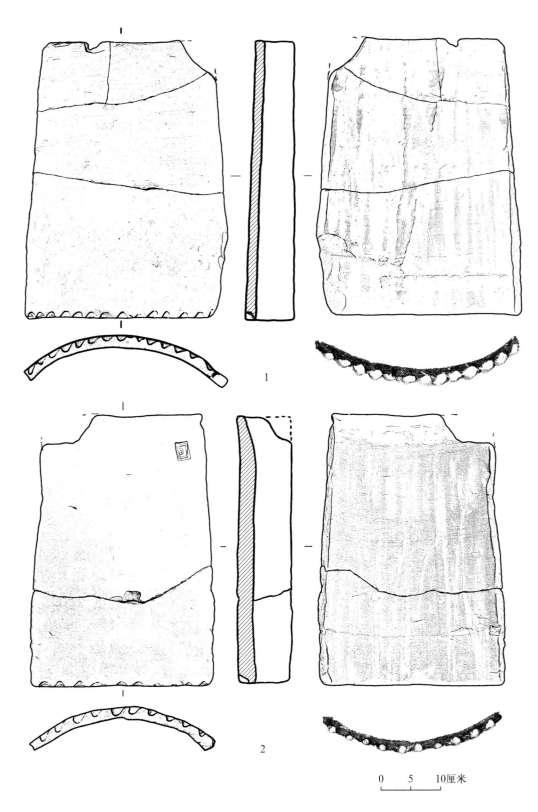

图一八　内城南门址出土指压纹板瓦（二）

1.08HBⅡT0214②：16　　2.08HBⅡT0214②：23

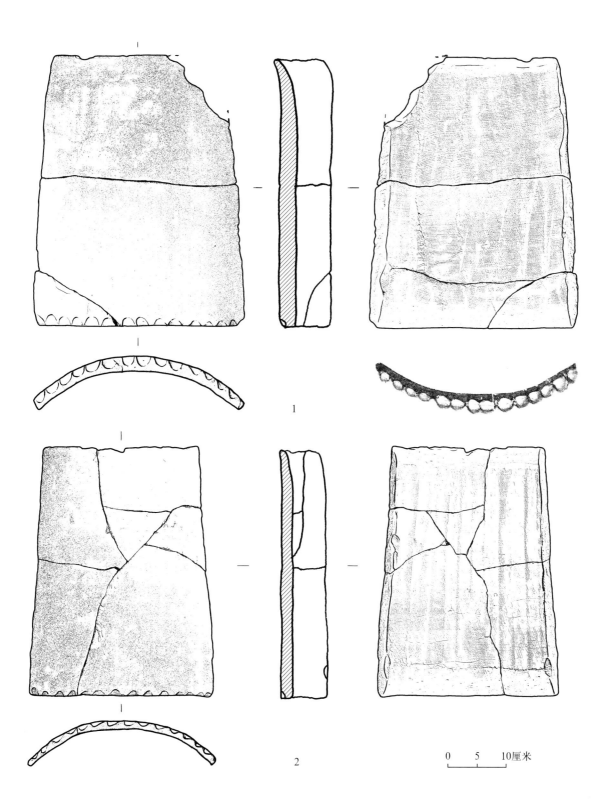

图一九 内城南门址出土指压纹板瓦（三）

1.08HBⅡT0214②：19 2.08HBⅡT0214②：47

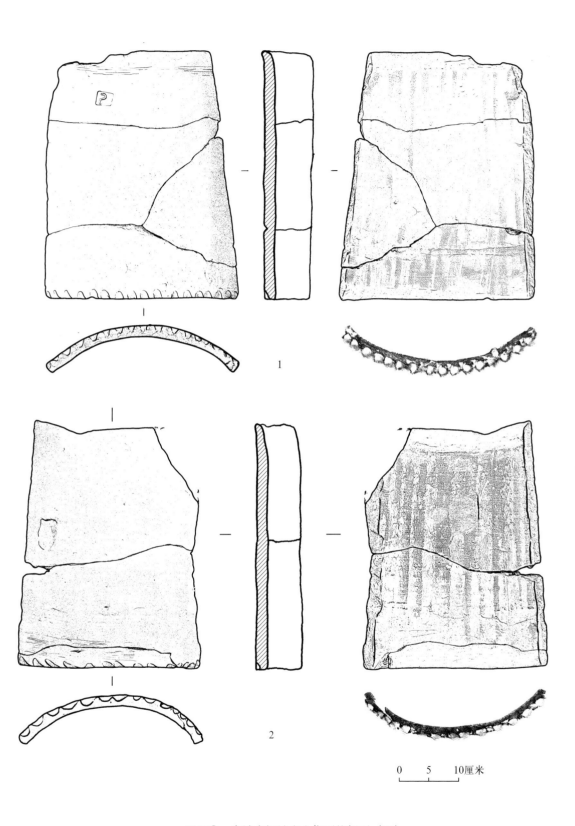

图二〇　内城南门址出土指压纹板瓦（四）

1. 08HBⅡT0214②：1　　2.08HBⅡT0316②：18

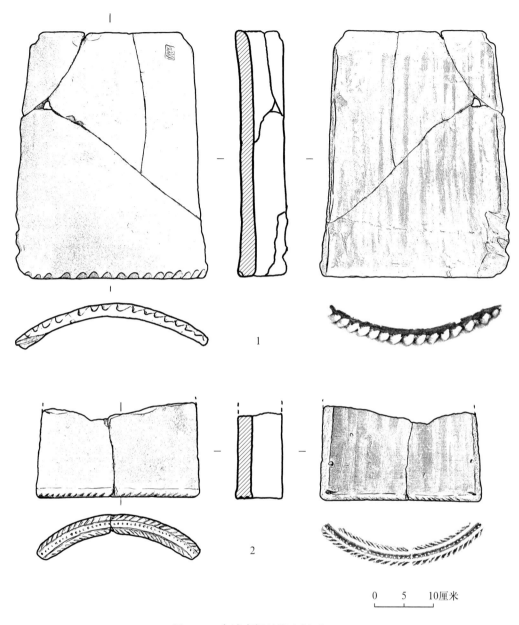

图二一　内城南门址出土板瓦

1. 普通板瓦(08HBⅡT0214②：24)　2.檐头板瓦(08HBⅡT0214②：46)

标本08HBⅡT0214②：8，平面呈等腰梯形，两端均有残缺，窄端凸面有戳印"计"字，长40、中部宽27.2、厚2厘米（图二二，1）。

标本08HBⅡT0214②：15，平面呈等腰梯形，窄端一角残缺，窄端凸面有戳印文　"乌"字，长45、最宽处35、厚2.1厘米（图二二，2）。

（2）筒瓦

均为夹砂陶，模制，瓦身多数平面呈长方形，个别呈等腰梯形，凸面素面，少数在瓦舌处有压印文字，凹面印有细密的布纹，瓦舌内侧还可见多道麻布褶皱。依据陶色、制作工艺及在建筑上的

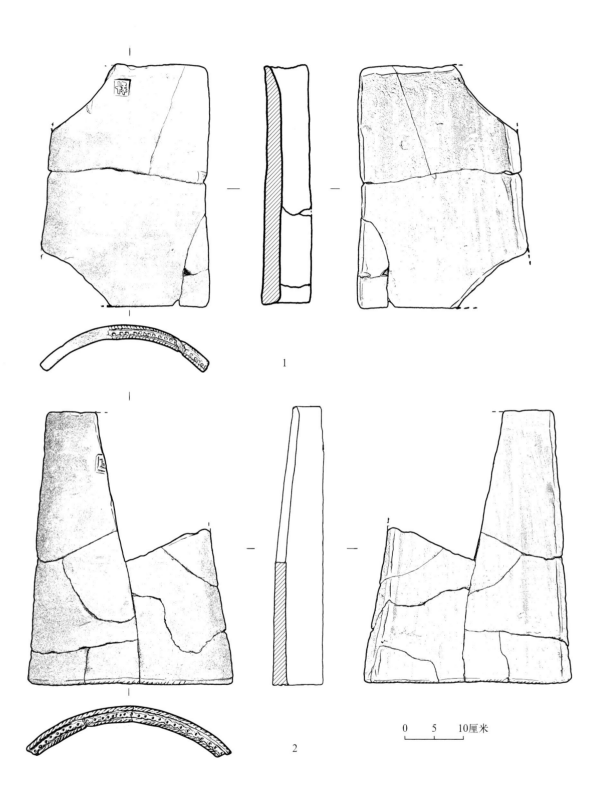

图二二　内城南门址出土檐头板瓦

1. 08HBⅡT0214②：8　2.08HBⅡT0214②：15

使用位置可分为普通筒瓦、檐头筒瓦和绿釉筒瓦三类。

普通筒瓦　均为夹砂灰陶，瓦身平面呈长方形，瓦舌表现为曲节和直节两种形制，数量上前者居多。

曲节形瓦舌普通筒瓦　细砂陶质，深灰色，瓦舌平面呈等腰梯形，凸面上压出一条横向凹槽。此类筒瓦在使用过程中往往又经人为修整，主要表现为打掉瓦舌前端两侧的一部分，以便于筒瓦和板瓦间嵌接得更加紧密。

标本08HBⅡT0214②：6，长34.8、宽16.6、高8.6、胎厚1.8、瓦舌长6.4、宽8.8～14.4厘米（图二三，1）。

标本08HBⅡT0214②：3，瓦舌一端残，中部戳印有"贞"字，通长36.5、宽16、高7.8、胎厚1.4、瓦舌长4.5、宽11.4厘米（图二三，2；图版五二，6）。

标本08HBⅡT0316②：19，一侧戳印有"因(？)"字，通长35.2、宽15.2、高7.2、胎厚2、瓦舌长5.2、宽12厘米（图二四，1；图版五二，5）。

标本08HBⅡT0214②：63，瓦舌戳印有"男"字，通长37.2、宽14.8、高7.2、胎厚1.5、瓦舌长4.5、宽10.5厘米（图二四，2）。

直节形普通筒瓦　粗砂陶质，浅灰色，瓦舌平面呈长方形或等腰梯形。

标本08HBⅡT0116②：1，瓦舌中部有一戳印文字"市"，残长22、残宽11.2、高7.2、胎厚1.6、瓦舌长4.4、残宽7.8厘米（图二五，3）。

檐头筒瓦　多为夹砂灰陶，模制，瓦身平面大多呈长方形，瓦舌中部有一圆形钉孔，瓦身另一端与瓦当相接，接近瓦当处瓦身两侧边缘的棱角被抹成圆弧状。

此次出土的檐头筒瓦均为曲节形瓦舌，细砂陶质，深灰色，瓦舌平面呈等腰梯形，凸面有一条横向凹槽，使用时往往经人为修整，以便于筒瓦和板瓦间嵌接得更加紧密。

绿釉筒瓦　均为夹砂红陶，火候较低，模制。瓦身平面呈长方形，瓦舌平面呈等腰梯形，凸面有一条横向凹槽，体型较其他筒瓦大，特别是宽度增加明显，用于屋脊。烧制工艺为先施一层白色化妆土，再在其上施绿釉，化妆土有的施至瓦舌处，绿釉一般未施于瓦舌。此类筒瓦在使用中也大都被人为打掉瓦舌两端的一部分。

标本08HBⅢT0115②：22，残长11、宽21.6、高11.6、胎厚2、瓦舌长6、宽11.2～16.8厘米（图二五，1）。

标本08HBⅡT0314②：17，残长10.8、残宽16、高10.2、胎厚1.7、瓦舌长5.2厘米（图二五，2）。

（3）瓦当

均为夹砂陶，以深灰色和浅灰色为主，当面饰莲花纹。模制，圆形，边轮高出当面。瓦当背面抹光，与筒瓦相接处戳出的若干不规则形坑点，以加固与筒瓦的黏合。

六瓣莲花纹瓦当　当面内区中央为圆形乳突，外周等距分布六个小乳丁，有的在中央乳突和六个小乳丁之间饰一道凸弦纹，外区为六瓣心形莲瓣，莲瓣之间饰萼形纹饰。

标本08HBⅢT0116②：8，直径17、轮宽1.2、轮厚2.2、当心厚1.5、瓦身残长16厘米（图二七，1）。

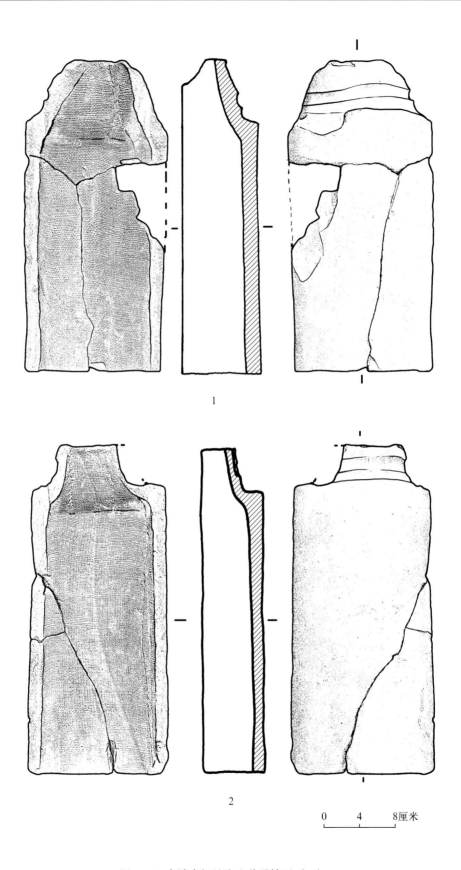

1

2

0　　4　　8厘米

图二三　内城南门址出土普通筒瓦（一）

1. 08HBⅡT0214②：6　2.08HBⅡT0214②：3

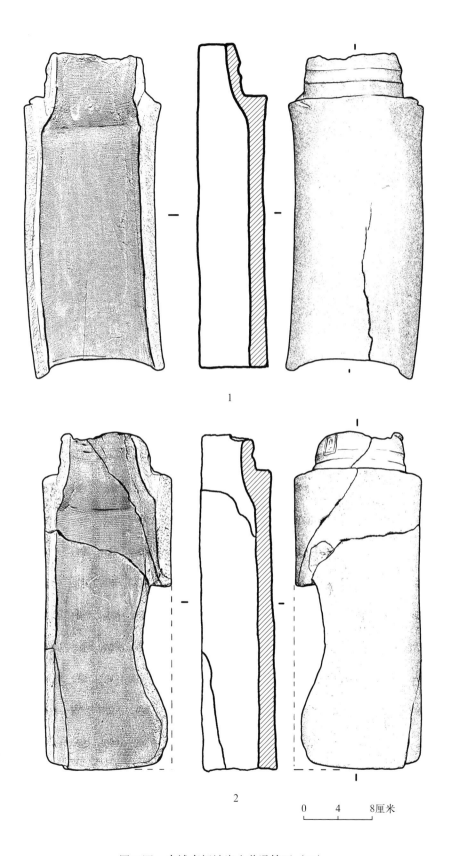

1

2

0　　4　　8厘米

图二四　内城南门址出土普通筒瓦（二）
1.08HBⅡT0316②：19　2.08HBⅡT0214②：63

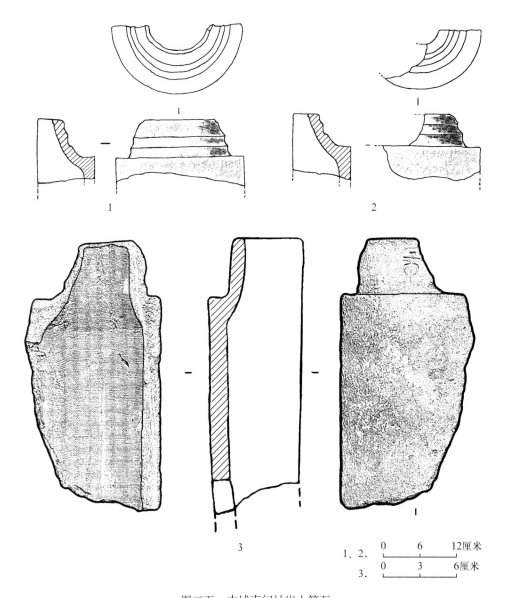

图二五　内城南门址出土筒瓦

1、2.绿釉筒瓦（08HBⅢT0115②：22　08HBⅡT0314②：17）　3.普通筒瓦（08HBⅡT0116②：1）

标本08HBⅢT0116②：10，直径17、轮宽1.1、轮厚2、当心厚1.4厘米（图二六，2）。

标本08HBⅢT0114②：2，直径17、轮宽1、轮厚2、当心厚1.4、瓦身残长4.8厘米（图二六，1）。

标本08HBⅢT0114②：4，直径17、轮宽1.1、轮厚2、当心厚1.3厘米（图二六，3；图版六〇，6）。

标本08HBⅡT0314②：76，瓦当直径较小，当身残长12、残宽4.2、边轮宽1、瓦身残长6厘米（图二七，2）。

（4）当沟

均为夹砂灰陶，模制，凸面抹光，凹面印有布纹。瓦身大体呈筒形，一侧边切割成舌形。有的

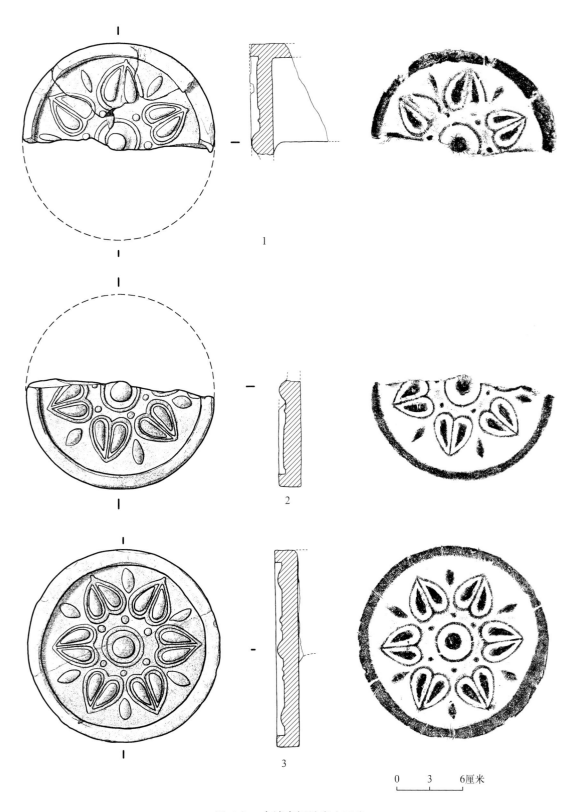

图二六　内城南门址出土瓦当

1. 08HBⅢT0114②：2　2. 08HBⅢT0116②：10　3. 08HBⅢT0114②：4

当沟弧边在使用时又经修整。

标本08HBⅡT0314②：15，残长26.4、宽17、高7.2、胎厚1厘米（图二八，2）。

标本08HBⅢT0116②：11，有人工修整的痕迹，长29.8、宽18.4、高8.8、胎厚1.6厘米（图二八，1；图版六七，4）。

标本08HBⅡT0116②：17，残长23.4、残宽12.4、高8、胎厚1.2厘米（图二八，4）。

标本08HBⅡT0116②：18，残长18.8、残宽6.6、胎厚1.6厘米（图二八，3）。

（5）压当条

均为夹砂灰陶，模制，平面多呈长方形，有的呈梯形，凸面抹光，凹面印有布纹。分板瓦形和筒瓦形两种。

板瓦形压当条　瓦身弧度较小，少量凸面有模印文字，个别有横向平行条纹。从完整个体的长度和厚度来看，当与板瓦使用同样的瓦坯，制作工艺也与板瓦相同，只是宽度窄于板瓦。

标本08HBⅡT0114②：19，一端瓦沿内侧抹斜，残长26、宽16.2、高4、厚1.4～2厘米（图二九，3）。

标本08HBⅡT0114②：18，一端瓦沿微翘，内侧抹斜，残长20.2、宽14.4、高3、胎厚1.6厘米（图二九，4）。

筒瓦形压当条　瓦身弧度较大，表面不甚光滑。从完整个体的长度和厚度来看，压当条瓦坯与筒瓦类似，制作工艺也大致与筒瓦同，只是没有瓦舌部分。

标本08HBⅡT0116②：19，长32、宽12、高3.2、厚1.2厘米（图二九，1；图版六九，6）。

标本08HBⅡT0314②：16，长33.6、宽12.4、高3.5、厚1.2厘米（图二九，2）。

（6）套兽、兽头

均为套兽、兽头残块。胎土呈红色，泥质陶，表面施绿釉。

标本08HBⅡT0316②：21，残长6.8、残宽5.8、厚1.2厘米（图三〇，1）。

标本08HBⅡT0316②：9，为兽头犄角，残长18、截面长径3.5厘米（图三〇，5）。

标本08HBⅡT0314②：49，残长5.8、宽5.4、厚约1.4厘米（图三〇，4）。

标本08HBⅢT0115②：20，残长8.6、宽5.4、厚1.4—2厘米（图三〇，2）。

标本08HBⅢT0115②：21，残长7.8、宽5、厚1厘米（图三〇，3）。

（7）长方砖

夹砂灰陶，模制，多为素面，少数砖面上压印竖条纹。

标本08HBⅡT0316②：6，一侧表面密布平行条纹，另一侧表面经过人为凿琢。长33、宽17.4、厚6厘米（图三一，1）。

标本08HBⅡT0316②：7，一侧表面密布平行条纹，该侧表面的一端经过人为凿琢。长34.5、宽17.8、厚6厘米（图三一，2；图版八〇，5）。

标本08HBⅡT0316②：8，一侧表面密布平行条纹，另一侧表面经过人为凿琢。残长18、宽16、厚6厘米（图三二，1；图版八一，3）。

标本08HBⅡT0316②：22，一侧表面密布平行条纹，该侧表面经过人为凿琢。长34、宽18、厚5.8厘米（图三二，2；图版八〇，3）。

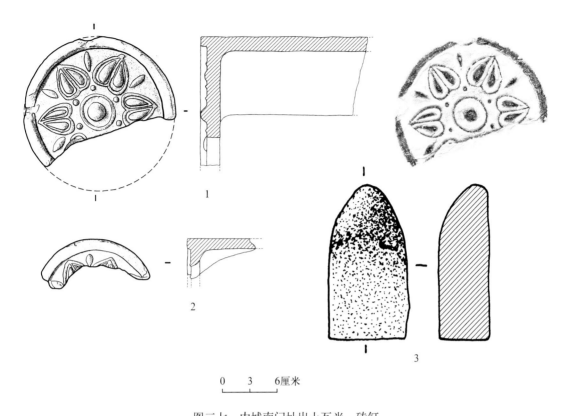

0　　3　　6厘米

图二七　内城南门址出土瓦当、砖钉
1、2.瓦当（08HBⅢT0116②：8　08HBⅡT0314②：76）　3.砖钉（08HBⅢT0115②：18）

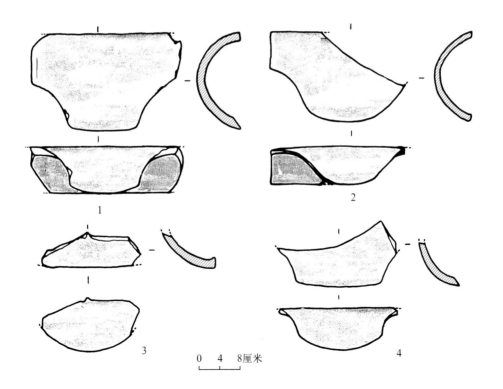

0　　4　　8厘米

图二八　内城南门址出土当沟
1.08HBⅢT0116②：11　2.08HBⅡT0314②：15　3.08HBⅡT0116②：18　4.08HBⅡT0116②：17

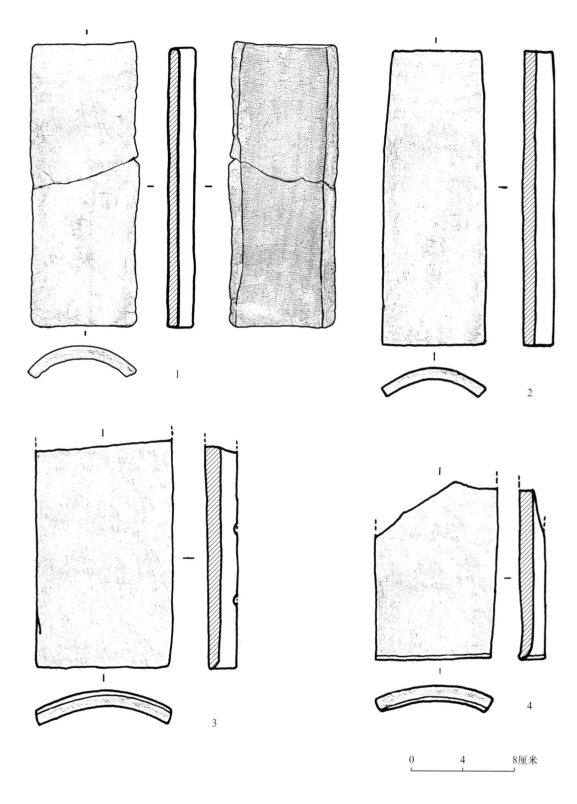

图二九　内城南门址出土压当条

1、2.筒瓦形压当条（08HBⅡT0116②：19　08HBⅡT0314②：16）

3、4.板瓦形压当条（08HBⅡT0114②：19　08HBⅡT0114②：18）

图三〇　内城南门址出土套兽、兽头残块图片

1. 08HBⅡT0316②：21　2.08HBⅢT0115②：20　3.08HBⅢT0115②：21　4.08HBⅡT0314②：49　5.08HBⅡT0316②：9

（8）砖钉

用灰陶砖打磨而成，大致呈长方体，顶端磨成尖圆形。

标本08HBⅢT0115②：18，长16.6、宽9、厚5.8厘米（图二七，3；图版八一，4）。

2．陶器

（1）陶器口沿

共3件，2件为采集品。

标本2007HBN采：24，泥质灰褐陶，尖唇，侈口，束颈，残高3.8厘米（图三三，2）。

标本2007HBN采：25，泥质灰陶，圆唇，敛口，折沿，颈部饰凸弦纹，残高4厘米（图三三，3）。

标本08HBⅢT0116②：1，泥质灰陶，器表有轮修痕迹，圆唇，敛口，折沿，口径25.6、残高5厘米（图三三，1）。

（2）陶器底

共2件，1件为采集品。

标本2007HBN采：27，泥质灰陶，平底，底径33.6、残高2.4厘米（图三三，5）。

标本08HBⅡT0316②：1，泥质灰黑陶，平底，底径12、残高2.4厘米（图三三，6）。

标本08HBⅡT0114②：15，泥质灰陶，平底，残高6厘米（图三三，4）。

3．铁器

铁钉　较为完整的4件，其余均因锈蚀，残损严重。为建筑物檐头处固定筒瓦的瓦钉，锻打而成，截面方形或长方形。

标本08HBⅡT0316②：10，头端残断，钉身截面方形，残长10.3、截面边长0.8厘米（图三四，1）。

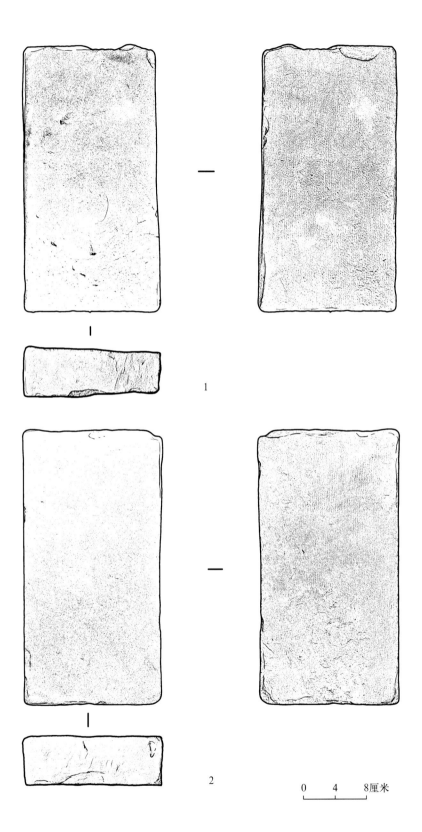

图三一　内城南门址出土长方砖（一）

1. 08HBⅡT0316②：6　2. 08HBⅡT0316②：7

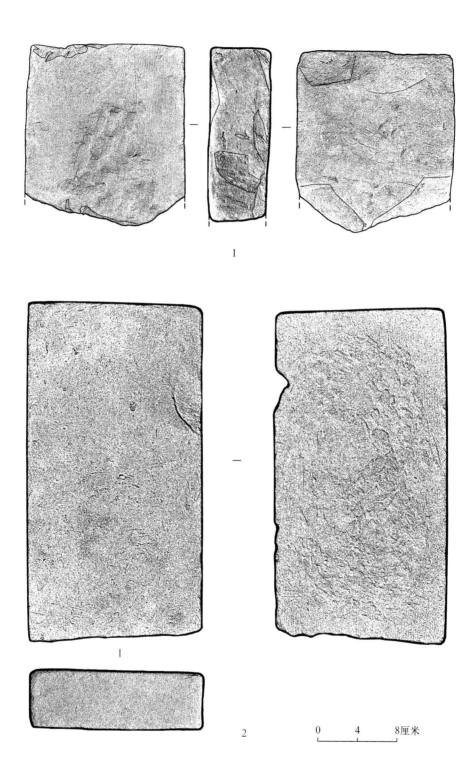

图三二　内城南门址出土长方砖（二）

1. 08HBⅡT0316②：8　2.08HBⅡT0316②：22

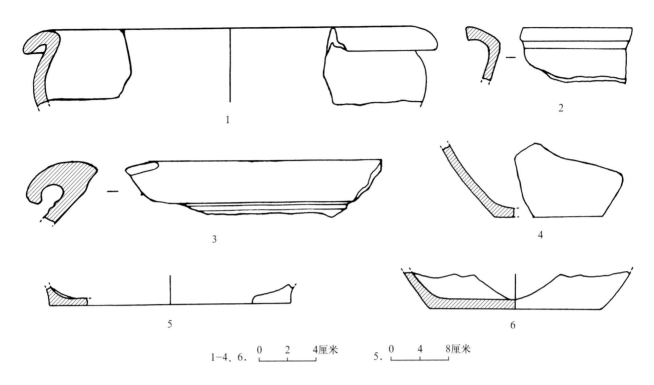

图三三　内城南门址出土陶器

1. 08HBⅢT0116②：1　2.07HBN采：24　3.07HBN采：25　4.08HBⅡT0114②：15　5.07HBN采：27　6.08HBⅡT0316②：1

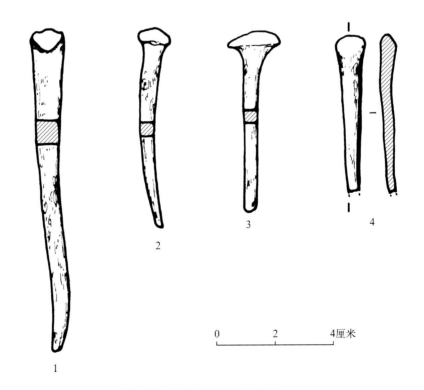

图三四　内城南门址出土铁钉

1. 08HBⅡT0316②：10　2.08HBⅡT0214②：68　3.08HBⅡT0214②：69　4.08HBⅢT0115②：23

标本08HBⅡT0214②：69，钉帽圆形，钉身截面方形，通高5.8、截面边长0.5厘米（图三四，3）。

标本08HBⅡT0214②：68，钉帽圆形，截面长方形，尖端略残，残长6.2、截面长边0.5、短边0.4厘米（图三四，2）。

标本08HBⅢT0115②：23，钉身截面长方形，尖端残，残长5、截面长边0.5、短边0.35厘米（图三四，4）。

4．瓦上文字

八连城内城南门址出土瓦身模印或刻划有文字的各类文字瓦共计214件，其中绝大多数为模印文字，仅2件为刻划文字。文字瓦板瓦类为主，包括普通板瓦和板瓦形压当条，少数为筒瓦，筒瓦中又以曲节形瓦舌筒瓦居多。

（1）模印文字

共212件，38字。此类文字瓦以板瓦类为主，由于多为残件，只有少量可辨认出板瓦的形制。

"**谒**"：1件，直节形瓦舌筒瓦，阳文，有印框，无字框。

标本08HBⅢT0114②：5（图三五，1）。

"**琮**"：1件，板瓦，阳文，有印框，无字框。

标本08HBⅡT0214②：60（图三五，2）。

"**則**"：1件，板瓦，阳文，有印框，无字框。

标本08HBⅡT0314②：9（图三五，3）。

"**朋**"：2件，曲节形瓦舌筒瓦，阳文，有印框，无字框。

标本08HBⅡT0214②：54，文字左下角残（图三五，18）。

"**乍**"：8件，板瓦，阳文，有印框，3件无字框，5件有字框。

标本08HBⅡT0314②：40，无字框（图三五，4）。

标本08HBⅡT0314②：70，有字框（图三五，5）。

"**保**"：10件，包括板瓦和曲节形瓦舌筒瓦，阳文，有印框，有字框。有两种字体。

标本08HBⅢT0116②：4，（图三五，6；图版八四，6）。

标本08HBⅡT0214②：27，（图三五，7）。

"**弐**"：1件，板瓦，阳文，有印框，有字框。

标本08HBⅡT0314②：66（图三五，11）。

"**帝**"：1件，直节形瓦舌筒瓦，阴文，无印框、字框。

标本08HBⅡT0116①：1（图三五，8；图版八四，3）。

"**信**"：3件，板瓦，阳文，有印框、字框。

标本08HBⅢT0113②：3，文字左上角残（图三五，9）。

"**佶**"：3件，板瓦，阳文，有印框、字框。

标本08HBⅡT0114②：9（图三五，12；图版八四，4）。

"**計**"：2件，板瓦，阳文，有印框，无字框。

标本08HBⅡT0214②：8（图三五，10）。

图三五　内城南门址出土瓦件模印文字拓片（一）

1.08HBⅢT0114②：5　2.08HBⅡT0214②：60　3.08HBⅡT0314②：9　4.08HBⅡT0314②：40　5.08HBⅡT0314②：70
6.08HBⅢT0116②：4　7.08HBⅡT0214②：27　8.08HBⅡT0116①：1　9.08HBⅢT0113②：3　10．08HBⅡT0214②：8
11.08HBⅡT0314②：66　12.08HBⅡT0114②：9　13.08HBⅡT0314②：1　14.08HBⅡT0116②：5　15.08HBⅢT0113②：6
16.08HBⅡT0316②：15　17.08HBⅡT0216②：13　18.08HBⅡT0214②：54　19.08HBⅡT0316②：16　20.08HBⅡT0214②：3

"𬜯"：2件，曲节形瓦舌筒瓦，阳文，有印框、字框。

标本08HBⅡT0216②：13（图三五，17）。

"𬎟"：2件，板瓦，阳文，有印框，无字框。

标本08HBⅢT0113②：6，文字左侧残（图三五，15）。

"𬇙"：7件，曲节形瓦舌筒瓦，阳文，有印框、字框。

标本08HBⅡT0316②：15（图三五，16）。

"𡊄"：5件，板瓦，阳文，有印框、字框。

标本08HBⅢT0116②：5（图三五，14）。

"𰀁"：1件，板瓦，阳文，有印框，有字框。

标本08HBⅡT0314②：1（图三五，13）。

"𠀎"：2件，曲节形瓦舌筒瓦，阳文，有印框、字框。

标本08HBⅡT0316②：16（图三五，19）。

"𰀂"：3件，曲节形瓦舌筒瓦，阳文，有印框，无字框。

标本08HBⅡT0214②：3（图三五，20）。

"𰀃"：3件，板瓦，阳文，有印框、字框。

标本08HBⅡT0314②：25（图三六，1）。

"𰀄"：2件，板瓦，阳文，有印框，无字框。

标本08HBⅡT0216②：2（图三六，2）。

"𰀅"：13件，板瓦，阳文，10件有印框、字框，3件有印框，无字框。有三种字体。

标本08HBⅡT0314②：13（图三六，4）。

标本08HBⅡT0214②：41（图三六，5）。

标本08HBⅡT0316②：4（图三六，3）。

"𰀆"：5件，有板瓦和直节形瓦舌筒瓦，其中板瓦较多。阳文，有印框、字框。

标本08HBⅡT0314②：32（图三六，9）。

"士"：1件，板瓦。阳文，有印框，无字框。

标本08HBⅡT0314②：18（图三六，20）。

"寺"：6件，板瓦，阳文，有印框、字框。

标本08HBⅢT0113②：8（图三六，6；图版八四，2）。

"文"：7件，板瓦，阳文，有印框、字框。

标本08HBⅡT0314②：33（图三六，10）。

"夫"：6件，曲节形瓦舌筒瓦，阳文，有印框、字框。

标本08HBⅡT0314②：37，字迹右上部残（图三六，19）。

"𰀇"：2件，曲节形瓦舌筒瓦，阳文，有印框、字框。

标本08HBⅡT0214②：61（图三六，11；图版八四，7）。

"主"：7件，板瓦，阳文，有印框，无字框。

标本08HBⅡT0314②：73（图三六，12）。

"𰀈"：6件，有板瓦和曲节形瓦舌筒瓦，其中板瓦较多。阳文，5件，有印框、字框，1件有印框无字框。有两种字体。

标本08HBⅡT0116②：8（图三六，8）。

标本08HBⅡT0216②：9（图三六，7）。

"大"：3件，曲节形瓦舌筒瓦，阳文，有印框，无字框。

标本08HBⅡT0316②：17（图三六，13）。

图三六　内城南门址出土瓦件模印文字拓片(二)

1.08HBⅡT0314②：25　2.08HBⅡT0216②：2　3.08HBⅡT0316②：4　4.08HBⅡT0314②：13　5.08HBⅡT0214②：41
6.08HBⅢT0113②：8　7.08HBⅡT0216②：9　8.08HBⅡT0116②：8　9.08HBⅡT0314②：32　10.08HBⅡT0314②：33
11.08HBⅡT0214②：61　12.08HBⅡT0314②：73　13.08HBⅡT0316②：17　14.08HBⅡT0214②：58　15.08HBⅡT0214②：23
16.08HBⅡT0316②：13　17.08HBⅡT0314②：63　18.08HBⅡT0314②：38　19.08HBⅡT0314②：37　20.08HBⅡT0314②：18

"**眨**"：10件，板瓦，阳文，有印框、字框。有两种字体。

标本08HBⅡT0214②：58（图三六，14）。

标本08HBⅡT0214②：23（图三六，15）。

"**代**"：3件，曲节形瓦舌筒瓦，阳文，有印框，无字框。

标本08HBⅡT0314②：38（图三六，18）。

"10"：3件，板瓦，阳文，有印框、字框。有两种字体。

标本08HBⅡT0316②：13（图三六，16）。

标本08HBⅡT0314②：63（图三六，17）。

"李"：12件，板瓦，阳文，有印框、字框。

标本08HBⅡT0214②：50（图三七，3）。

"可"：20件，板瓦，阳文，有印框、字框。

标本08HBⅢT0115②：25（图三七，1；图版八四，8）。

"宫"：37件，板瓦，阳文，有印框、字框。

标本08HBⅢT0113②：16（图三七，2）。

"穴"：1件，曲节形瓦舌筒瓦，阳文，有印框、字框。

标本08HBⅡT0214②：35（图三七，4；图版八四，5）。

"心"：8件，板瓦，阳文，有印框，无字框。

标本08HBⅡT0214②：1（图三七，5）。

另有2件板瓦模印文字字迹不清，阳文，有字框、印框。

（2）刻划文字

"吉"：1件，板瓦。

标本08HBⅡT0214②：36（图三七，7）。

"川"：1件，板瓦。

标本08HBⅡT0214②：67，字迹右下部残（图三七，6）。

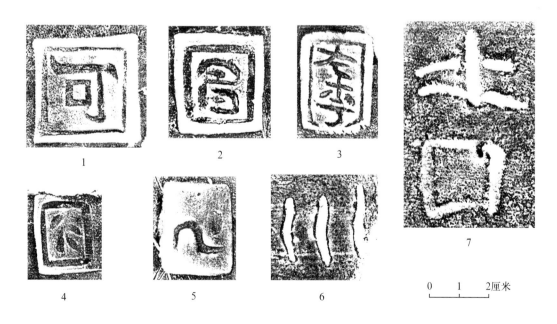

0　　1　　2厘米

图三七　内城南门址出土瓦件模印及刻划文字拓片

1～5.模印文字(08HBⅢT0115②：25　08HBⅢT0113②：16　08HBⅡT0214②：50　08HBⅡT0214②：35
08HBⅡT0214②：1) 6～7.刻划文字(08HBⅡT0214②：67　08HBⅡT0214②：36)

第三章 内城建筑址

第一节　发掘经过

2004年7月，吉林省文物考古研究所和吉林大学边疆考古研究中心组成八连城遗址考古工作队，着手对八连城遗址实施考古发掘。在充分田野调查的基础上，制定了八连城遗址考古发掘规划。考虑到隋大兴—唐长安城的规划设计，已将全城中轴作为主轴布置主要宫殿、官署及其他主要建筑的格局发展到了顶峰，而渤海王城的营造又以唐朝都城为模式。因此中轴线建筑布局及建筑形制是渤海城址考古的核心，八连城考古发掘的主要目的亦应在于明确中轴线建筑布局。通过田野调查并参考以往发掘资料，确认目前八连城遗址内城中轴线上尚存在保存状况较好的两座南北向排列的大型建筑遗址，考古发掘即围绕这两座建筑遗址展开。

八连城内城的南部已开垦为水田，内城的北部分布多座大型建筑基址，地势稍高，因而维持旱田耕作。分布在内城北部中轴线上的两座大型建筑基址，本次发掘将其由南向北编号为：第一号建筑址和第二号建筑址。为了从整体上精确控制内城建筑的平面位置，根据内城遗迹分布特点及土地耕种的实际情况，于第一号建筑址台基西南角附近设立发掘布方坐标原点，在内城敷设10×10米的探方网，按象限分为Ⅰ～Ⅳ区。探方编号方式为：区号＋T＋东西方向编号＋南北方向编号（图三八）。

八连城内城建筑址考古发掘，分别在2004、2005、2006年三个年度实施，发掘区域位于内城北部中央，即第一、二号建筑址所在位置及其周边范围。三个年度的考古发掘，共清理出第一号建筑址、第二号建筑址、第一、二号建筑址之间廊道及第一号建筑址东西两侧廊庑等建筑遗迹（图三九；图版九）。

2004年度的发掘工作，从8月初开始至11月中旬结束。因一号建筑址土丘之上尚存大量未迁移的现代无主坟墓，需同当地民政部门协调解决迁葬事宜，因此本年度的发掘范围在第一号建筑址的北侧。发掘遗迹包括第一、二号建筑址之间廊道和第二号建筑址主殿台基。

2005年度发掘工作，从6月中旬开始至10月末结束。发掘遗迹为第一号建筑址及其东西两侧廊庑的南部。

2006年度发掘工作，从7月上旬开始至10月上旬结束。发掘遗迹有第二号建筑址东西朵殿台基及两侧廊道和第一号建筑址东西两侧廊庑的北部。

2004年～2006年度内城建筑址的考古发掘，揭露面积约10500平方米，明确了八连城内城宫殿建筑的形制及基本布局（图四〇）。

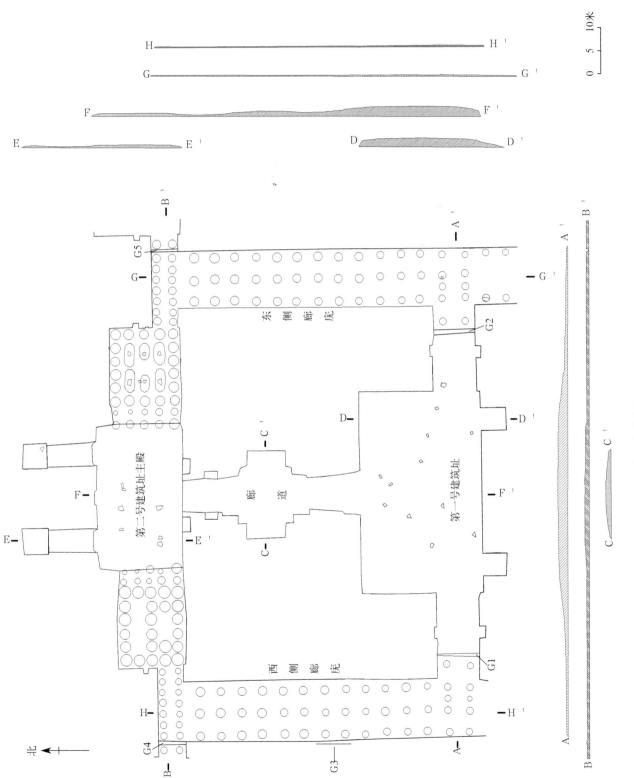

图四〇 内城建筑址平、剖面图

第二节　第一号建筑址

第一号建筑址由殿基及两侧漫道及行廊组成，位于八连城内城北部中央，殿基南面正对内城南门，北侧设廊道通往第二号建筑址主殿。第一号建筑址的南面，在历年的调查中都没有发现建筑遗迹。

一、保存状况与地层堆积

1937年，鸟山喜一首次调查八连城，当时第一号建筑址台基土丘就已经成为附近居民的墓地，因此未进行发掘[1]。1942年，斋藤优、驹井和爱也未对第一号建筑址实施发掘[2]。1960年珲春县政府发布迁移八连城遗址内坟墓的公告，1983年再次发布迁坟公告，期间已有部分墓葬陆续迁出。2004年考古发掘期间，考古队与珲春市政府、市民政局协调，在当地媒体再次发布迁坟通知。2005年，在珲春市殡仪馆配合下将剩余的无主坟墓迁至珲春北山公墓安葬。

本次发掘时，第一号建筑址台基为一座椭圆形土丘，上面密布百余座现代无主墓及迁葬留下的墓坑，杂草丛生。土丘顶部覆盖一层厚约15厘米的表土，清除顶部表土层，土丘中央即露出第一号建筑址台基夯土。台基的外围，表土层下为建筑倒塌形成的堆积。

第一号建筑址地层关系为：第1层，表土层，厚约20厘米，黑色粉沙土，疏松，包含现代遗物；第2层，建筑倒塌堆积，厚约10~40厘米，黑黄色相间黏土，较疏松，呈坡状向外侧倾斜，层位底部聚积大量瓦片；第3层，建筑倒塌堆积，厚约10~60厘米，黄色黏土，较致密，呈坡状向外侧倾斜，层位底部聚积大量瓦片；第4层，建筑使用时期地面垫土层，厚约10厘米，黄色细沙土，较致密，偶见碎瓦片。

地层关系系络图：

①→②→③→④→生土
↓
第一号建筑址台基

二、形制与结构

第一号建筑址遗迹包括：殿基台基、东西台阶和东西两侧漫道及行廊台基（图四一；图版一〇）。

（一）殿基台基

平面长方形，东西约42.4米、南北约26.3米。台基中央部分残高约2~2.2米，四壁残高约1.2~1.5米[3]。

---

[1]　鸟山喜一、藤田亮策：《間島省古跡調查報告》，1937年。

[2]　斋藤優：《半拉城と他の史跡》，半拉城址刊行会，1978年；駒井和愛：《渤海東京龍原府宮城址考》，《中国都城·渤海研究》，雄山閣出版，1977年，東京。

[3]　本报告以建筑基址的中央位置计算其平面长、宽。建筑残高以台基外侧当时地表为基准面计算。

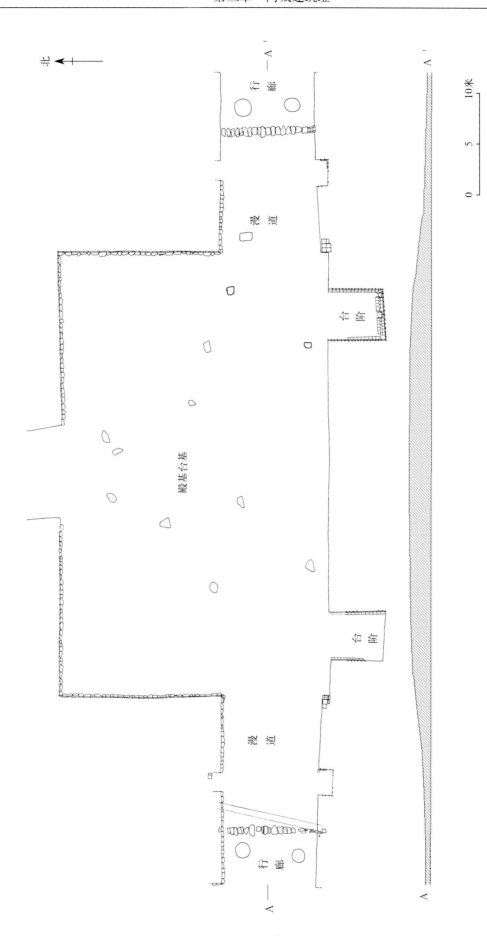

图四一　第一号建筑址平、剖面图

建筑结构　根据台基表面、四壁立面以及打破台基的现代墓葬坑壁断面提供的迹象判断，台明部分的建筑结构为：下半部为黄土夯筑，高约0.8～0.9米，上半部采用河卵石层与黄土层交替夯筑。台明下半部的黄土夯层厚约12～18厘米，上半部的河卵石层厚约8～10、黄土夯层厚约5～8厘米。河卵石未铺至台基边缘，台基东西两侧河卵石层距台基边缘约0.6米，南北两面河卵石层距台基边缘约0.3米。河卵石大小不等，长径大致在10～20厘米之间。利用一座打破台基的现代墓墓穴，在台基南壁中部偏东的位置进行了适度解剖。此处台明部分的夯层结构为：下半部有5层夯土层，高度约0.8米，上半部有6层河卵石层和5层夯土层，高度约0.8米。

台基周围地表，铺垫一层厚约10厘米的黄沙土。由于台基周围已大面积开垦水田，导致地下水位较高，因而未能对台基埋深部分进行解剖。

台基四壁　殿基台基四壁向上微内收，东、北、西三面用石材包砌，现存土衬石和其上面的一层包壁石（图版一一）。台基南壁未见石材包砌的迹象，但在紧靠台基南壁中部和东部的地表，清理出多件散落的长方砖和方砖（包括1块宝相花纹方砖）。此外，台基南壁中段的底部存在一条宽10～20厘米、厚10～15厘米断续分布的炭灰土条带，应是木材炭化后的迹象。炭灰土条带内发现了一件嵌入其中的长椭圆形铁制构件，因其已经氧化不可提取，故具体形状不明，可能是固定上下两层木板的连接构件。在利用现代墓墓穴对台基南壁进行的解剖发掘还发现，炭灰土条带的里侧与之平行有一条宽约20厘米的膏泥条带（图版一二）。据此种种迹象推测，南壁可能采用木材包壁，板材外侧贴附方砖并间饰宝相花纹方砖装饰。

包壁石的石料为火成岩，内侧的一面粗略加工凹凸不平，其他各面切割平整。石材的大小不一，长30～95厘米，宽20～30厘米，高约40厘米。为了防止包壁石外移，在土衬石顶面的外缘凿刻出宽约8厘米、深约0.5厘米的凸棱，砌石放置在凸棱内侧，同时砌石向上的一面加工成内倾的斜面，逐层上砌后石墙的重心就会偏向内侧，这样既起到了倚护台基夯土的作用，也有效地防止了砌石的外移。由于包壁上部已不存在，故殿基四壁的收分情况不详。

台基顶部　殿基台基的顶部埋有数十座现代墓葬，受破坏较为严重，原来的台面已不存在。现存台基表面，中央部位为黄土夯层，周边因雨水冲刷，已暴露出3～4层河卵石层。台基上残存12块已经移位并被破碎成小块的础石，殿基柱网布局不明（图四二；图版一三）。

此外，在台基南壁东端倒塌堆积中保存的残瓦排列迹象，可以帮助了解殿基上木构建筑的屋顶铺瓦形式（图版一四，1～3）

（二）台阶

殿基台基设有左右台阶，分别位于南壁的东、西两端，两阶间距约25.7米。

建筑结构　台阶与殿基台基分别建筑，两侧台阶基址结构相同。现存台阶平面为长方形，北端与殿基台基连接，表面由北向南倾斜（图版一五）。台阶基址为黄土夯筑，夯层不甚明显，从东、西侧壁观察，分为2层，均由北向南倾斜。

东侧台阶　南北长约5.2米，东西宽约4.2米，台阶东壁距殿基东壁约3.8米（图四三）。

台阶东、南、西三面外侧使用方砖和长方砖铺砌散水，东、西两面的散水使用长方砖沿台阶侧壁平砖顺铺一行，外侧用长方砖侧立错缝顺铺散水牙子，散水牙子接缝处外侧用砖钉加固。为了调

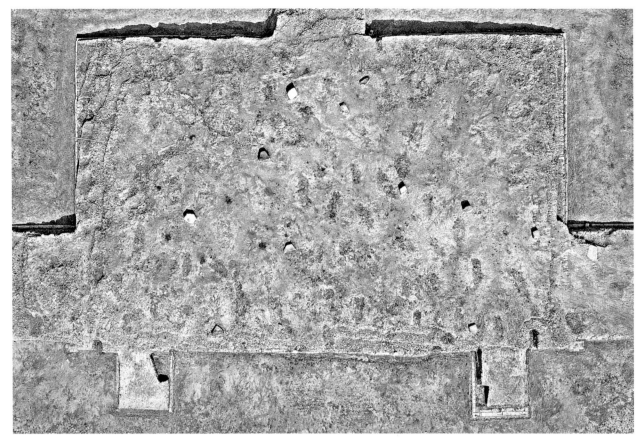

图四二　第一号建筑址殿基台基顶面图片

节总长度，东、西两面散水各铺14块完整长方砖和1块半截长方砖。为了与散水砖错缝，散水牙子有使用半块长方砖的情况。南面散水使用方砖平铺一排，外侧用长方砖侧立错缝顺铺散水牙子，散水牙子接缝处外侧用砖钉加固。南面散水铺13块方砖，为调节总宽度在中央部位插铺1块长方砖。东西两端的第一和第二块散水砖，以及中部的两块散水砖都刻出东西约60厘米、南北约30厘米、最深约5厘米，底面向南倾斜的凹槽。东端凹槽的东南角、西端凹槽的西南角，各有一个边长8～10厘米的方形透孔。南面散水的西侧，散水牙子多使用半块长方砖铺砌，似为修补迹象（图版一六）。此外，在台阶西侧散水上方的倒塌堆积中，发现了排列有序的覆瓦迹象（图版一四，4）。

　　沿南面散水砖的北缘，与散水砖水平，用长方砖平砖顺铺一排，长方砖上面砌一层方砖，形成台阶南端的第一级踏跺。踏跺铺砖的东端，残存1块侧砖斜铺的长方砖。中部有侧砖斜铺的2块长方砖，相距约0.5米。斜铺长方砖由北向南倾斜，南端正对散水铺砖东端和中部凹槽的边缘。台阶中部斜铺长方砖及其南面散水砖凹槽，应是铺砌及固定"御路"铺饰的措施。东侧斜铺长方砖原也应为两块（外侧的一块缺失），与其南面散水铺砖凹槽固定"垂带"铺饰。台阶的西南角被现代墓葬破坏，踏跺铺砖已无保留，但南面散水砖的西端同样刻出了凹槽，说明原有与东侧相同的结构。第一级踏跺左侧铺四块方砖，中部斜铺长方砖的两侧各铺1块长方砖，踏跺右侧只保留了1块方砖。从残存迹象推断，东侧台阶的结构应是左右二踏道的"御路踏跺"形式。南面散水东西两端凹槽外侧转角处的方形透孔，可能为固定台阶栏杆望柱的榫窝（图版一七）。

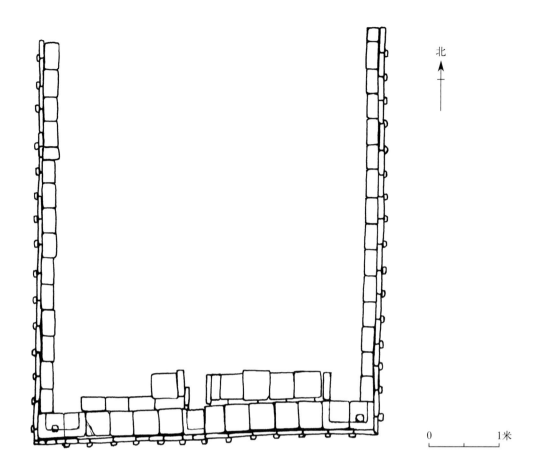

图四三　第一号建筑址殿基东侧台阶散水及踏跺铺砖平面图

西侧台阶　　南北长约5.3米，东西宽约4.2米。西侧台阶散水的结构及建筑材料都与东侧台阶散水相同。台阶东西两面外侧使用长方砖铺砌散水，其中东面散水保存较完整，铺14块完整长方砖和1块半截长方砖，散水牙子铺12块完整长方砖和3块半截长方砖。西面散水只保存了9块散水砖和10块散水牙子铺砖，均为完整长方砖，散水南端铺砖缺失。南面散水已被破坏（图四四；图版一八）。

（三）漫道及行廊

漫道及行廊台基连成一体，位于殿基台基东西两侧的南部，其南壁比殿基台基南壁向北错开约0.7米，平面长方形，全长约18米。漫道与第一号建筑址东西两壁连接，顶面倾斜，向外侧延伸约6米，顶面水平形成行廊，尽端分别与第一号建筑址东西两侧廊庑连接（图版一九，1、3）。

建筑结构　　漫道及行廊台基与殿基台基为一体建筑，采用河卵石层与黄土层交替夯筑，漫道靠近殿基处南壁立面，可分辨出5层黄土夯层和5层河卵石层。东侧行廊南壁立面存3层黄土夯层和2层河卵石层，西侧行廊南壁立面存2层黄土夯层和2层河卵石层。各层厚约10～15厘米。台基北壁使用石材包砌，现仅存部分土衬石。包壁石的石材、加工方法等与殿基包石相同。西侧漫道及行廊台基北壁土衬石全部保留，东侧漫道及行廊台基北壁土衬石只存于漫道部分。台基南壁未见包石迹象，只在西侧漫道台基南壁外侧发现一块斜立于南壁的方砖。考虑到殿基台基南壁亦有散落长方砖和方

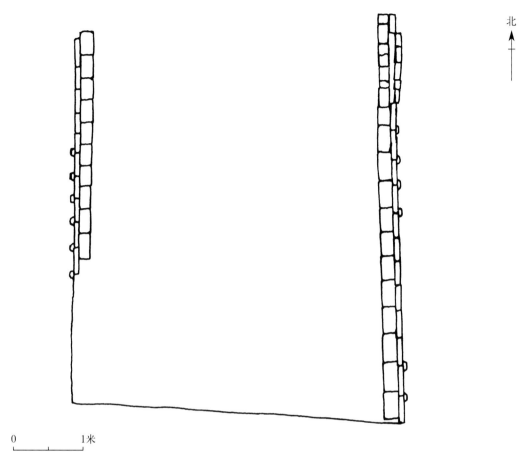

图四四　第一号建筑址殿基西侧台阶散水铺砖平面图

砖的现象，推测漫道及行廊台基南壁或许也存在壁面砖饰（图版一九，2、4；图版二〇）。

漫道及行廊台基的中部，南北相对设台阶。

东漫道及行廊　　漫道东西约6米，行廊东西约12米，南北均约9.3米，漫道最大残高1.39米，行廊残高0.47米（图四五；图版二一）。

漫道及行廊台基现存顶面为黄土层，西北角位置保留了一块础石，顶面近似长方形，边缘经过修整，南北向长约1.2米，东西向宽约0.7米，础石表面平整。础石中心点北距台基北壁约2.3米，西距台基西壁约1.3米。在台基东端探出两个南北向排列的柱础，础石已遗失，仅存其下面直径约1.5米的河卵石垫层。以河卵石垫层中心点计算，北侧柱础北距台基北壁约2.1米，南侧柱础南距台基南壁约2.1米，两柱础间距约4.9米，东距行廊东端约3.2米。

行廊台基在靠近漫道的位置，南北相对分别设台阶。台阶与行廊台基一体筑成，顶面向外侧倾斜。南侧台阶残存土筑部分东西宽约2米，南北长约0.6米，东、南、西三面有砖铺散水，现存东面北段和南面东端的散水牙子及东、西、南三面的部分砖钉，散水铺砌方法与殿基台阶相同。以散水牙子外缘测量，南侧台阶东西宽约2.5米，南北长约1.2米。北侧台阶仅存东西宽约2米，南北长约0.5米的土筑部分。

漫道台基南壁与殿基台基相接的转角处地面，保留了一段砖铺散水。散水铺砖现存南北两排，

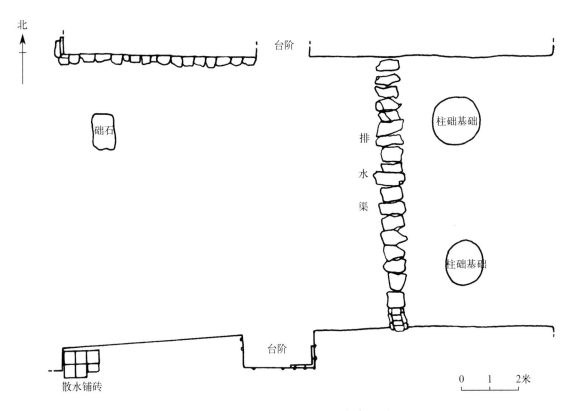

图四五　第一号建筑址东漫道及行廊平面图

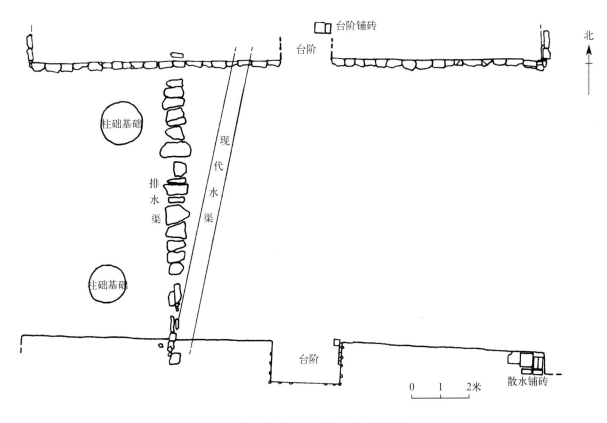

图四六　第一号建筑址西漫道及行廊平面图

北侧的一排铺3块方砖，南侧的一排与北排散水砖通缝铺2块方砖和1块长方砖。散水铺砖的西缘，侧砖顺铺2块长方砖。

行廊台阶的东侧，有一条纵贯台基的石砌排水渠（G2），水渠中分线距行廊东端约5.3米。

西漫道及行廊　　漫道东西约6米，行廊东西约12米，南北均约9.4米，漫道最大残高1.24米，行廊残高0.41米（图四六；图版二二）。

漫道及行廊台基东半部顶面，已暴露出河卵石层，西半部为黄土夯层。在台基西端探出两个南北向排列的柱础，不见础石，仅存其下面直径约1.5米的河卵石垫层。以河卵石垫层中心点计算，北侧柱础北距台基北壁约2.1米，南侧柱础中心点南距台基南壁约2.1米，两柱间距约5.2米，西距行廊西端约3米。

行廊台基在靠近漫道的位置，南北相对分别设台阶。南侧台阶残存土筑部分东西宽约1.9米，南北长约0.3米。台阶的东、南、西三面有砖铺散水，现存东面北段的散水牙子和东、西、南三面的部分砖钉，铺砌方法与殿基台阶散水相同。以散水牙子外缘测量，南侧台阶东西宽约2.5米，南北长约1.3米。北侧台阶仅存东西宽约2米，南北长约0.8米，残高约0.1米的低矮土台和位于土台北侧的阶梯铺砖。台阶的北端距台基北壁约1.2米，台基北壁土衬石在北侧台阶位置断开约0.8米。阶梯铺砖仅存1块长方砖和1块方砖，位于台阶第一级阶梯的东端。

漫道台基南壁与殿基台阶相接的转角处地面，保留了一段砖铺散水。散水铺砖现存南北两排，北侧的一排铺3块方砖，其西端方砖向北错开约8厘米，与中间方砖北侧长方砖侧砖顺铺的散水牙子成一条直线。南侧的一排铺两块长方砖，其中东侧的一块是由方砖修整而成。

行廊台阶的西侧，有一条纵贯台基的石砌排水渠（G1），水渠中分线距行廊西端约5.2米。

三、出土遗物

（一）殿基出土遗物

1. 陶质建筑构件

（1）板瓦

均为灰陶质，模制，多数平面呈等腰梯形，少数为长方形，凸面抹光，少数有戳印或刻划文字，凹面印有断续布纹，种类有普通板瓦和檐头板瓦。

普通板瓦　　平面呈等腰梯形或长方形，窄端瓦沿圆弧，凸面微翘起，宽端瓦沿平直无纹饰或凸面饰指压纹。

标本05HBⅠT0202③：17，平面呈等腰梯形，宽端瓦沿无纹饰。宽端一角微残，长45、宽28～34，厚2厘米（图四七，1）。

标本05HBⅡT0601③：30，平面呈梯形，宽端瓦沿无纹饰。长43、宽27～34、厚2厘米（图四七，2；图版四八，1）。

标本05HBⅡT0601③：32，平面呈等腰梯形，宽端瓦沿无纹饰，瓦身凸面饰一条指甲戳印形成的横向纹饰带。长42.5、宽27～32、厚1.4厘米（图四八，1；图版四八，2）。

标本05HBⅡT0601③：33，平面呈长方形，宽端瓦沿无纹饰。一端瓦沿凸面微翘，靠近瓦沿处

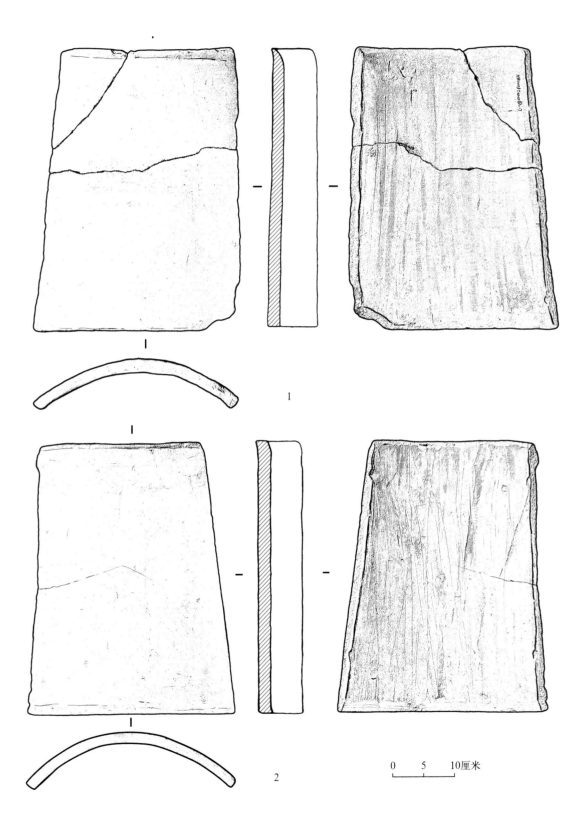

图四七　第一号建筑址殿基出土普通板瓦（一）

1. 05HBⅠT0202③：17　2.05HBⅡT0601③：30

有戳印"成"字。瓦身凸面有断续的横向弦纹，应为轮修痕迹。长40、宽29、厚1.6厘米（图四八，21；图版四八，3）。

标本05HBⅡT0601③：34，平面呈等腰梯形，宽端瓦沿无纹饰。窄端凸面有戳印文字"川（？）"。长42、宽27.5～33、厚1.8厘米（图四九，1）。

标本05HBⅡT0601③：62，平面呈梯形，宽端瓦沿无纹饰。窄端凸面有刻划"×"形符号。长46、宽27～30、厚2厘米（图四九，2；图版四八，4）。

标本05HBⅠT0202③：15，平面呈长方形，一端瓦沿凸面饰指压纹，窄端凸面有一戳印文字，字迹不清。长44、宽30、厚1～2厘米（图五〇，1）。

标本05HBⅡT0601③：63，平面呈等腰梯形，瓦沿宽端凸面饰指压纹，瓦身凸面通体有横向弦纹。长38、宽26.5～29、厚2厘米（图五〇，2；图版四九，1）。

标本05HBⅠT0202③：34，平面呈等腰梯形，宽端瓦沿凸面饰指压纹，窄端凸面有戳印"可"字。长43.5、宽26～32、厚1.8厘米（图五一，1；图版四九，3）。

标本05HBⅠT0202③：76，平面呈等腰梯形，宽端瓦沿凸面饰指压纹，窄端凸面有戳印"可"字。长42、宽26～34、厚1.8厘米（图五一，2；图版四九，2）。

标本05HBⅠT0202③：77，平面呈等腰梯形，宽端瓦沿凸面饰指压纹。长42、宽28～31、厚1.6～2厘米（图五二，1；图版四九，5）。

标本05HBⅠT0202③：18，平面呈等腰梯形，两斜边呈外鼓的弧形，宽端瓦沿凸面饰指压纹，窄端凸面右上角有戳印"可"字。长40、宽23.5～31、厚1.8厘米（图五二，2）。

标本05HBⅡT0501③：42，平面呈等腰梯形，宽端瓦沿凸面饰指压纹。长41.5、宽27.5～32.5、厚1.6厘米（图五三，2）。

檐头板瓦　平面多呈长方形或等腰梯形，窄端瓦沿圆弧，凸面微翘起，宽端瓦沿处加厚，沿面施戳印、刻划纹饰。沿面纹饰种类较多。基本纹样为沿面中央有两道凹槽，上下两侧饰斜向栉齿纹，凹槽之间饰一排圆形戳点纹或圆圈纹。

标本05HBⅡT0201③：46，平面呈长方形，残长23.5、宽33.5、厚1.8厘米（图五四，1；图版五〇，2）。

标本05HBⅡT0501③：46，平面呈长方形，残长31、残宽20、厚1.7厘米（图五四，2）。

标本05HBⅠT0202③：26，平面呈等腰梯形，窄端凸面有戳印"左李"二字。长47、宽27～35、厚1.2～2.5厘米（图五四，3；图版五〇，4）。

标本05HBⅡT0201③：44，平面呈长方形，残长13、宽32、厚2.4～3厘米（图五五，1；图版五一，1）。

标本05HBⅡT0201③：45，平面呈长方形，残长23.5、宽23、厚2.2～.5厘米（图五五，2）。

标本05HBⅡT0601③：56，平面呈等腰梯形，残长33、残宽27、厚2～3厘米（图五六，1）。标本05HBⅠT0303③：6，平面呈长方形，残长25.8、残宽17、厚1.5～2厘米（图五六，2）。

标本05HBⅠT0601③：37，平面呈等腰梯形，沿面下部无斜向栉齿纹。长40、宽25～31.5、厚1.6～3.2厘米（图五三，1）。

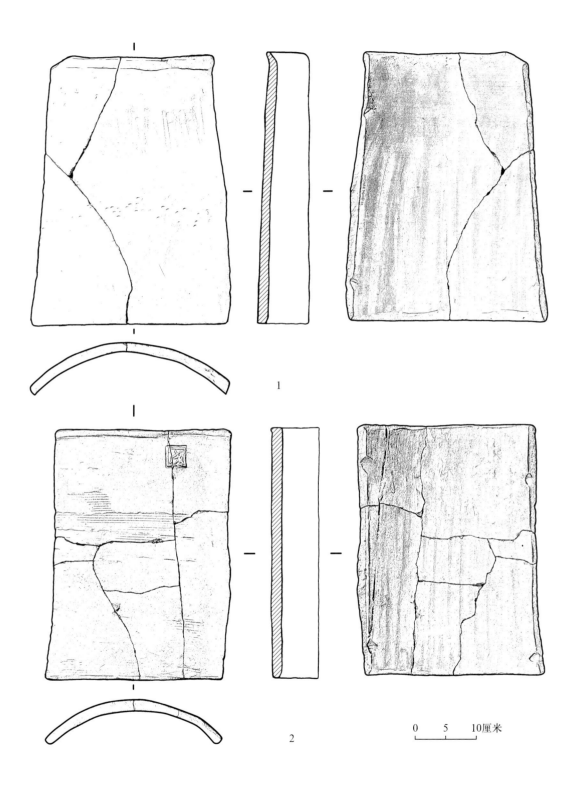

图四八 第一号建筑址殿基出土普通板瓦（二）

1. 05HBⅡT0601③：32 2.05HBⅡT0601③：33

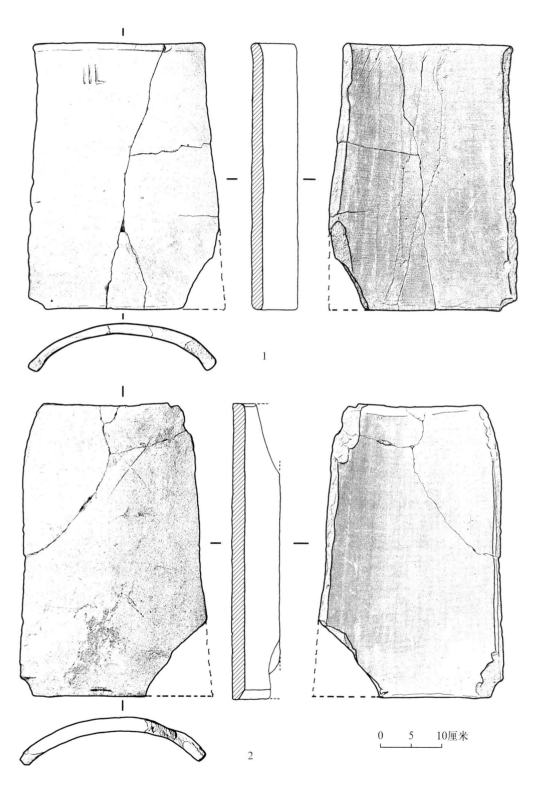

图四九 第一号建筑址殿基出土普通板瓦（三）
1. 05HBⅡT0601③：34 2.05HBⅡT0601③：62

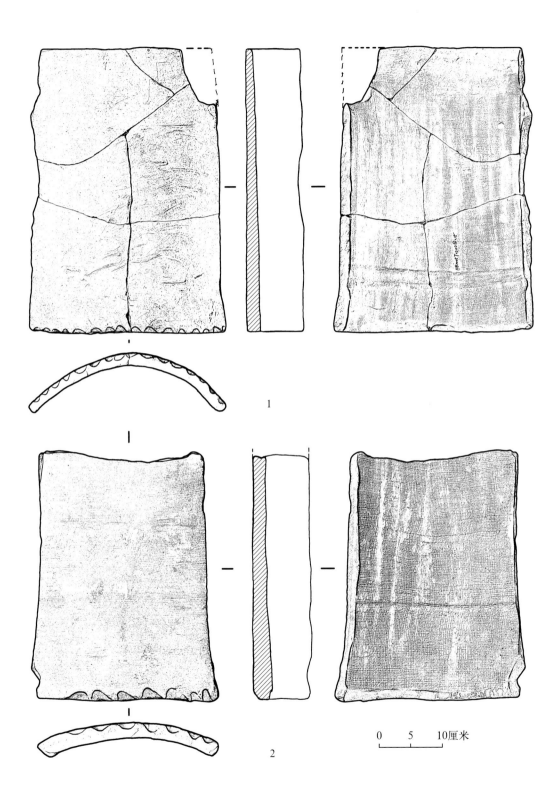

图五〇　第一号建筑址殿基出土指压纹板瓦（一）

1. 05HBⅠT0202③∶15　2.05HBⅡT0601③∶63

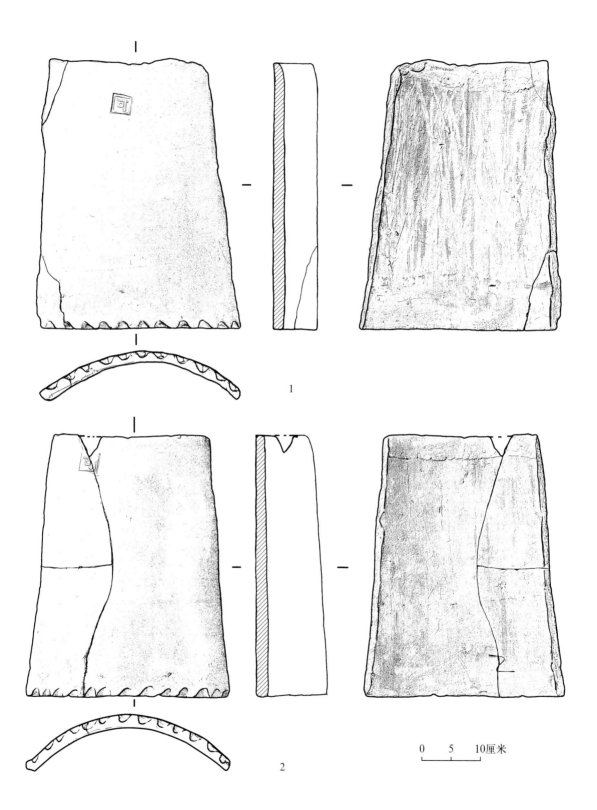

图五一　第一号建筑址殿基出土指压纹板瓦（二）

1. 05HBIT0202③：34　2.05HBIT0202③：76

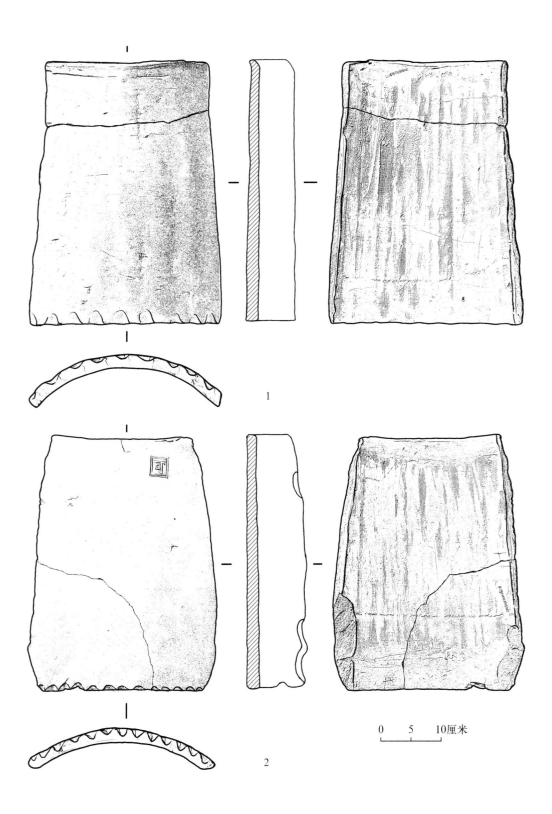

图五二　第一号建筑址殿基出土指压纹板瓦（三）

1. 05HBIT0202③：77　2.05HBIT0202③：18

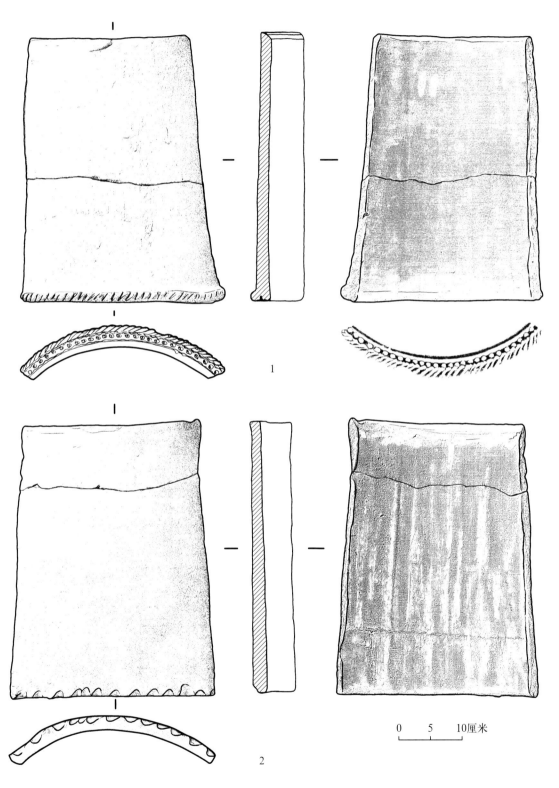

图五三　第一号建筑址殿基出土檐头板瓦、指压纹板瓦

1. 檐头板瓦（05HBⅠT0601③：37）　2. 指压纹板瓦（05HBⅡT0501③：42）

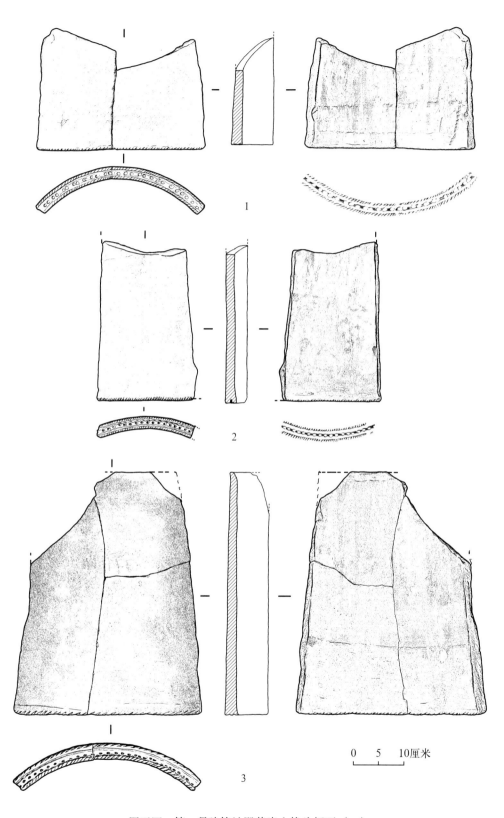

图五四　第一号建筑址殿基出土檐头板瓦（一）

1. 05HBⅡT0201③：46　2. 05HBⅡT0501③：46　3. 05HBⅠT0202③：26

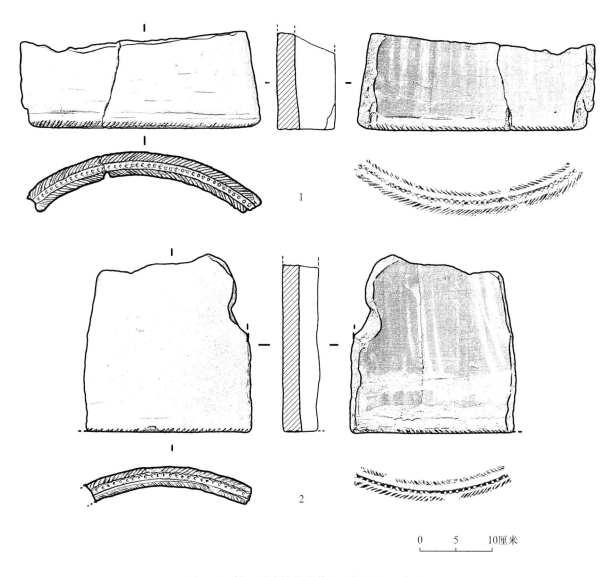

0　　5　　10厘米

图五五　第一号建筑址殿基出土檐头板瓦（二）

1. 05HBⅡT0201③：44　2.05HBⅡT0201③：45

（2）筒瓦

均为夹砂陶，模制，瓦身平面多呈长方形，个别呈等腰梯形，凸面抹光，凹面印有细密布纹。筒瓦多数有瓦舌，瓦舌凸面常见有模印或刻划文字，瓦舌内侧可见多道麻布褶皱。依据制作工艺及在建筑上的使用位置，可分为普通筒瓦、檐头筒瓦和绿釉筒瓦三类。

普通筒瓦　均为夹砂灰陶，瓦身平面呈长方形，瓦舌表现为曲节和直节两种形制。

曲节形瓦舌普通筒瓦　细砂陶质，深灰色，瓦舌平面呈等腰梯形，其上压出一条横向凹槽。此类筒瓦在使用过程中往往又经人为修整，主要表现为打掉瓦舌前端两侧的一部分，以便于筒瓦和板瓦间嵌接得更加紧密。

标本05HBⅡT0601③：59，残长24.8、残宽11.6、胎厚1.5、瓦舌长5.5厘米（图五七，1；图版五二，2）。

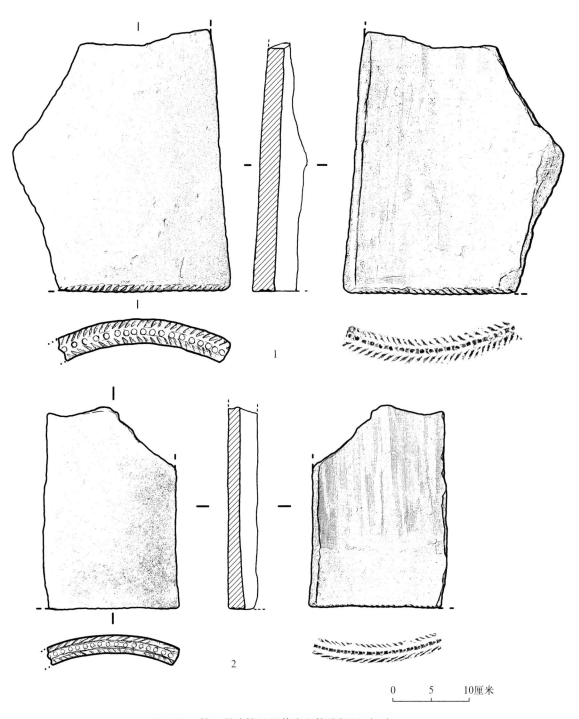

图五六　第一号建筑址殿基出土檐头板瓦（三）

1. 05HBⅡT0601③：56　2.05HBⅠT0303③：6

标本05HBⅠT0601②：5，残长18.4、宽16.8、胎厚1.6、瓦舌长5.6、宽7.2～14厘米（图五七，2）。

标本05HBⅠT0601③：59，瓦身被修整成斜面，残长34.8、宽14.4、胎厚2厘米（图五八，1）。

直节形瓦舌普通筒瓦　粗砂陶质，浅灰色，瓦舌平面呈长方形或等腰梯形。

标本05HBⅡT0601③：57，残长32.5、宽14、高7.6、胎厚1.6、瓦舌长4、宽8.5～10厘米（图

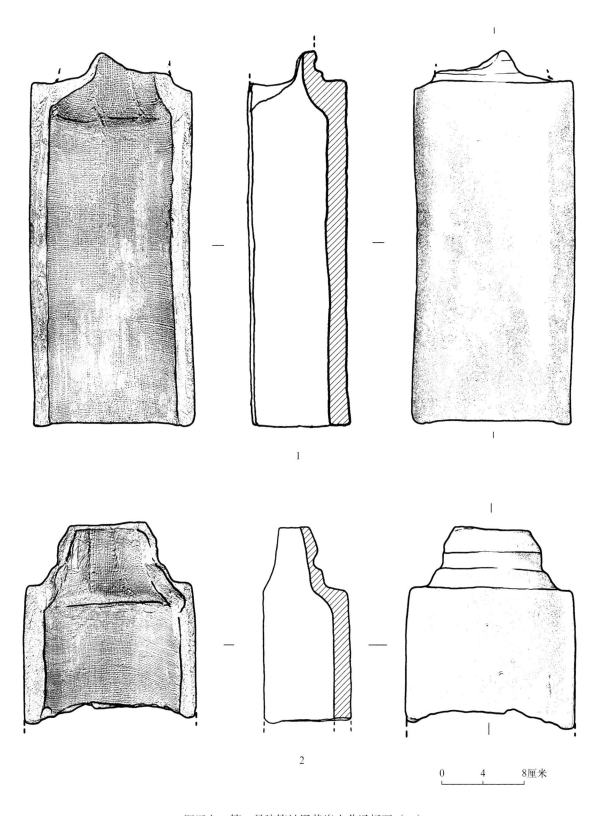

图五七　第一号建筑址殿基出土普通板瓦（一）

1. 05HBⅡT0601③：59　2.05HBⅠT0601②：5

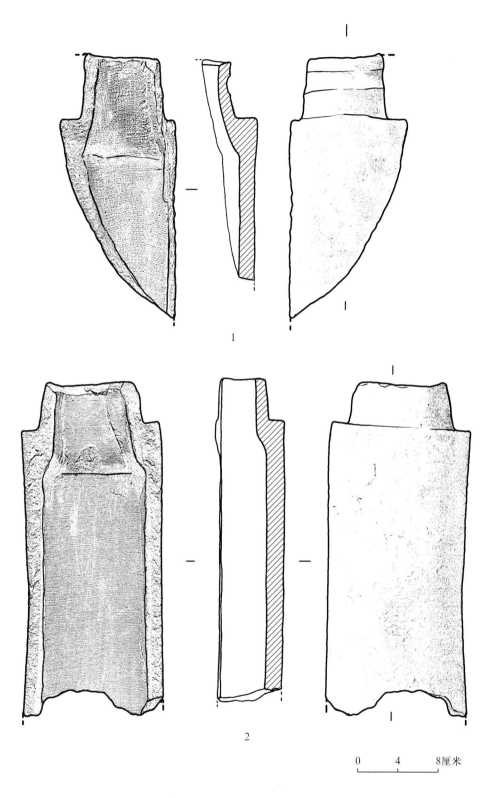

图五八　第一号建筑址殿基出土普通筒瓦（二）

1. 05HBⅠT0601③：59　2.05HBⅡT0601③：57

五八，2；图版五三，1）。

标本05HBⅡT0601③：31，瓦舌凸面有戳印"成"字。通长41、宽13、高7.5~8、胎厚1.3、瓦舌长5、残宽8.4厘米（图五九，1；图版五三，3）。

标本05HBⅡT0601③：29，瓦舌凸面有刻划"本"字。通长37、宽13.3、高7、胎厚1.8、瓦舌长4.8、宽9.7厘米（图五九，2；图版五三，2）。

檐头筒瓦　多为夹砂灰陶，瓦身平面多呈长方形，瓦身一端与瓦当相接，接近瓦当处瓦身两侧边缘的棱角被抹成圆弧状。瓦舌中部有一圆形钉孔，表现为曲节和直节两种形制。

曲节形瓦舌檐头筒瓦　细砂陶质，深灰色，瓦舌平面呈等腰梯形，凸面有一条横向凹槽，使用时往往经人为修整，以便于筒瓦和板瓦间嵌接得更加紧密。

标本05HBⅠT0503③：51，瓦身呈弯曲状，近瓦当处瓦身两侧有半圆形凹缺。残长26、最宽处15、胎厚1.3、瓦舌长5、宽8~11.6、钉孔直径0.8厘米（图六〇，1；图版五四，6）。

直节形瓦舌檐头筒瓦　粗砂陶质，浅灰色，瓦舌平面呈长方形或等腰梯形。此类筒瓦中瓦舌呈等腰梯形的在使用时亦多被打磨掉瓦舌的两端，以便于筒瓦和板瓦间嵌接得更加紧密。修整过瓦舌的筒瓦均为瓦舌呈梯形的，推测可能是瓦舌端口宽度比所用位置处的板瓦厚度窄所致。

标本05HBⅡT0601③：58，残长16、宽12、高6.4、胎厚1.5、瓦舌长4、宽7.2~8.8、钉孔直径0.8厘米（图六〇，2；图版五四，3）。

绿釉筒瓦　均为夹砂红陶，火候较低，模制。瓦身平面呈长方形，瓦舌平面呈等腰梯形，凸面有一条横向凹槽，体型较其他筒瓦大，特别是宽度增加明显，用于屋脊。烧制工艺为先施一层白色化妆土，再在其上施绿釉，化妆土有的施至瓦舌处，绿釉一般未施于瓦舌。此类筒瓦在使用中也大都被人为打掉瓦舌两端的一部分。

标本05HBⅡT0201③：49，通长38、宽23.2、高11、胎厚1.5、瓦舌长6、宽12~17.4厘米（图六一，1；图版五五，3）。

标本05HBⅡT0201③：48，通长34.8、宽22、高10.5、胎厚1.8、瓦舌长4.8、宽12~16厘米（图六一，2；图版五五，5）。

标本05HBⅠT0201③：2，通长38、宽21、胎厚1.6、瓦舌长6厘米（图六二，1；图版五六，1）。

标本05HBⅡT0601③：26，通长41、残宽22.5、胎厚1.6、瓦舌长6.4厘米（图六二，2；图版五六，3）。

（3）瓦当

均为夹砂陶，以深灰色和浅灰色为主，少量呈黄褐色，模制，圆形，边轮高出当面，当面饰莲花纹、花草纹等纹饰。瓦当背面抹光，与筒瓦相接处戳出若干不规则形坑点，以加固与筒瓦的黏合。

六瓣莲花纹瓦当　当面内区中央为圆形乳突，周围等距分布六个小乳突。外区为六瓣心形莲瓣，莲瓣之间饰葶形纹饰。个体当面纹饰的细部特征有所区别。

标本05HBⅡT0601③：28，直径17、轮宽1.2、轮厚1.6、当心厚0.8、筒身残长1.5厘米（图六三，1；图版五七，1）。

标本05HBⅠT0601③：46，直径17、轮宽1.3、轮厚1.8、当心厚1.2、筒身残长5.2厘米（图

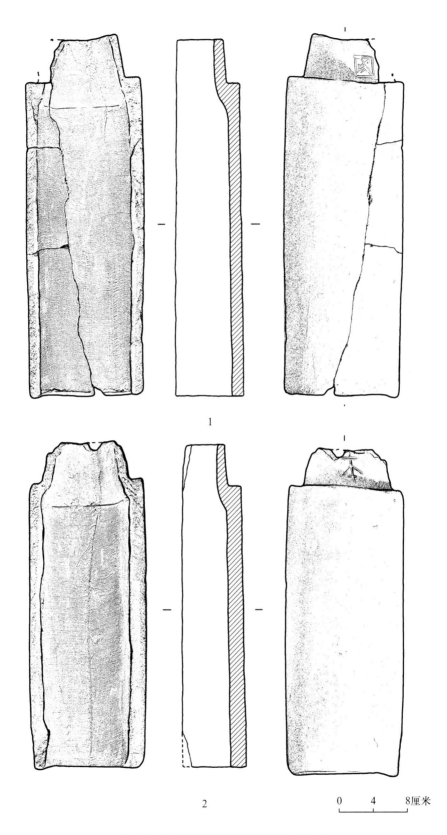

1

2

0　　4　　8厘米

图五九　第一号建筑址殿基出土普通筒瓦（三）

1. 05HBⅡT0601③：31　2.05HBⅡT0601③：29

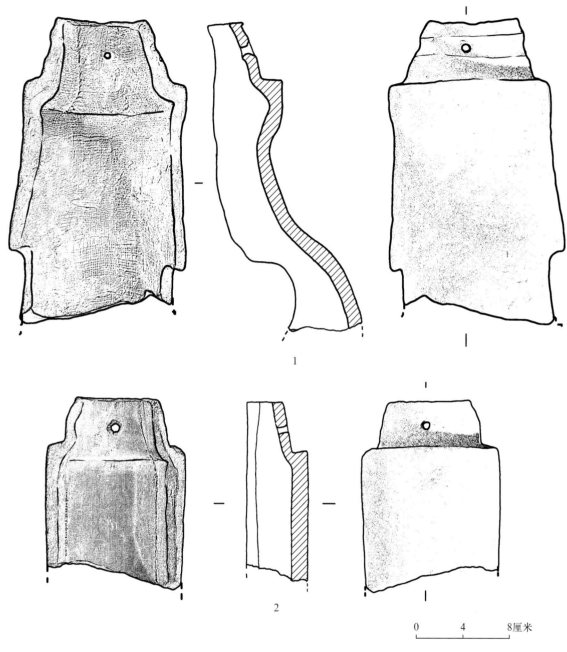

0　　　4　　　8厘米

图六〇　第一号建筑址殿基出土檐头筒瓦

1. 05HBⅠT0503③：51　2.05HBⅡT0601③：58

六三，2；图版五七，2）。

标本05HBⅡT0601③：69，直径17.8、轮宽1.2、轮厚1.8、当心厚1厘米（图六三，3）。

标本05HBⅡT0601③：2，直径18、轮宽1.3、轮厚1.7、当心厚1.1厘米（图六四，1）。

标本05HBⅠT0503②：3，直径17.5、轮宽1.2、轮厚1.8、当心厚1.3、筒身残长4.5厘米（图六四，2）。

标本05HBⅡT0401③：12，瓦当直径小，瓦身向上微鼓。直径13.2、轮宽0.8、轮厚1.5、当心

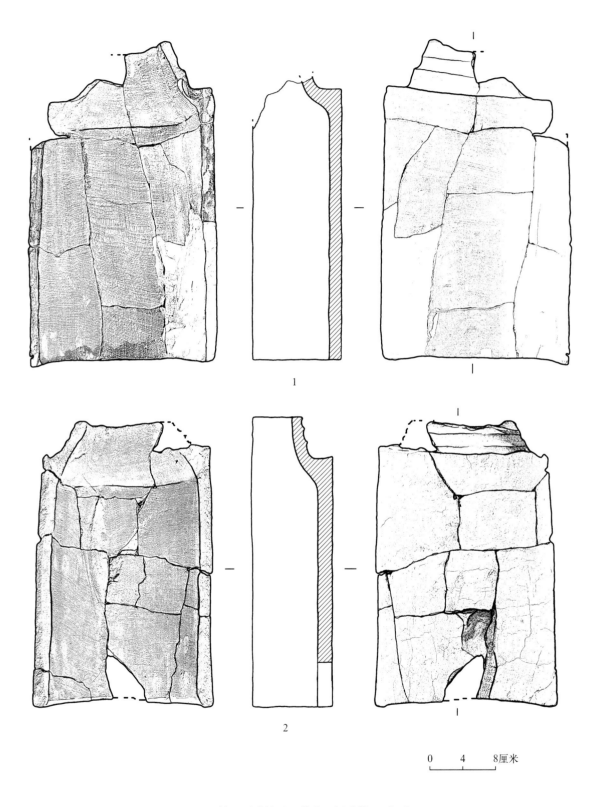

图六一　第一号建筑址殿基出土绿釉筒瓦（一）

1. 05HBⅡT0201③：49　2.05HBⅡT0201③：48

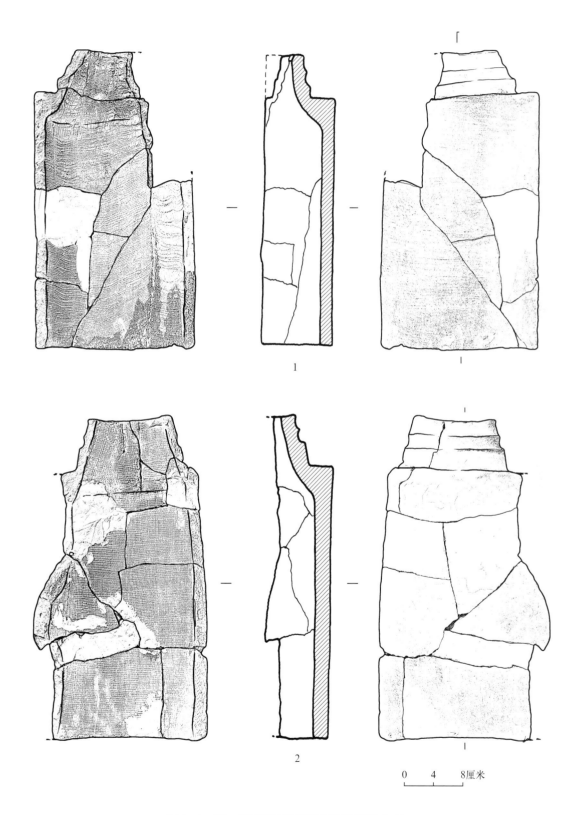

图六二　第一号建筑址殿基出土绿釉筒瓦（二）
1.05HB I T0201③：2　2.05HB II T0601③：26

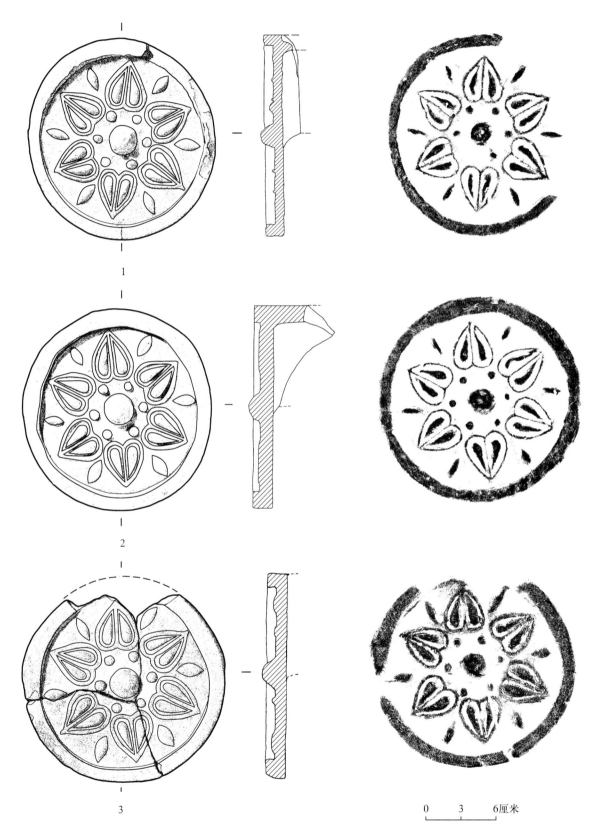

图六三　第一号建筑址殿基出土瓦当（一）

1.05HBⅡT0601③：28　2.05HBⅠT0601③：46　3.05HBⅡT0601③：69

图六四　第一号建筑址殿基出土瓦当（二）

1.05HBⅡT0601③：2　2.05HBⅠT0503②：3

厚1.1，瓦身残长4厘米（图六五，1）。

标本05HBⅠT0503③：19，瓦当直径小。直径13.5、轮宽0.9、轮厚1.5、当心厚1厘米（图六五，3）。

标本05HBⅠT0202③：56，直径17.5、轮宽1、轮厚2、当心厚1.4厘米（图六六，1；图版五九，1）。

标本05HBⅠT0202③：72，直径17.2、轮宽1.1、轮厚2、当心厚1.3厘米（图六六，2）。

标本05HBⅠT0203③：30，直径17、轮宽1.2、轮厚2.5、当心厚1.4、瓦身残长10厘米（图六六，3；图版五九，2）。

　　标本05HBⅡT0201③：27，瓦当直径较小。直径14、轮宽0.8、轮厚1.7、当心厚1、筒身残长5.2厘米（图六七，1；图版五九，4）。

　　八瓣莲花纹瓦当　　当面内区中央为圆形乳突，外饰两道凸弦纹，外周等距分布十六个小乳丁，乳丁外有一道凸弦纹。外区为八瓣复瓣莲瓣，莲瓣之间有荷叶形间饰。

　　标本05HBⅠT0403③：14，当直径14、轮宽1.1、轮厚1.9、当心厚1.2、瓦身残长3.7厘米（图六七，2；图版六二，3）。

　　八瓣侧视莲花纹瓦当　　当面内区中央为圆形乳突，外周等距分布八个小乳丁，乳丁的内外侧饰一道或两道凸弦纹。外区为八朵缠枝侧视莲花，位置与小乳丁对应。

　　标本04HBⅠT0403③：130，直径14.6、轮宽1.2、轮厚1.8、当心厚1.2厘米（图六七，3）。

　　标本05HBⅡT0401②：7，直径14、轮宽1.2、轮厚2.1、当心厚1.2、瓦身残长7厘米（图六七，4；图版六三，5）。

　　标本05HBⅠT0202③：50，残长13、轮宽1、轮厚1.7、当心厚1.2厘米（图六五，2）。

　　花草纹瓦当　　当面内区中央为圆形乳突，外周饰一道或两道凸弦纹，弦纹与乳突之间等距分布八或十二个小乳丁。外区为六株侧视花草纹饰。

　　标本05HBⅠT0601③：38，直径14.5、轮宽1.2、轮厚2.2、当心厚1.7、瓦身残长8厘米（图六八，1；图版六五，2）。

　　标本05HBⅡT0601③：35，花草纹饰简化，直径12、轮宽0.9、轮厚1.5、当心厚1厘米（图六八，2；图版六五，5）。

　　（4）当沟

　　均为夹砂灰陶，模制，凸面抹光，凹面印有布纹。

　　标本05HBⅠT0601③：101，残长16.5、残宽9.6、胎厚1.6厘米（图六八，3）。

　　（5）压当条

　　均为夹砂灰陶，模制，平面多呈长方形，有的呈梯形，凸面抹光，凹面印有布纹。分为板瓦形压当条和筒瓦形压当条两种。

　　板瓦形压当条　　瓦身弧度较小，少量压当条凸面有模印文字，个别有横向平行条纹，有的在瓦沿处饰指压纹。从完整个体的长度和厚度来看，当与板瓦使用同样的瓦坯，制作工艺也与板瓦相同，只是宽度窄于板瓦。

　　标本05HBⅠT0503③：52，残长21.6、宽10.8、胎厚2厘米（图六九，1；图版六八，4）。

　　标本05HBⅡT0601③：45，瓦沿内侧抹斜，残长25.6、宽12、高2.5、胎厚1.8厘米（图六九，2；图版，六八，2）。

　　标本05HBⅡT0201③：40，残长23、宽11、高3.5、胎厚2～2.5厘米（图六九，3；图版六八，1）。

　　标本05HBⅡT0501③：47，瓦沿内侧抹斜，残长14、宽7.2、胎厚0.8厘米（图六九，4）。

　　标本05HBⅡT0301③：18，瓦身一端残，凸面有刻写的"维次甘露元…"五字。残长22、宽11、高2.8、胎厚1.5～2厘米（图七〇，2；图版八三，4）。

　　标本05HBⅡT0501③：6，凸面有两行刻写文字。残长23.6、残宽16.4、胎厚1.6厘米（图七〇，1；图版八三，5）。

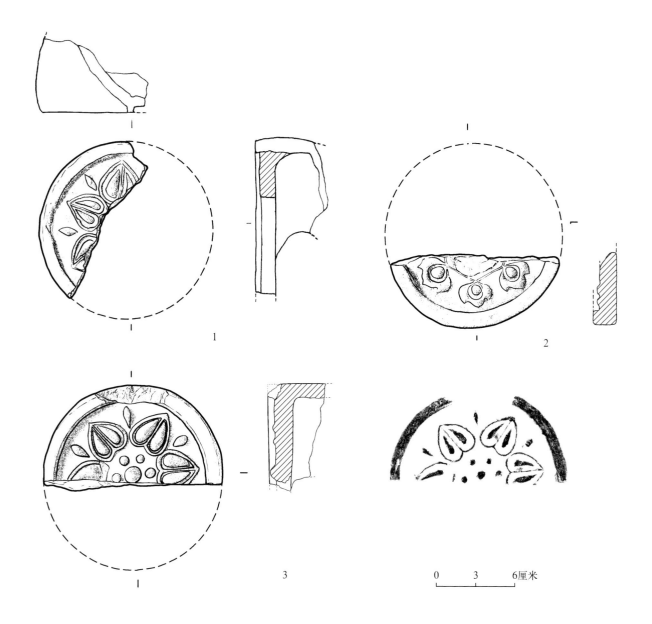

图六五　第一号建筑址殿基出土瓦当（三）

1.05HBⅡT0401③：12　2.05HBⅠT0202③：50　3.05HBⅠT0503③：19

　　标本05HBⅡT0501③：25，凸面有两行刻写文字。残长12.8、宽14.8、胎厚1.5厘米（图七○，3；图版八三，6）。

　　标本05HBⅠT0303③：38，瓦沿凸面饰指压纹，残长25、宽14.2、高3.2、胎厚2.2厘米（图七一，1；图版六八，6）。

　　标本05HBⅡT0501③：49，瓦沿凸面饰指压纹，残长24.4、宽11～13.6、高3、胎厚1.8厘米（图七一，2；图版六九，4）。

　　标本05HBⅡT0501③：48，瓦沿凸面饰指压纹，残长24.8、宽7.2～9、高2.3、胎厚1.8厘米（图七一，3；图版六九，3）。

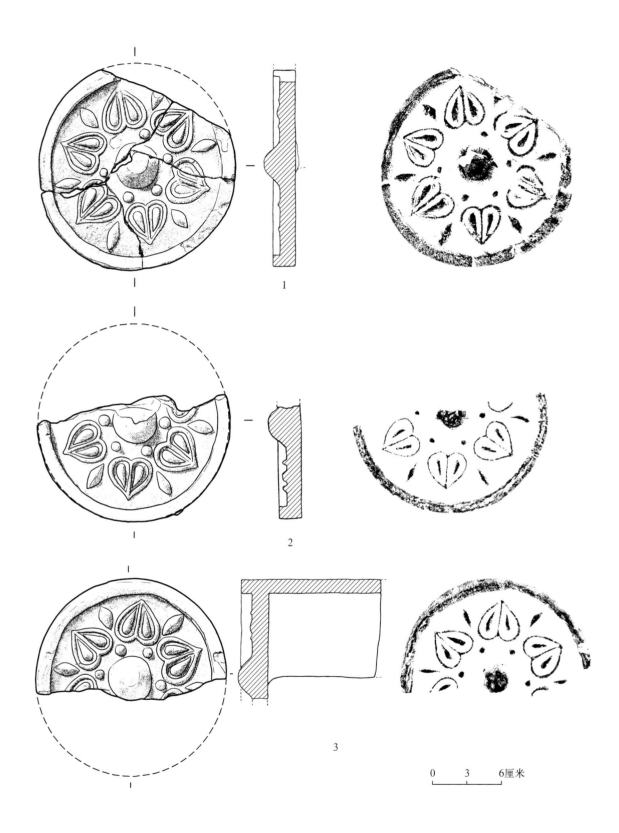

图六六　第一号建筑址殿基出土瓦当（四）

1.05HBIT0202③：56　2.05HBIT0202③：72　3.05HBIT0203③：30

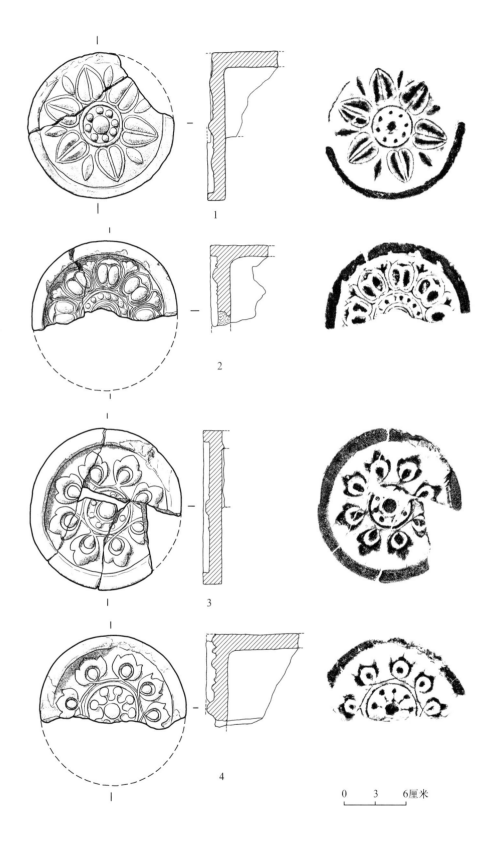

图六七　第一号建筑址殿基出土瓦当（五）

1. 六瓣莲花纹瓦当（05HBⅡT0201③∶27）　　2. 八瓣莲花纹瓦当（05HBⅠT0403③∶14）
3、4. 八瓣侧视莲花纹瓦当（04HBⅠT0403③∶130　05HBⅡT0401②∶7）

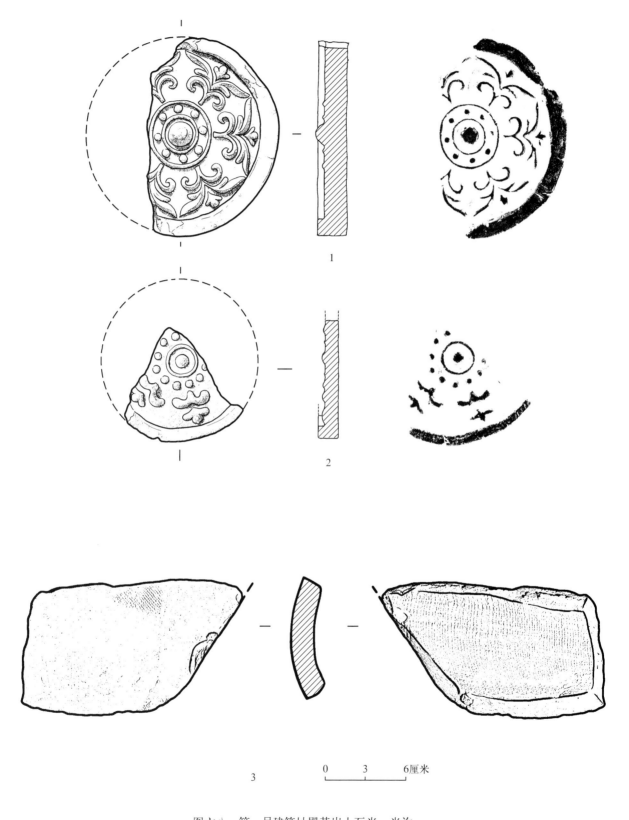

图六八　第一号建筑址殿基出土瓦当、当沟
1、2.花草纹瓦当（05HBⅠT0601③：38　05HBⅡT0601③：35）　3.当沟(05HBⅠT0601③：101)

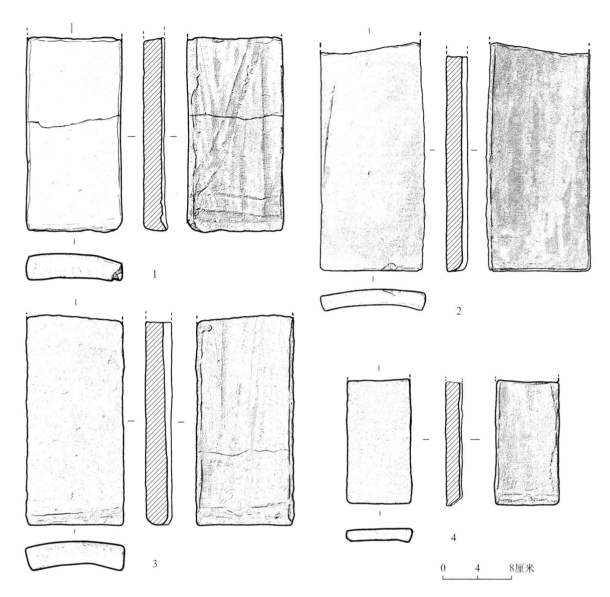

图六九　第一号建筑址殿基出土压当条（一）

1.05HBⅠT0503③：52　2.05HBⅡT0601③：45　3.05HBⅡT0201③：40　4.05HBⅡT0501③：47

筒瓦形压当条　瓦身弧度较大，表面不甚光滑。从完整个体的长度和厚度来看，压当条瓦坯与筒瓦类似，制作工艺也大致与筒瓦同，只是没有瓦舌部分。

标本05HBⅡT0301③：40，残长18.8、宽14、高3.2、胎厚1.4厘米（图七一，4）。

标本04HBⅠT0503③：203，残长23.5、宽12、高3.2、胎厚1.4厘米（图七一，5）。

标本05HBⅡT0201③：41，残长27.2、宽12、高3.6、胎厚1.2厘米（图七一，6；图版六九，5）。

（6）套兽、兽头

除了一件套兽较完整，其余为套兽或兽头的眼珠、牙、鼻、耳、角、鬃等部位残块。胎体呈红色或白色，泥质陶，表面施绿釉。

标本04HBⅠT0503③：275，龙首形套兽，长31.5、宽19.5、高24.5厘米（图七二；图版七〇，1）。

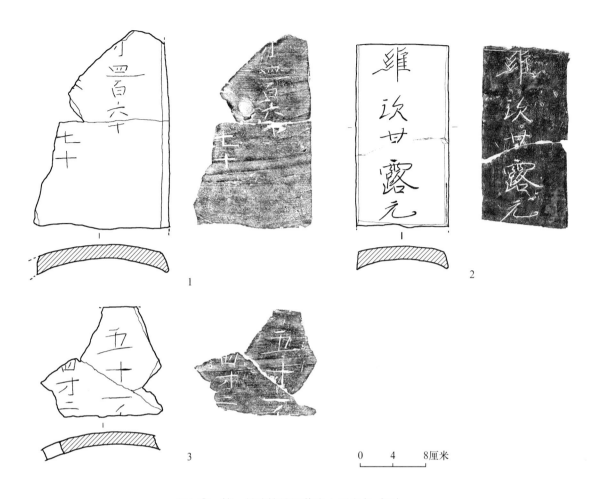

图七〇　第一号建筑址殿基出土压当条（二）

1.05HBⅡT0501③：6　2.05HBⅡT0301③：18　3.05HBⅡT0501③：25

　　标本05HBⅡT0301③：56，残宽6厘米（图版七一，4）。

　　标本05HBⅡT0401②：12，残长12、残宽8（图版七三，1）。

　　标本05HBⅡT0301③：53，残长10.5、残宽8.5、厚4厘米（图版七一，1）。

　　标本05HBⅡT0601②：4，套兽眉毛，残长15、高5.5厘米（图版七一，6）。

　　标本05HBⅡT0601②：2，兽头或套兽的鬃毛部分，残长9.7、残宽7.8厘米（图版七一，3）。

　　标本05HBⅠT0201②：7，残长11.4、宽5.4、厚1.4～2厘米（图版七三，2）。

　　标本05HBⅡT0201③：22，残长16.2、截面直径3厘米（图版七二，1）。

　　标本05HBⅡT0301③：52，残长15.6、截面直径3厘米（图版七二，3）。

　　标本05HBⅡT0301③：51，残长17.3、截面直径3厘米（图版七二，4）。

　　标本05HBⅡT0401③：25，残长8.5、宽5.8、厚3厘米（图版七二，2）。

　　标本05HBⅠT0501③：11，残长11.4、截面直径2.4厘米（图版七二，5）。

　　标本05HBⅡT0601②：5，残长14.7、截面直径3.2厘米（图版七二，6）。

　　标本05HBⅠT0201③：20，残长8、残宽6.3厘米（图版七三，4）

　　标本05HBⅡT0201③：21，残宽11、残高6.8厘米（图版七一，5）。

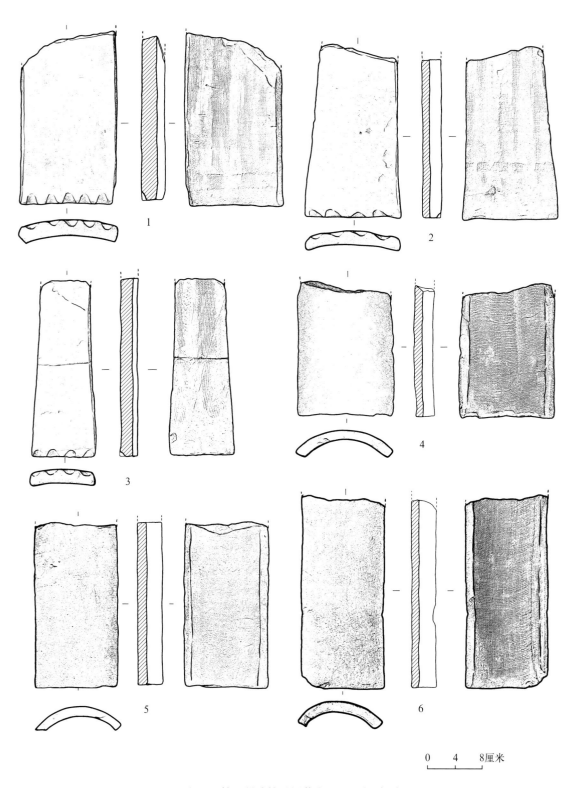

图七一　第一号建筑址殿基出土压当条（三）

1-3.板瓦形压当条（05HBⅠT0303③：38　05HBⅡT0501③：49　05HBⅡT0501③：48）

4-6.筒瓦形压当条（05HBⅡT0301③：40　04HBⅠT0503③：203　05HBⅡT0201③：41）

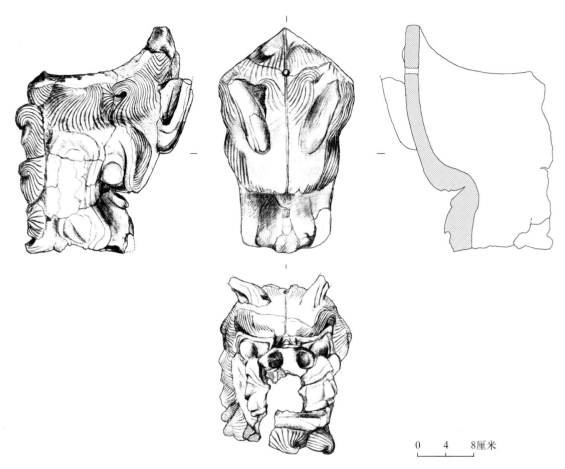

0　　4　　8厘米

图七二　第一号建筑址殿基出土套兽
(04HBⅠT0503③：275)

标本05HBⅡT0301③：55，残长7.2、残宽7.6厘米（图版七三，3）。

标本05HBⅡT0401③：26，残宽10.4、厚1.4厘米（图版七一，2）。

标本05HBⅡT0201③：52，共4块，为同一件兽头上的眼珠、牙等残块（图版七〇，2~6）。

（7）鸱尾

标本05HBⅠT0503③：37，鸱尾残块，泥质灰褐胎，外施绿釉，残长13、残宽95、厚2.3厘米（图版六六，4）。

（8）砖

均为夹砂灰陶，模制，多为素面，少数印有花纹装饰。有方砖、长方砖和条形砖。

标本05HBⅡT0501③：51，方砖，一面有模印纹饰，中心为八瓣宝相花纹，四边中部各有一朵六瓣宝相花纹，并与四角处的侧视宝相花纹连枝，边长37、厚5厘米（图七三，1；图版七九，1）。

标本05HBⅡT0201③：18，方砖，一面有模印宝相花纹，残长17.5、残宽15.4、厚5厘米（图七三，3；图版七九，2）。

标本05HBⅡT0601③：64，方砖，素面，边长38、厚6厘米（图版八〇，1）。

标本05HBⅡT0601③：65，长方砖，一面密布平行条纹，长34、宽17.5、厚6厘米（图七四，

图七三　第一号建筑址殿基出土方砖、条形砖

1、3.方砖（05HBⅡT0501③：51　05HBⅡT0201③：18）　2.条形砖（05HBⅡT0301③：48）

1；图版八〇，4）。

标本05HBⅡT0601③：66，长方砖，长33.5、宽17.5、厚6厘米（图七四，2；图版八〇，6）。

标本05HBⅡT0601③：67，长方砖，表面凸凹不平，长30.4、宽17.2、厚3.6厘米（图七四，3；图版八一，2）。

标本05HBⅡT0301③：48，长方砖，用长方砖打制而成。残长23.6、宽9.4、厚3.2厘米（图七三，2；图版八一，1）。

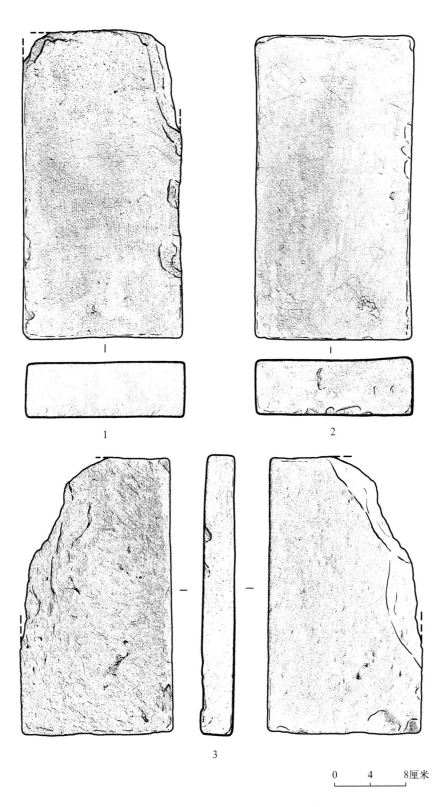

图七四　第一号建筑址殿基出土长方砖

1.05HBⅡT0601③:65　2.05HBⅡT0601③:66　3.05HBⅡT0601③:67

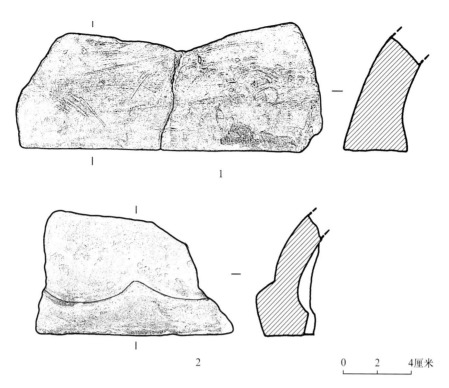

图七五　第一号建筑址殿基出土柱围
1.05HB I T0303③：3　2.05HB II T0601③：68

（9）柱围

模制，泥质红陶，外施绿釉。

标本05HB I T0303③：3，残长17.8、残高7.2、底边厚3.6厘米（图七五，1；图版七七，2）。

标本05HB II T0601③：68，残长11.4、残高7.1、底边厚2.3厘米（图七五，2；图版七八，3）。

2. 陶器

（1）盘

共2件。

标本05HB I T0401②：1，泥质灰陶，尖唇，敞口，斜弧壁，平底微凹，口径8、底径4.2、高2.2厘米（图七六，8；图版八三，1）。

标本05HB II T0401①：1，泥质灰陶，圆唇，展沿，侈口，平底，口径12、底径5.8、高1.7厘米（图七六，9；图版八三，3）。

（2）钵

1件。

标本05HB I T0503③：30，夹砂灰陶，圆唇，敞口，斜直壁，平底，口径12、底径6.6、高5.2厘米（图七六，6；图版八三，2）。

（3）罐

1件。

标本05HB II T0401②：10，泥质灰陶，圆唇微外翻，敛口，束颈，圆肩，弧腹，底部残，肩部

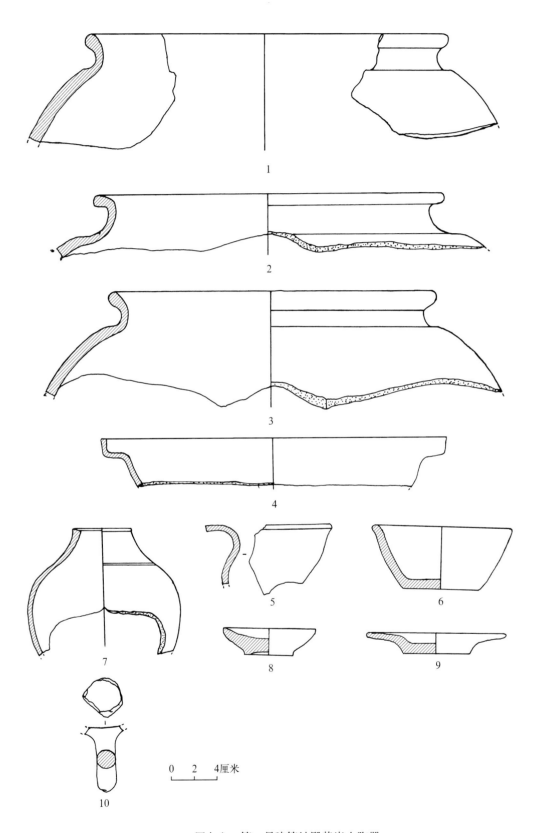

图七六　第一号建筑址殿基出土陶器

1～3、5.口沿残片（05HBⅠT0601③：44　05HBⅡT0301③：57　05HBⅡT0501③：52　05HBⅠT0202③：12）

4.盆（05HBⅡT0501②：7）　6.钵（05HBⅠT0503③：30）　7.罐（05HBⅡT0401②：10）

8、9.盘（05HBⅡT0401②：1　05HBⅡT0401①：1）　10.器耳残片（05HBⅠT0202③：48）

饰一圈凸弦纹，口径5、最大腹径13、残高10.5厘米（图七六，7）。

（4）口沿残片

共4件，侈口，束颈。

标本05HBⅠT0202③：12，夹砂黑陶，尖唇，残高5.8厘米（图七六，5）。

标本05HBⅡT0501③：52，泥质灰陶，圆唇，口径28、残高8厘米（图七六，3）。

标本05HBⅡT0301③：57，泥质红陶，圆唇，口径30、残高5.5厘米（图七六，2）。

标本05HBⅠT0601③：44，泥质黑陶，圆唇，口径31、残高9.5厘米（图七六，1）。

（5）盆

1件。

标本05HBⅡT0501②：7，泥质灰陶，方唇，敞口，折沿，口径29.6、残高4厘米（图七六，4）。

（6）器耳残片

1件。

标本05HBⅠT0202③：48，泥质灰陶，圆柱状，长5.4、截面直径1.6厘米（图七六，10）。

（7）三彩饰件

共2件，均为泥质灰白胎，微泛红，莲花座形，釉色以绿色和黄褐色为主。

标本05HBⅠT0403③：21，残高10.8厘米（图版六六，6）。

标本05HBⅠT0201②：29，为泥质灰白胎，微泛红，莲花座形，釉色以绿色和黄褐色为主，残高9厘米（图版六六，5）。

3. 石器

标本04HBⅠT0303③：1，底座为方形，边长15、高4.6厘米。上部呈方台体，下端边长10.3、上端边长5、器物通高9.6厘米（图七七，1；图版八二，1）。

标本05HBⅠT0503③：56，底座长方形，残长10、宽12.5、高3.6厘米。上部呈弧线内收近似方台体，顶部边长5厘米。器物通高7.6厘米，中部有一边长2.2厘米的方孔（图七七，2；图版八二，2）。

4. 铁器

（1）钉

大多为固定檐头筒瓦的瓦钉，锻打而成，截面方形或长方形。

标本05HBⅠT0601②：11，头端弯折，钉身截面长方形，通高14、截面长边0.8、短边0.6厘米（图七八，1）。

标本04HBⅠT0503③：264，头端弯折，钉身截面长方形，通高10.4、截面长边0.6、短边0.4厘米（图七八，2）。

（2）钩形铁器

1件。

标本05HBⅡT0301③：58，截面长方形，残高6.9、宽7.9厘米（图七八，3）。

5. 瓦上文字及符号

共出土各类文字瓦523件，包括板瓦、板瓦形压当条、筒瓦等。

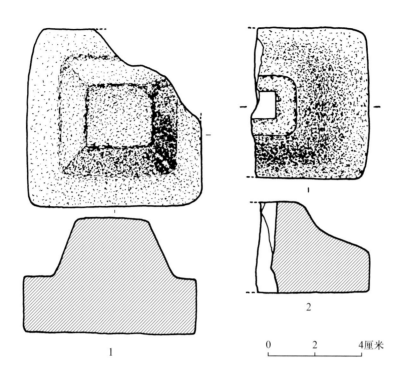

图七七　第一号建筑址殿基出土石器

1.04HBⅠT0303③∶1　2.05HBⅠT0503③∶56

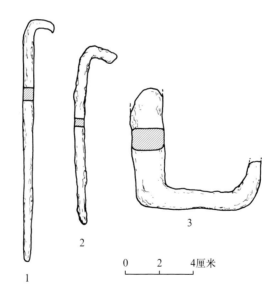

图七八　第一号建筑址殿基出土铁器

1、2.铁钉(05HBⅠT0601②∶11　04HBⅠT0503③∶264)　3.铁钩(05HBⅡT0301③∶58)

（1）模印文字

共496件，61字。

"**拣**"：3件，板瓦，戳印阳文，2件有印框无字框，1件有印框、字框。标本05HBⅠT0503③∶53（图七九，1）。

标本05HBⅠT0401①：3（图七九，2）。

"⺌顶"26件，板瓦22件，压当条4件。阳文，有印框、字框。

标本05HBⅡT0401③：19（图七九，3）。

"下"：5件，板瓦，阳文，3件有印框无字框，2件有印框、字框。

标本05HBⅡT0501③：13（图七九，4）。

标本05HBⅡT0501③：18（图七九，5）。

标本05HBⅡT0501③：16（图七九，6）。

"良"：4件，板瓦，阳文，有印框，无字框。有两种字体。

标本05HBⅠT0202③：62（图七九，8）。

标本05HBⅠT0202③：68（图七九，7）。

"可"：4件，板瓦，阳文，有印框、字框。

标本05HBⅠT0501③：8（图七九，9）。

"土"：23件，有板瓦和直节形筒，阴文，多数无印框，个别有不甚明显的长方形印框，无字框。有五种字体。

标本05HBⅡT0601③：4（图七九，10）。

标本05HBⅡT0201③：37（图七九，11）。

标本05HBⅠT0601③：47（图七九，12）。

标本05HBⅡT0201③：14（图七九，13）。

标本05HBⅠT0202③：89（图七九，14）。

"环"：3件，板瓦，阳文，有印框，无字框。

标本05HBⅠT0203③：27（图七九，15）。

"坒"：1件，直节形瓦舌筒瓦，阳文，有印框，无字框。

标本05HBⅠT0202③：66（图七九，16）。

"氜"：6件，板瓦，阳文，有印框、字框。有两种字体。

标本05HBⅡT0301③：28（图七九，17）。

标本05HBⅠT0203③：28，右下角残（图七九，18）。

"丰"：2件，有板瓦和直节形瓦舌筒瓦，阴文，无印框、字框，有两种字体。

标本05HBⅡT0601③：49，板瓦，上端残（图七九，19）。

标本05HBⅡT0301③：42，直节形瓦舌筒瓦，上端残（图七九，20）。

"成"：13件，有板瓦和直节形瓦舌筒瓦，阳文，有印框、字框。有两种字体。

标本05HBⅡT0201③：35（图七九，21），此类字体均为板瓦，共10件。

标本05HBⅡT0601③：31（图七九，22），此类字体均为直节形瓦舌筒瓦，共3件。

"羌"：3件，板瓦，阳文，有印框，无字框。

标本05HBⅠT0302②：7（图七九，23）。

"∼"：1件，板瓦，阳文，有印框、字框。

标本05HBⅠT0202③：88（图七九，24）。

图七九　第一号建筑址殿基出土瓦件模印文字拓片（一）

1.05HBⅠT0503③：53　2.05HBⅠT0401①：3　3.05HBⅡT0401③：19　4.05HBⅡT0501③：13　5.05HBⅡT0501③：18
6.05HBⅡT0501③：16　7.05HBⅠT0202③：68　8.05HBⅠT0202③：62　9.05HBⅠT0501③：8　10.05HBⅡT0601③：4
11.05HBⅡT0201③：37　12.05HBⅠT0601③：47　13.05HBⅡT0201③：14　14.05HBⅠT0202③：89　15.05HBⅠT0203③：27
16.05HBⅠT0202③：66　17.05HBⅡT0301③：28　18.05HBⅠT0203③：28　19.05HBⅡT0601③：49　20.05HBⅡT0301③：42
21.05HBⅡT0201③：35　22.05HBⅡT0601③：31　23.05HBⅠT0302②：7　24.05HBⅠT0202③：88

"凸"：4件，板瓦，阳文，有印框，无字框。

标本04HBⅠT0503③：4（图八〇，1）。

"咠"：1件，板瓦，阳文，有印框、字框。

标本05HBⅠT0202③：54（图八〇，2）。

"勃"：1件，直节形瓦舌筒瓦，阳文，有印框，无字框。

标本05HBⅡT0601③：52（图八〇，3）。

"貟"：7件，曲节形瓦舌筒瓦，阳文，有印框，无字框。有两种字体。

标本05HB I T0503③：54（图八〇，4）。

标本05HB II T0201③：43（图八〇，5），此类字体共6件。

"日"：2件，板瓦，阳文，有印框，无字框。

标本05HB II T0501③：32（图八〇，6）。

"市"：13件，板瓦，阴文，有印框，无字框。有五种字体。

标本05HB II T0501③：41（图八〇，7），此类字体共4件。

标本05HB II T0501③：2（图八〇，8），此类字体共5件。

标本05HB I T0303②：17（图八〇，9）。

标本05HB II T0301③：9（图八〇，10），此类字体共3件。

标本05HB I T0602③：3（图八〇，11）。

"利"：3件，板瓦，阳文，有印框，无字框。

标本04HB I T0503③：3（图八〇，12）。

"昌"：2件，板瓦，均位于T0304之中。阳文，有印框，无字框，残损严重。

"仁"：6件，阳文。有三种字体。

标本05HB I T0202③：57，有印框、字框（图八〇，13），此类字体共2件，均为板瓦。

标本05HB II T0301③：30，板瓦，有印框及上下两条横向字框（图八〇，14）。

标本04HB I T0303③：8，有印框，无字框（图八〇，15），此类字体共3件，均为曲节形瓦舌筒瓦。

"赤"：4件，有板瓦和直节形瓦舌筒瓦，其中板瓦3件，直节形筒瓦1件。阳文，有印框，无字框。有两种字体。

标本05HB II T0201③：30，板瓦（图八〇，16）。

标本05HB I T0601③：33，板瓦（图八〇，17），此类字体共3件，另两件分别为板瓦和直节形瓦舌筒瓦。

"素"：24件，有板瓦和直节形瓦舌筒瓦，阴文。有六种字体。

标本05HB I T0202③：92，无印框、字框（图八〇，18），此类字体共2件，均为直节形瓦舌筒瓦。

标本05HB I T0602③：2，有印框，无字框（图八〇，19），此类字体共7件，均为板瓦。

标本05HB I T0303③：5，有印框，无字框（图八〇，20），此类字体共3件，均为板瓦。

标本05HB I T0403③：17，有印框，无字框，左上角残（图八〇，21），此类字体共5件，均为板瓦。

标本05HB I T0202③：47，有印框，无字框（图八〇，22）。

标本05HB II T0601②：6，有印框，无字框（图八〇，23），此类字体共6件，均为板瓦。

"冯"：6件，板瓦，阳文，有印框，无字框。有两种字体。

标本05HB I T0202③：43（图八〇，24），此类字体共4件。

标本05HB I T0201②：27（图八一，1），此类字体共2件。

"計"：82件，板瓦，阳文，有印框，无字框。有两种字体。

图八○　第一号建筑址殿基出土瓦件模印文字拓片（二）

1.04HBⅠT0503③：4　2.05HBⅠT0202③：54　3.05HBⅡT0601③：52　4.05HBⅠT0503③：54　5.05HBⅡT0201③：43　6.05HBⅡT0501③：32　7.05HBⅡT0501③：41　8.05HBⅡT0501③：2　9.05HBⅠT0303②：17　10.05HBⅡT0301③：9　11.05HBⅠT0602③：3　12.04HBⅠT0503③：3　13.05HBⅠT0202③：57　14.05HBⅡT0301③：30　15.04HBⅠT0303③：8　16.05HBⅡT0201③：30　17.05HBⅠT0601③：33　18.05HBⅠT0202③：92　19.05HBⅠT0602②：2　12.05HBⅠT0303③：5　21.05HBⅠT0403③：17　22.05HBⅠT0202③：47　23.05HBⅡT0601②：6　24.05HBⅠT0202③：43

标本04HBⅠT0303③：7（图八一，2），此类字体共79件。

标本05HBⅠT0503③：43（图八一，3），此类字体共3件。

"ㄷ"：9件，板瓦，阳文，有印框，无字框。

标本05HBⅠT0601③：54（图八一，4）。

"亢"：12件，有板瓦和压当条二类，其中板瓦10件，压当条2件，阳文，有印框，无字框。

标本05HBⅠT0303③：23（图八一，5）。

"下"：2件，曲节形瓦舌筒瓦，分别位于T0503和T0304之中。阳文，有印框，无字框，残损严重。

"大"：5件，曲节形瓦舌筒瓦，阳文，有印框，无字框。

标本05HBⅡT0601③：12（图八一，6）。

"依"：5件，有板瓦和曲节形瓦舌筒瓦，阳文，有印框、字框。有两种字体。

标本05HBⅡT0501③：1（图八一，7），此类字体共3件，均为板瓦。

另一类字体共2件，分别位于T0601和ⅡT0401内，均为曲节形瓦舌筒瓦，残损严重。

"朋"：7件，曲节形瓦舌筒瓦，阳文，有印框，无字框。

标本05HBⅠT0303③：31（图八一，8）。

"甬"：2件，曲节形瓦舌筒瓦，阳文，有印框，无字框。

标本05HBⅡT0301③：44（图八一，9）。

"元"：3件，曲节形瓦舌筒瓦，阳文，有印框，无字框。

标本05HBⅠT0202③：94（图八一，10）。

"音"：30件，有板瓦、曲节形瓦舌筒瓦和压当条三类，阳文。有两种字体。

标本05HBⅡT0301③：8，有印框，无字框（图八一，11），此类字体共26件，其中板瓦15件，压当条11件。

标本05HBⅡT0601③：51，有印框、字框（图八一，12），此类字体共4件，其中板瓦2件，曲节形瓦舌筒瓦2件。

"弓"：27件，板瓦，阳文，有印框、字框。

标本05HBⅡT0501③：5（图八一，13）。

"美"：3件，板瓦，阳文，有印框、字框。有两种字体。

标本05HBⅡT0601③：42（图八一，14），此类字体共2件。

标本05HBⅡT0301③：39，左上角残（图八一，15）。

"则"：8件，有板瓦和压当条二类，其中板瓦4件，压当条4件，阳文，有印框，无字框。

标本05HBⅡT0401③：17（图八一，16）。

"石"：1件，板瓦，阳文，有印框、字框。

标本05HBⅠT0602③：4（图八一，17）。

"灵"：1件，板瓦，位于ⅡT0401内。阳文，有印框，无字框，残损严重。

"孑"：2件，直节形瓦舌筒瓦，阳文，有印框、字框。

标本05HBⅡT0601②：8（图八一，18）。

"卖"：15件，有板瓦、曲节形瓦舌筒瓦和压当条三类，阳文。有三种字体。

标本05HBⅠT0501③：27，板瓦，有印框，无字框（图八一，19）。

标本05HBⅠT0503②：10，有印框，无字框（图八一，20），此类字体共9件，其中板瓦7件，压当条2件。

标本05HBⅡT0501②：6，有印框，有字框（图八一，21），此类字体共5件，均为曲节形瓦舌筒瓦。

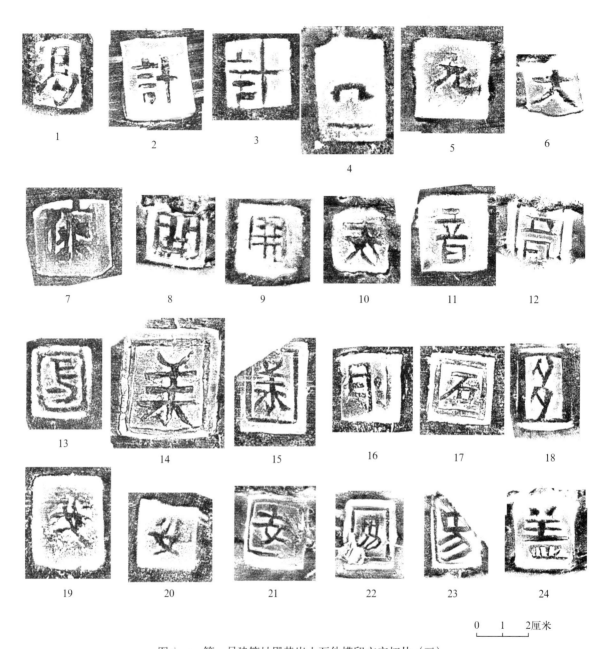

0　　1　　2厘米

图八一　第一号建筑址殿基出土瓦件模印文字拓片（三）

1.05HBⅠT0201②：27　2.04HBⅠT0303③：7　3.05HBⅠT0503③：43　4.05HBⅠT0601③：54　5.05HBⅠT0303③：23
6.05HBⅡT0601③：12　7.05HBⅡT0501③：1　8.05HBⅠT0303③：31　9.05HBⅡT0301③：44　10.05HBⅠT0202③：94
11.05HBⅡT0301③：8　12.05HBⅠT0601③：51　13.05HBⅡT0501③：5　14.05HBⅡT0601③：42　15.05HBⅡT0301③：39
16.05HBⅡT0401③：17　17.05HBⅠT0602③：4　18.05HBⅡT0601②：8　19.05HBⅠT0501③：27　20.05HBⅠT0503②：10
21.05HBⅡT0501②：6　22.05HBⅡT0501②：1　23.05HBⅠT0202③：42　24.05HBⅠT0202③：97

"易"：5件，曲节形瓦舌筒瓦，阳文，有印框、字框。有两种字体。

标本05HBⅡT0501②：1（图八一，22），此类字体共3件。

标本05HBⅠT0202③：42（图八一，23），此类字体共2件。

"盖"：13件，曲节形瓦舌筒瓦，阳文。有三种字体。

标本05HBⅠT0202③：97，有印框，无字框（图八一，24），此类字体共9件。

标本05HBⅠT0202③：96，有印框，无字框（图八二，1），此类字体共2件。

标本05HBⅠT0202③：93，有印框、字框（图八二，2），此类字体共2件。

"士"：14件，板瓦，阳文，有印框，无字框。有两种字形。

标本05HBⅡT0301③：27（图八二，3），此类字体共9件。

标本05HBⅠT0201②：28（图八二，4）。

标本04HBⅠT0304②：26（图八二，5），此类字体共4件。

"𤳳"：1件，板瓦，阳文，有印框、字框。

标本05HBⅠT0203③：10（图八二，6）。

"殊"：2件，曲节形瓦舌筒瓦，阳文，有印框，无字框。

标本05HBⅡT0401②：14（图八二，7）。

"旨"：5件，曲节形瓦舌筒瓦，阳文，有印框，无字框。有两种字体。

标本05HBⅠT0403③：20（图八二，8），此类字体共4件。

标本05HBⅡT0501③：44（图八二，9）。

"文"：2件，板瓦，阳文，有印框、字框。有两种字体。

标本05HBⅠT0203③：9（图八二，10）。

标本05HBⅠT0202③：84（图八二，11）。

"叨"：5件，阳文，有印框、字框，板瓦。

标本04HBⅠT0503③：10（图八二，12）。

"美"：3件，直节形瓦舌筒瓦，阴文，无印框、字框。有三种字体。

标本05HBⅡT0201③：42（图八二，14）。

标本05HBⅡT0301③：41（图八二，13）。

标本05HBⅡT0601③：55，左上端残（图八二，17）。

"月"：4件，有板瓦和压当条两类，其中板瓦3件，压当条1件，阳文，有印框，无字框。

标本04HBⅠT0503③：217（图八二，18）。

"興"：2件，板瓦，阳文，有印框，无字框。

标本05HBⅡT0301③：29（图八二，15）。

"保"：9件，板瓦，有印框、字框。有两种字体。

标本05HBⅠT0202③：27（图八二，16），此类字体共5件。

标本05HBⅠT0202③：32（图八二，21），此类字体共4件。

"足"：2件，板瓦，分别位于ⅡT0601和T0503内。阴文，有印框，无字框，残损严重。

"季"：3件，板瓦，阳文，有印框、字框。

标本05HBⅠT0202③：30（图八二，19）。

"麥"：44件，板瓦，阳文，有印框、字框。

标本05HBⅡT0401②：18（图八二，20）。

"信"：1件，板瓦，阳文，有印框、字框。

标本05HBⅠT0202③：63（图八二，22）。

图八二　第一号建筑址殿基出土瓦件模印文字拓片（四）

1.05HBⅠT0202③：96　2.05HBⅠT0202③：93　3.05HBⅡT0301③：27　4.05HBⅠT0201②：28　5.04HBⅠT0304②：26
6.05HBⅠT0203③：10　7.05HBⅡT0401②：14　8.05HBⅠT0403③：20　9.05HBⅡT0501③：44　10.05HBⅠT0203③：9
11.05HBⅠT0202③：84　12.04HBⅠT0503③：10　13.05HBⅡT0301③：41　14.05HBⅡT0201③：42　15.05HBⅡT0301③：29
16.05HBⅠT0202③：27　17.05HBⅡT0601③：55　18.04HBⅠT0503③：217　19.05HBⅠT0202③：30　20.05HBⅡT0401②：18
21.05HBⅠT0202③：32　22.05HBⅠT0202③：63　23.05HBⅡT0501③：7　24.05HBⅡT0601③：53

"音"：1件，板瓦，阳文，有印框、字框。

标本05HBⅡT0501③：7（图八二，23）。

"天"：1件，曲节形瓦舌筒瓦，阳文，有印框、字框。

标本05HBⅡT0601③：53（图八二，24）。

（2）刻划文字

出土22件。其中21件为单字，共计5种文字，另有一件有两行竖向刻划文字。

吉：1件，板瓦。

图八三　第一号建筑址殿基出土瓦件刻划文字及符号拓片

1.05HBⅡT0201③：32　2.05HBⅠT0601③：34　3.05HBⅠT0601②：1　4.05HBⅡT0601③：34　5.05HBⅡT0601②：1
6.05HBⅠT0503③：7　7.04HBⅠT0503③：244　8.05HBⅡT0601③：29　9.05HBⅠT0503③：25　10.05HBⅠT0601③：49
11.05HBⅡT0301③：31　12.05HBⅠT0503③：15　13.05HBⅠT0503③：26　14.05HBⅠT0601②：53　15.05HBⅡT0501③：20
16.05HBⅡT0501③：12　17.05HBⅠT0303③：12　18.05HBⅠT0601③：39　19.05HBⅠT0501③：31　20.05HBⅠT0202③：91
21.05HBⅡT0301③：20　22.05HBⅠT0403③：19　23.05HBⅡT0601③：37

标本05HBⅡT0301③：31（图八三，11）。

"川"：6件，均为板瓦。

标本05HBⅠT0601③：34（图八三，2）。

标本05HBⅠT0601②：1（图八三，3）。

标本05HBⅡT0601③：34（图八三，4）。

标本05HBⅡT0201③：32（图八三，1）。

“夲”：6件，有板瓦和直节形瓦舌筒瓦二类。

标本05HBⅠT0503③：7，直节形瓦舌筒瓦（图八三，6）。

标本04HBⅠT0503③：244，直节形瓦舌筒瓦（图八三，7）。

标本05HBⅡT0601③：29，直节形瓦舌筒瓦（图八三，8）。

标本05HBⅠT0503③：25，直节形瓦舌筒瓦（图八三，9）。

标本05HBⅠT0601③：49，板瓦（图八三，10）。

标本05HBⅡT0601②：1，板瓦（图八三，5）。

“达”：7件，均为板瓦。

标本05HBⅠT0503③：15（图八三，12）。

标本05HBⅡT0501③：20（图八三，15）。

标本05HBⅠT0303③：12（图八三，17）。

标本05HBⅠT0601②：53（图八三，14）。

标本05HBⅡT0501③：12（图八三，16）。

标本05HBⅠT0503③：26（图八三，13）。

田（？）：1件，板瓦。

标本05HBⅡT0301③：20（图八三，21）。

（3）刻划符号

出土5件，有板瓦和直节形瓦舌筒瓦二类。

标本05HBⅡT0601③：39，板瓦（图八三，18）。

标本05HBⅠT0202③：91，直节形瓦舌筒瓦（图八三，20）。

标本05HBⅡT0601③：37，板瓦（图八三，23）。

标本05HBⅠT0501③：31，板瓦（图八三，19）。

标本05HBⅠT0403③：19，板瓦（图八三，22）。

（二）东漫道及行廊出土遗物

1．陶质建筑构件

（1）筒瓦

模制，瓦身平面呈长方形，陶质夹粗砂，浅灰色，瓦舌平面呈长方形或等腰梯形。

标本05HBⅡT0801③：51，瓦舌中部有模印文字“十二”，残长19、残宽10.6、胎厚1.4、瓦舌长4.5厘米（图八四，1）。

（2）瓦当

均为夹砂陶，以深灰色和浅灰色为主，模制，圆形，边轮高出当面，背面抹光，边缘与筒瓦相接处常常戳凿出半圈不规则形坑点，以便更好地用泥浆或泥坯与筒瓦接合。

六瓣莲花纹瓦当　当面内区中部有一圆形乳突，周围等距分布六个小型乳突，外区饰六个等距

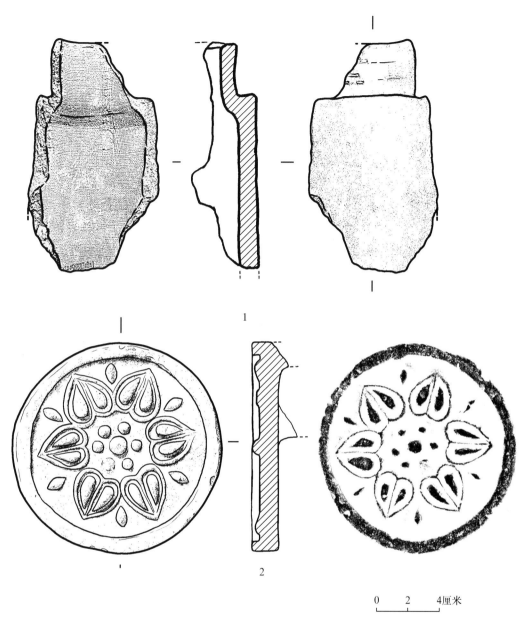

0　　2　　4厘米

图八四　第一号建筑址东漫道及行廊出土筒瓦、瓦当
1. 筒瓦（05HBⅡT0801③：51）　2. 瓦当（05HBⅡT0801③：1）

分布的桃形双瓣莲瓣，两莲瓣间饰萼形纹饰。

标本05HBⅠT0701③：3，当身上端残，直径17.6、轮宽1.2、轮厚2.1、当心厚1.2厘米（图八五，1）。

标本05HBⅠT0801③：2，当身上部残，直径17.5、轮宽1.1、轮厚1.7、当心厚1.3厘米（图八五，2）。

标本05HBⅠT0801③：1，当身上部残，直径17、轮宽1、轮厚2、当心厚1.5厘米（图八五，3）。

标本05HBⅡT0801③：1，当面完整，直径13、轮宽0.7、轮厚1.7、当心厚1.2、筒身残长5.4厘米（图八四，2；图版五八，2）。

图八五　第一号建筑址东漫道及行廊出土瓦当
1.05HBIT0701③：3　2.05HBIT0801③：2　3.05HBIT0801③：1

（3）兽头残块

标本05HBⅡT0701③：3，为兽头的胡须或发髻，胎体呈白色，器表施绿釉，并以多道刻划凹槽表现卷曲的毛发形象，残长9.8、残宽8、胎厚2.5厘米（图版七三，5）。

（4）柱围

均为模制，泥质红陶，外施绿釉。

标本05HBⅡT0701③：4，表面有弧形凸棱，似莲瓣，底部内径45、外径51.4、残高6.3厘米（图八六，1；图版七八，4）。

标本05HBⅠT0801③：15，表面有弧形凸棱，似莲瓣，残宽9.9、残高7.6厘米（图八六，2；图版七八，1）。

2. 陶器

陶器口沿

3件，均为轮制泥质罐类陶器残件，素面。

标本05HBⅠT0701③：27，泥质灰陶，圆唇，敛口，平折沿，口径33、残高4厘米（图八七，1）。

标本05HBⅡT0701③：5，泥质灰陶，重唇，侈口，束颈，口径24、残高5.5厘米（图八七，2）。

标本05HBⅠT0801③：16，泥质红陶，重唇，侈口，束颈，口径28.6、残高8厘米（图八七，3）。

3. 瓦上文字及符号

第一殿址东侧通道出土各类文字瓦共计143件。包括板瓦、板瓦形压当条、筒瓦等。

（1）模印文字

出土128件，共计39种文字。

"隆"：3件，有板瓦和压当条二类，其中板瓦2件，压当条1件，阳文，有印框，无字框。

标本05HBⅠT0801③：8，左半部残（图八八，1）。

"襟"：2件，板瓦，阳文，有印框，无字框。

标本05HBⅡT0701③：27（图八八，2）。

"顺"：1件，板瓦，位于ⅠT0701内，阳文，有印框、字框，残损严重。

"卞"：1件，板瓦，阳文，有印框，无字框。

标本05HBⅡT0701②：13（图八八，3）。

"艮"：2件，板瓦，阳文，有印框，无字框。有两种字体。

标本05HBⅡT0801③：16（图八八，4）。

标本05HBⅠT0701③：21（图八八，5）。

"可"：5件，板瓦，阳文，有印框、字框。

标本05HBⅡT0701③：15（图八八，6）。

"士"：24件，有板瓦和直节形瓦舌筒瓦二类，阴文，无印框、字框。

标本05HBⅡT0701②：7（图八八，7），此类字体共7件，均为板瓦。

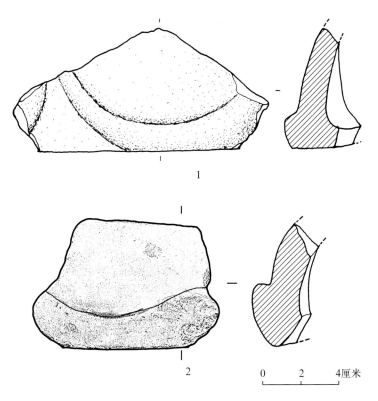

图八六　第一号建筑址东漫道及行廊出土柱围
1.05HBⅡT0701③：4　2.05HBⅠT0801③：15

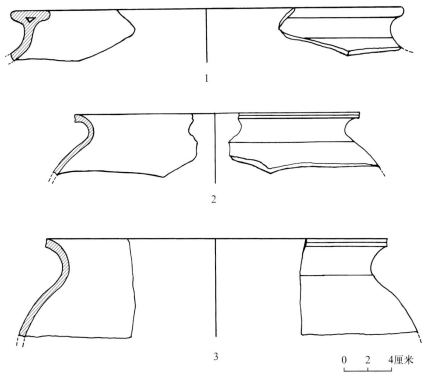

图八七　第一号建筑址东漫道及行廊出土陶器
1.05HBⅠT0701③：27　2.05HBⅡT0701③：5　3.05HBⅠT0801③：16

标本05HBⅠT0801③：6（图八八，8），此类字体共16件，均为板瓦。

标本05HBⅠT0701③：15，直节形瓦舌筒瓦（图八八，9）。

"**仏**"：2件，板瓦，阳文，有印框、字框。

标本05HBⅡT0801③：25（图八八，12）。

"**十**"：2件，板瓦，阳文，有印框，无字框。

标本05HBⅡT0701③：22（图八八，10）。

"**圡**"：1件，板瓦，阳文，有印框，无字框。

标本06HBⅡT0801③：12（图八八，11）。

"**尖**"：6件，有板瓦和压当条二类，阳文，有两种形态。

标本05HBⅡT0801③：4，板瓦，有印框、字框（图八八，13）。

标本05HBⅡT0801③：19，有印框，无字框（图八八，14），此类字体共5件，其中板瓦3件，压当条2件。

"**戊**"：6件，板瓦，阳文，有印框、字框。有两种字体。

标本05HBⅡT0701②：6（图八八，15），此类字体共4件。

标本05HBⅠT0701③：19（图八八，16），此类字体共2件。

"**卟**"：2件，板瓦，阳文，有印框，无字框。

标本05HBⅡT0801③：24（图八八，17）。

"**卪**"：1件，板瓦，位于ⅠT0801内，阳文，有印框，无字框，残损严重。

"**市**"：9件，板瓦，阴文，有印框，无字框。有三种字体。

标本05HBⅠT0701③：9（图八八，18），此类字体共2件。

标本05HBⅡT0701②：9（图八八，19），此类字体共4件。

标本05HBⅡT0801③：14（图八八，20），此类字体共3件。

"**利**"：1件，板瓦，位于ⅠT0801内，阳文，有印框，无字框，残损严重。

"**达**"：1件，板瓦，位于ⅠT0701内，阳文，有印框，无字框，残损严重。

"**貞**"：1件，曲节形瓦舌筒瓦，位于ⅠT0801内，阳文，有印框，无字框，残损严重。

"**赤**"：5件，板瓦，阳文，有印框，无字框。有两种字体。

标本05HBⅠT0701③：7（图八八，21），此类字体共3件。

标本05HBⅠT0701③：26（图八八，22），此类字体共2件。

"**目**"：1件，压当条，阳文，有印框，无字框。

标本05HBⅠT0701③：13（图八八，23）。

"**足**"：1件，板瓦，阴文，有印框，无字框。

标本05HBⅠT0701③：8（图八八，24）。

"**素**"：15件，有板瓦和直节形瓦舌筒瓦二种，阴文。

标本05HBⅡT0801③：3，直节形瓦舌筒瓦，无印框、字框（图八九，1）。

B．14件，板瓦。有四种字形。

标本05HBⅠT0701③：14，有印框，无字框（图八九，2），此种字体共5件，均为板瓦。

图八八　第一号建筑址东漫道及行廊出土瓦件模印文字拓片（一）

1.05HBⅠT0801③：8　2.05HBⅡT0701③：27　3.05HBⅡT0701②：13　4.05HBⅡT0801③：16　5.05HBⅠT0701③：21
6.05HBⅡT0701③：15　7.05HBⅡT0701②：7　8.05HBⅠT0801③：6　9.05HBⅠT0701③：15　10.05HBⅡT0701③：22
11.06HBⅡT0801③：12　12.05HBⅠT0801③：25　13.05HBⅡT0801③：4　14.05HBⅡT0801③：19　15.05HBⅡT0701②：6
16.05HBⅠT0701③：19　17.05HBⅡT0801③：24　18.05HBⅠT0701③：9　19.05HBⅡT0701②：9　20.05HBⅡT0801③：14
21.05HBⅠT0701③：7　22.05HBⅠT0701③：26　23.05HBⅠT0701③：13　24.05HBⅠT0701③：8

标本05HBⅠT0701③：25，板瓦，有印框，无字框（图八九，3）。

标本05HBⅡT0801③：8，有印框，无字框（图八九，4），此种字体共5件，均为板瓦。

标本05HBⅡT0701②：4，有印框，无字框（图八九，5），此种字体共3件，均为板瓦。

"湯"：3件，板瓦，阳文，有印框，无字框。有三种字体。

标本05HBⅡT0701②：5，印框呈"凸"字形（图八九，6）。

标本05HBⅡT0801③：27，印框呈长方形（图八九，8）。

标本05HBⅠT0701③：20，印框呈方形（图八九，7）。

"計"：4件，板瓦，阳文，有印框，无字框。

标本05HB I T0801③：10（图八九，9）。

"凸"：1件，板瓦，阳文，有印框，无字框。

标本05HB I T0701③：17（图八九，10）。

"元"：1件，板瓦，阳文，有印框，无字框。

标本05HB I T0701③：18（图八九，11）。

"大"：1件，曲节形瓦舌筒瓦，阳文，有印框，无字框。

标本05HB II T0602③：6（图八九，12）。

"仦"：1件，板瓦，阳文，有印框、字框。

标本05HB II T0701③：16（图八九，13）。

"弓"：4件，板瓦，阳文，有印框、字框。

标本05HB II T0801③：13（图八九，14）。

"羊"：1件，板瓦，阳文，有印框、字框。

标本05HB II T0701②：2，左侧残（图八九，15）。

"石"：2件，板瓦，阳文。有两种字体。

标本05HB II T0801③：5，有印框，有字框（图八九，16）。

标本05HB II T0801③：11，有印框，无字框（图八九，17）。

"季"：2件，板瓦，阳文，有印框、字框，板瓦。

标本05HB II T0801③：18（图八九，18）。

"王"：1件，曲节形瓦舌筒瓦，阳文，有印框，无字框。

标本05HB II T0701③：2（图八九，19）。

"夕"：1件，板瓦，位于IT0701内，阳文，有印框，无字框，残损严重。

"夫"：4件，阳文，有两种形态。

另一类字体2件，均为板瓦，位于IT0701内，有印框，无字框，残损严重。

标本05HB I T0701③：12，有印框、字框，左下角残（图八九，20），此类字体共2件，均为曲节形瓦舌筒瓦。

"士"：2件，板瓦，位于IT0701内，阳文，有印框，无字框，残损严重。

"文"：1件，板瓦，阳文，有印框、字框。

标本05HB I T0701③：16（图八九，21）。

"美"：1件，直节形瓦舌筒瓦，阴文，无印框、字框。

标本05HB II T0701③：1（图八九，22）。

"含"：6件，板瓦，阳文，有印框、字框。

标本05HB II T0801③：2（图八九，23）。

（2）刻划文字

出土12件，共计5种文字。

"川"：3件，均为板瓦。

标本05HB I T0701③：10（图九〇，1）。

图八九　第一号建筑址东漫道及行廊出土瓦件模印文字拓片（二）

1.05HBⅡT0801③：3　2.05HBⅠT0701③：14　3.05HBⅠT0701③：25　4.05HBⅡT0801③：8　5.05HBⅡT0701②：4
6.05HBⅡT0701②：5　7.05HBⅠT0701③：20　8.05HBⅡT0801③：27　9.05HBⅡT0801③：10　10.05HBⅠT0701③：17
11.05HBⅠT0701③：18　12.05HBⅡT0602③：6　13.05HBⅡT0701③：16　14.05HBⅡT0801③：13　15.05HBⅡT0701②：2
16.05HBⅡT0801③：5　17.05HBⅡT0801③：11　18.05HBⅡT0801③：18　19.05HBⅠT0701③：2　20.05HBⅠT0701③：12
21.05HBⅠT0701③：16　22.05HBⅡT0701②：1　23.05HBⅡT0801③：2

标本05HBⅡT0801③：6（图九〇，2）。

"于"：3件。

标本05HBⅡT0801③：10，板瓦（图九〇，4）。

标本05HBⅡT0701②：14，板瓦（图九〇，6）。

标本05HBⅡT0801③：28，直节形瓦舌筒瓦（图九〇，11）。

"丗"：4件，均为板瓦。

标本05HBⅡT0701③：21（图九〇，7）。

标本05HB Ⅰ T0801③：13（图九〇，8）。

标本05HB Ⅰ T0701③：24（图九〇，9）。

标本05HB Ⅱ T0701②：12（图九〇，5）。

"天"：1件，板瓦。

标本05HB Ⅰ T0801③：11（图九〇，3）。

"土"：1件，板瓦。

标本05HB Ⅰ T0801③：4（图九〇，10）。

（3）刻划符号

出土3件，均为板瓦。

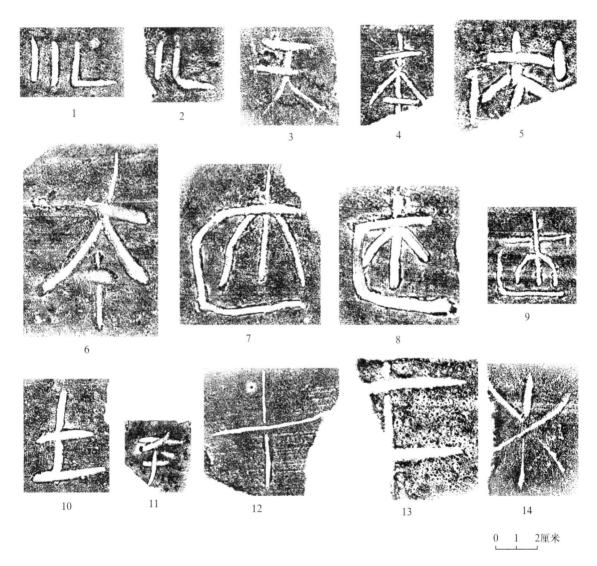

图九〇　第一号建筑址东漫道及行廊出土瓦件刻划文字及符号拓片

1～11.刻划文字(1.05HBⅠT0701③：10　2.05HBⅡT0801③：6　3.05HBⅠT0801③：11　4.05HBⅡT0801③：10
5.05HBⅡT0701②：12　6.05HBⅡT0701②：14　7.05HBⅡT0701③：21　8.05HBⅠT0801③：13　9.05HBⅠT0701③：24
10.05HBⅠT0801③：4　11.05HBⅡT0801③：28)　12～14.刻划符号（05HBⅡT0802②：1　05HBⅠT0701③：11　05HBⅠT0801③：12）

标本05HBⅡT0802②：1（图九〇，12）。

标本05HBⅠT0701③：11（图九〇，13）。

标本05HBⅠT0801③：12（图九〇，14）。

（三）西漫道及行廊出土遗物

1．陶质建筑构件

（1）板瓦

均为灰陶质，模制，多数平面呈等腰梯形，少数为长方形，凸面素面，少数有戳印或刻划文字，凹面在制坯时被模具印上了断续布纹。依据其在建筑上的使用部位可分为普通板瓦和檐头板瓦两类。

普通板瓦　平面呈梯形或长方形，素面较多，部分沿面饰指压纹。

标本05HBⅣT0101③：4，平面呈梯形，宽端残，窄端右上部有一刻划"本"字，残长14.4、窄端宽21、胎厚2厘米（图九一，1）。

标本05HBⅣT0102③：27，平面呈长方形，近端瓦沿两面饰竖向指压纹，残长14.5、残宽16、厚1.2~1.5厘米（图九一，3；图版四九，4）。

标本05HBⅣT0102③：28，平面呈长方形，近端瓦沿凸面饰指压纹，左右两侧方向相对，残长26.4、残宽16、厚1.6厘米（图九一，2）。

檐头板瓦　用于建筑物房檐处，通常在瓦的宽端瓦沿处加厚，并施加纹饰，既具有板瓦自身的功能，又起到装饰作用。檐端中部有两条平行凹槽，使沿面形成三条凸棱，上下两条凸棱上饰成排的斜向栉齿纹，中部饰一排圆形戳点纹饰。

标本05HBⅠT0102③：25，形制与普通板瓦同，为规整的等腰梯形，用于建筑物中部房檐处，残长21.5、残宽20.8、厚1.2~2.2厘米（图九二，2）。

标本05HBⅣT0102③：25，大致呈三角形，用于建筑物角落房檐处，残长15、残宽14.4、厚1.3厘米（图九二，3）。

标本05HBⅠT0102③：26，窄端残，残长16.5、残宽21、厚1.5厘米（图九二，1）。

标本05HBⅣT0102③：18，平面呈长方形，用于建筑物中部房檐处，残长20.4、宽34.5、厚2~2.8厘米（图九三；图版五一，4）。

（2）筒瓦

均为夹砂陶，模制，瓦身平面呈长方形，个别呈等腰梯形，凸面素面，凹面在制坯时被模具印上了细密的布纹，多数有瓦舌，瓦舌处凸面常见有压印或刻划文字，瓦舌内侧还可见多道麻布褶皱。依据陶色、制作工艺及在建筑上的使用位置可分为普通筒瓦、檐头筒瓦和绿釉筒瓦三类。

普通筒瓦　均为夹砂灰陶，瓦舌为直节形，平面呈长方形或等腰梯形。

标本05HBⅠT0102③：28，瓦舌两侧各有半个戳印文字，残长33.4、宽12.6、高6.6、胎厚1.5、瓦舌长4、宽10厘米（图九四，2；图版五三，5）。

标本05HBⅠT0202②：38，瓦舌一端残，长40、宽13、高6.5、胎厚1.4、瓦舌长3.6厘米（图九四，1）。

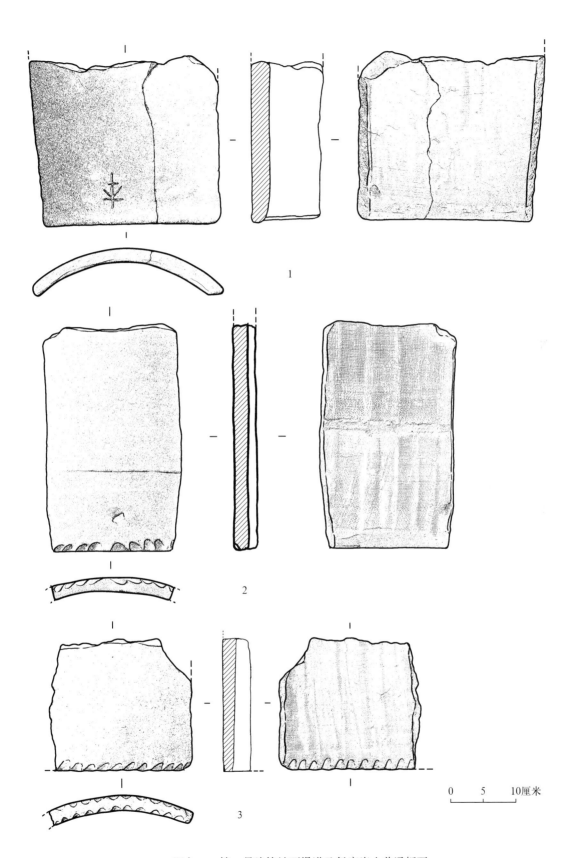

图九一　第一号建筑址西漫道及行廊出土普通板瓦

1.05HBⅣT0101③：4　2.05HBⅣT0102③：28　3.05HBⅣT0102③：27

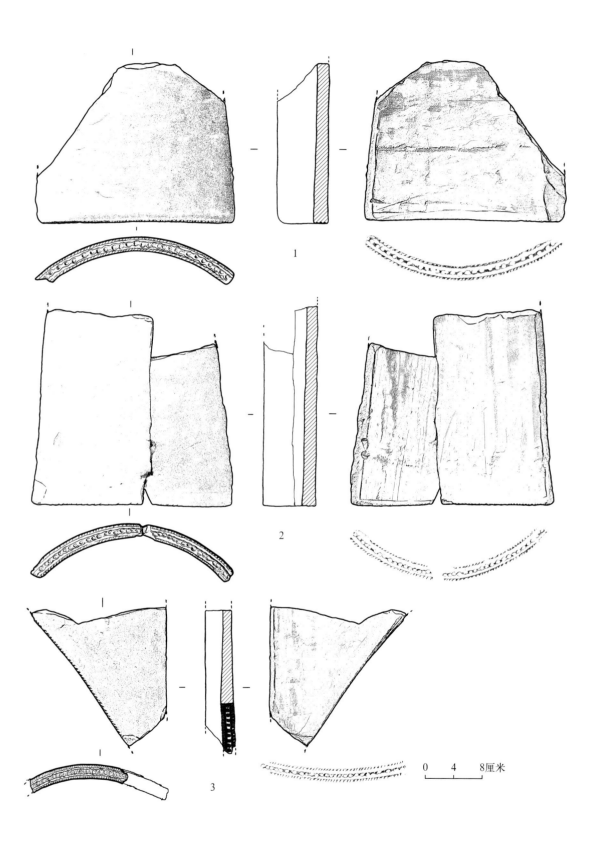

0　　4　　8厘米

图九二　第一号建筑址西漫道及行廊出土檐头板瓦（一）

1.05HBⅠT0102③：26　2.05HBⅠT0102③：25　3.05HBⅣT0102③：25

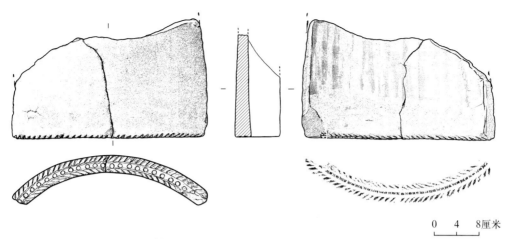

图九三　第一号建筑址西漫道及行廊出土檐头板瓦（二）
（05HBⅣT0102③：18）

檐头筒瓦　多为夹砂灰陶，瓦舌呈直节状，中部有一圆形钉孔，瓦身另一端与瓦当相接，接近瓦当处筒身两侧切边棱角被抹成圆弧状。

标本05HBⅣT0102③：26，残长19.4、宽14、高6.8、胎厚1.5、瓦舌长6、宽9—11.2厘米（图九五，2；图版五三，6）。

标本05HBⅠT0102③：27，瓦身整体大致呈三角形，似人为打制而成，残长22、残宽10.4、胎厚1.6、瓦舌长5、残宽6.4~8厘米（图九五，1；图版五三，4）。

绿釉筒瓦　均为夹砂红陶，火候较低，瓦舌平面呈曲节形，瓦身先施一层白色化妆土，再在其上施绿釉，化妆土有的施至瓦舌处，绿釉未在瓦舌处施。这一类型筒瓦在使用当中也大都被人为打掉瓦舌两端的一部分。

标本05HBⅠT0101③：15，瓦舌左端残，通长37.8、宽21、高11.5、胎厚1.8、瓦舌长4.8、宽7.2~12厘米（图九六，1；图版五五，2）。

标本05HBⅠT0101③：19，左上角残，通长34.4、宽22、高10.8、胎厚1.6、瓦舌长6.5厘米（图九六，2；图版五五，6）。

标本05HBⅠT0201③：1，瓦舌右端残，瓦身两角均残，似为人为打制痕迹，通长40.4、宽21.5~22.5、高11.5~12.5、胎厚1.6、瓦舌长6.2、宽11.5~16.5厘米（图九七；图版五六，5）。

（3）瓦当

均为夹砂陶质，以深灰色和浅灰色为主，少量呈黄褐色，模制，圆形，边缘有高出当面的边轮，当面饰莲纹。背面抹光，边缘与筒瓦相接处常常戳凿出半圈不规则形坑点，以便更好地用泥浆或泥坯与筒瓦接合。当面主题纹饰有两种类型。

六瓣仰莲纹瓦当　内区中部有一圆形乳突，乳突外饰一圈凸弦纹，其外周等距分布六个小型乳突，外区饰六个等距分布的桃形双瓣莲瓣，两莲瓣间饰萼形纹饰。

标本05HBⅣT0101③：1，当身左半部残，直径17.8、轮宽1、轮厚2、当心厚1.3~1.7厘米（图九八，1；图版六○，5）。

标本05HBⅠT0102③：13，当身上部残，直径17、轮宽1.1、轮厚1.5、当心厚1厘米（图

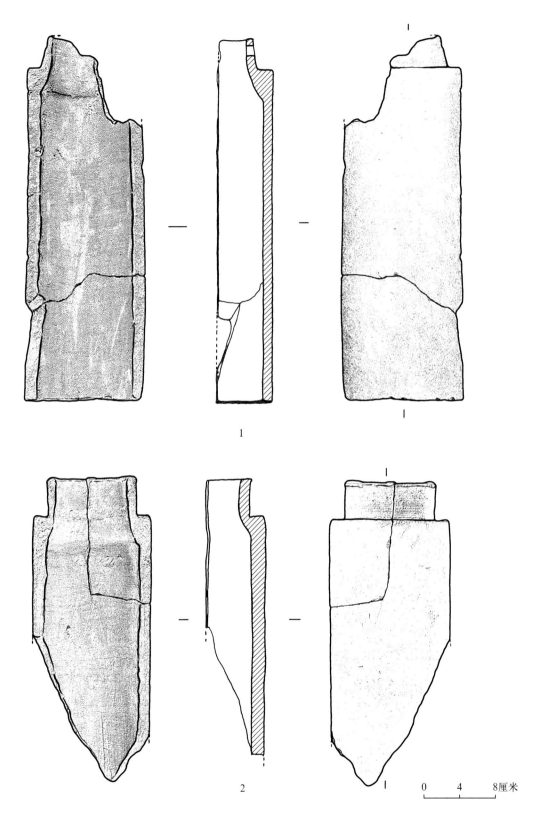

图九四　第一号建筑址西漫道及行廊出土普通筒瓦
1.05HBⅠT0202②：38　2.05HBⅠT0102③：28

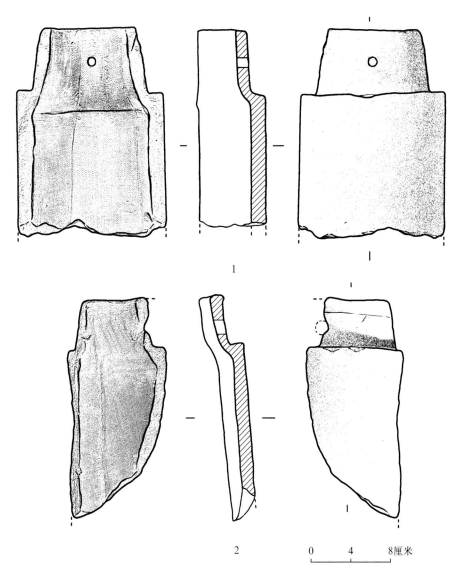

图九五　第一号建筑址西漫道及行廊出土檐头筒瓦
1.05HBⅠT0102③：27　2.05HBⅣT0102③：26

九八，2）。

八瓣侧莲纹瓦当　内区中部饰一个半球形乳突，其外饰两圈凸弦纹，两圈凸弦纹间饰八个等距分布的小乳丁，外区等距分布八朵缠枝侧莲纹饰，位置与小乳丁对应，莲瓣轮廓圆润。

标本05HBⅡT0201③：28，当身右上端残，直径14、轮宽0.8～1、轮厚1.8、当心厚1厘米（图九八，3）。

（4）压当条

均为夹砂灰色陶质，模制，平面多呈长方形，有的呈梯形，凸面素面，凹面在制坯时被模具印上了布纹。形制均为板瓦形，瓦身弧度较小或基本没有弧度。

标本05HBⅡT0102②：6，瓦沿微翘，瓦身微弧，凸面靠近瓦沿处边缘有一戳印文字"可"，残长31、宽12、高2.4、胎厚2厘米（图九九，1）。

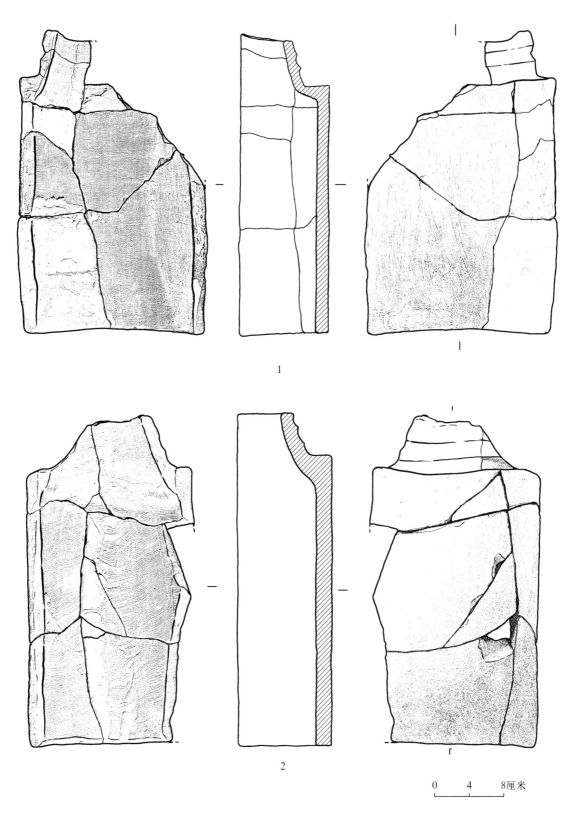

图九六　第一号建筑址西漫道及行廊出土绿釉筒瓦（一）

1.05HB1T0101③：15　2.05HB1T0101③：19

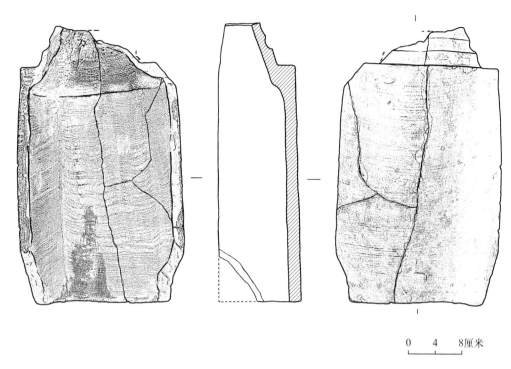

0　4　8厘米

图九七　第一号建筑址西漫道及行廊出土绿釉筒瓦（二）

（05HBⅠT0201③：1）

标本05HBⅣT0102③：28，瓦沿凸面饰八个指压纹，左右对称，残长28、宽16.4、高3.4、胎厚2厘米（图九九，2；图版六八，5）。

（5）宝相花纹方砖

出土2件残块，夹砂，青灰色，模制，形制及纹饰均与主殿址出土一致。

2. 陶器

（1）陶罐口沿

1件。

标本05HBⅠT0101③：20，泥质灰陶，重唇，侈口，束颈，口径24.4、残高6厘米（图一○○，1）。

（2）陶缸口沿

1件。

标本05HBⅠT0201②：2，泥质灰陶，圆唇外卷，直口，口径40.8、残高2、胎厚0.8厘米（图一○○，2）。

（3）绿釉瓦饰件

1件。

标本05HBⅣT0102③：31，由绿釉筒瓦残片磨制而成，大致呈椭圆形，背面残存布纹，施釉面上有多道刻划痕，长8、宽5、厚1.2厘米（图版六六，3）。

3. 铁钉

大多为建筑物檐头处固定筒瓦之用，锻打而成，截面方形或长方形。

标本05HBⅠT0101③：18，钉身截面方形，通高9.8、截面边长0.8厘米（图一○一，2）。

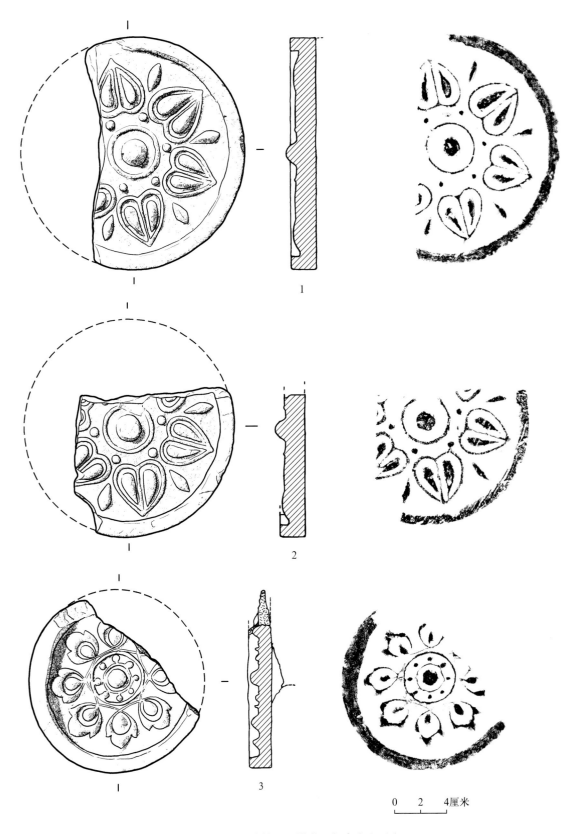

图九八　第一号建筑址西漫道及行廊出土瓦当

1、2.六瓣仰莲纹瓦当（05HBⅣT0101③：1　05HB I T0102③：13）　3.八瓣侧莲纹瓦当（05HBⅡT0201③：28）

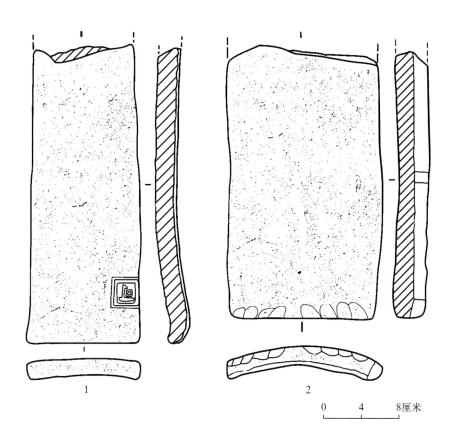

图九九　第一号建筑址西漫道及行廊出土压当条
1.05HBⅡT0102②：6　2.05HBⅣT0102③：28

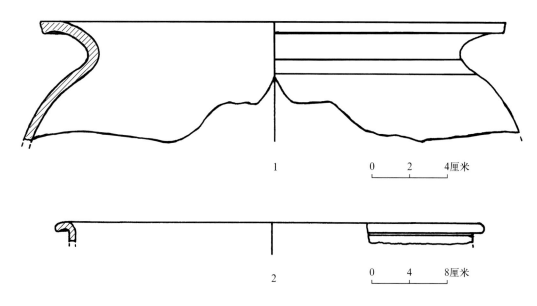

图一〇〇　第一号建筑址西漫道及行廊出土陶器
1.陶罐口沿(05HBⅠT0101③：20)　2.陶缸口沿（05HBⅠT0201②：2）

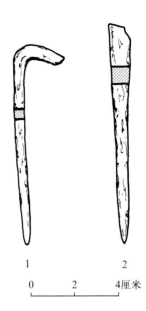

图一〇一　第一号建筑址西漫道及行廊出土铁钉

1.05HBⅠT0102③：30　2.05HBⅠT0101③：18

标本05HBⅠT0102③：30，头端弯折，钉身截面方形，通高8.9、截面边长0.5厘米（图一〇一，1）。

4．瓦上文字及符号

殿西侧漫道出土各类文字瓦共计117件。有板瓦、板瓦形压当条、筒瓦等。

模印文字

出土105件，共计35种文字。

"河"：2件，板瓦，阳文，有印框，无字框。

标本05HBⅣT0102③：2（图一〇二，1）。

"徐"：2件，板瓦，阳文，有印框，无字框。

标本05HBⅣT0101③：17（图一〇二，2）。

"顺"：4件，板瓦，阳文，有印框、字框。

标本05HBⅣT0102③：9（图一〇二，3）。

"卞"：3件，阳文，有板瓦和曲节形瓦舌筒瓦二种。

标本05HBⅣT0102③：12，有印框，无字框（图一〇二，4），此类字体共2件，均为板瓦。

标本05HBⅠT0102③：20，曲节形瓦舌筒瓦，有印框、字框（图一〇二，5）。

"艮"：4件，板瓦，阳文，有印框，无字框。有三种字体。

标本05HBⅠT0101③：10（图一〇二，6）。

标本05HBⅣT0101③：23（图一〇二，7）。

标本05HBⅣT0102③：4（图一〇二，8）。

"土"：12件，有板瓦和直节形瓦舌筒瓦二类，阴文，部分有不甚明显的印框，无字框，有三种字体。

标本05HBⅠT0101③：3（图一〇二，9），此类字体共9件，均为板瓦。

标本05HBⅣT0101③：19，直节形瓦舌筒瓦（图一〇二，10）。

标本05HBⅠT0101③：5（图一〇二，11），此类字体共2件，均为板瓦。

"尖"：1件，板瓦，阳文，有印框，无字框。

标本05HBⅣT0101③：9（图一〇二，12）。

"戌"：6件，有板瓦和直节形瓦舌筒瓦二类，阳文，有印框、字框。有两种字体。

图一〇二　第一号建筑址西漫道及行廊出土瓦件模印文字拓片（一）

1.05HBⅣT0102③：2　2.05HBⅣT0101③：17　3.05HBⅣT0102③：9　4.05HBⅣT0102③：12　5.05HBⅠT0102③：20
6.05HBⅠT0101③：10　7.05HBⅠT0101③：23　8.05HBⅣT0102③：4　9.05HBⅠT0101③：3　10.05HBⅣT0101③：19
11.05HBⅠT0101③：5　12.05HBⅣT0101③：9　13.05HBⅠT0101③：2　14.05HBⅠT0102③：24　15.05HBⅠT0102③：1
16.05HBⅣT0101③：20　17.05HBⅣT0102③：5　18.05HBⅠT0101③：8　19.05HBⅣT0101③：16　20.05HBⅠT0102③：4
21.05HBⅣT0101③：5　22.05HBⅣT0102③：14　23.05HBⅣT0102③：20　24.05HBⅣT0102③：23

标本05HBⅣT0101③：2（图一〇二，13）此类字体共5件，均为板瓦。

标本05HBⅠT0102③：24，直节形瓦舌筒瓦（图一〇二，14）。

"卍"：1件，板瓦，阳文，有印框，无字框。

标本05HBⅠT0102③：1（图一〇二，15）。

"～"：1件，板瓦，位于ⅣT0101内，阳文，有印框，无字框，残损严重。

"㘈"：1件，板瓦，阳文，有印框、字框。

标本05HBⅣT0101③：20（图一〇二，16）。

"市"：6件，板瓦，阴文，有印框，无字框。有三种字体。

标本05HBⅣT0102③：5（图一〇二，17），此类字体共2件。

标本05HBⅠT0101③：8（图一〇二，18），此类字体共3件。

标本05HBⅣT0101③：16（图一〇二，19）。

"迒"：2件，板瓦，阳文，有印框，无字框。

标本05HBⅠT0102③：4（图一〇二，20）。

"德"：5件，有板瓦和压当条二类，其中板瓦4件，压当条1件，阳文，有印框，无字框。

标本05HBⅣT0101③：5（图一〇二，21）。

"赤"：4件，有板瓦和直节形瓦舌筒瓦二类，阳文，有印框，无字框。有三种字体。

标本05HBⅣT0102③：14，板瓦（图一〇二，22）。

标本05HBⅣT0102③：20（图一〇二，23），此种字体共2件，均为直节形瓦舌筒瓦。

标本05HBⅣT0102③：23，直节形瓦舌筒瓦（图一〇二，24）。

"素"：3件，戳印阴文，有印框，无字框，有两种字体。

标本05HBⅠT0101③：14，直节形瓦舌筒瓦，印框为不甚清晰的椭圆形（图一〇三，1）。

标本05HBⅣT0101③：10，印框为长方形（图一〇三，2），此种字体共2件，均为板瓦。

"湯"：11件，有板瓦和直节形瓦舌筒瓦二类，阳文，有印框，无字框。有四种字体。

标本05HBⅣT0102③：15，印框为长方形（图一〇三，7），此种字体共2件，板瓦和直节形瓦舌筒瓦各1件。

标本05HBⅠT0101③：6，印框大致呈"凸"字形（图一〇三，8），此种字体共5件，均为板瓦。

标本05HBⅠT0102③：14，印框为长方形（图一〇三，5），此种字体共2件，均为板瓦。

标本05HBⅣT0101③：8，印框为方形（图一〇三，6），此种字体共2件，均为板瓦。

"計"：5件，板瓦，分别位于ⅠT0102、ⅠT0101和ⅡT0101内，阳文，有印框，无字框，残损严重。

"冖"：3件，板瓦，阳文，有印框，无字框。

标本05HBⅠT0202③：75（图3一〇三，3）。

"天"：1件，曲节形瓦舌筒瓦，位于ⅠT0101内，阳文，有印框，无字框，残损严重。

"徘"：2件，板瓦，分别位于ⅠT0202和ⅠT0101内，阳文，有印框、字框，残损严重。

"朋"：1件，曲节形瓦舌筒瓦，阳文，有印框、字框。

标本05HBⅣT0101③：26，右下角残（图一〇三，20）。

"天"：1件，曲节形瓦舌筒瓦，阳文，有印框，无字框。

标本05HBⅠT0102③：22（图一〇三，19）。

"音"：3件，压当条，阳文，有印框，无字框。

标本05HBⅣT0101③：7（图一〇三，13）。

"利"：1件，板瓦，阳文，有印框，无字框。

标本05HBⅣT0101③：3（图一〇三，14）。

"与"：2件，板瓦，分别位于ⅠT0101和ⅠT0202内，阳文，有印框、字框，残损严重。

"美"：4件，板瓦，阳文，有印框、字框。

标本05HBⅠT0202③：70（图一〇三，11）。

"石"：4件，有板瓦和直节形瓦舌筒瓦二类，阳文。

图一〇三　第一号建筑址西漫道及行廊出土瓦件模印文字拓片（二）

1.05HBⅠT0101③：14　2.05HBⅣT0101③：10　3.05HBⅠT0202③：75　4.05HBⅣT0101③：10　5.05HBⅠT0102③：14
6.05HBⅣT0101③：8　7.05HBⅠT0102③：15　8.05HBⅠT0101③：6　9.05HBⅣT0102③：24　10.05HBⅣT0102③：21
11.05HBⅠT0202③：70　12.05HBⅠT0101③：13　13.05HBⅣT0101③：7　14.05HBⅣT0101③：3　15.05HBⅣT0101③：13
16.05HBⅣT0102③：3　17.05HBⅣT0101③：27　18.05HBⅣT0101③：12　19.05HBⅣT0102③：22　20.05HBⅣT0101③：26
21.05HBⅣT0101③：24　22.05HBⅣT0101③：28

标本05HBⅣT0101③：13，板瓦，有印框、字框（图一〇三，15）。

标本05HBⅣT0102③：3，板瓦，有印框，无字框（图一〇三，16）。

标本05HBⅣT0101③：27，有印框，无字框（图一〇三，17），该类字体共2件，均为直节形瓦舌筒瓦。

"圭"：1件，曲节形瓦舌筒瓦，阳文，有印框，无字框。

标本05HBⅠT0101③：12（图一〇三，18）。

"多"：2件，直节形瓦舌筒瓦，阳文。有两种字体。

标本05HBⅣT0102③：24，有印框、字框，右上角残（图一〇三，9）。

标本05HBⅣT0102③：21，无印框、字框（图一〇三，10）。

"床"：1件，曲节形瓦舌筒瓦，阳文，有印框，无字框。

标本05HBⅣT0101③：28，上端残（图一〇三，22）。

"壹"：1件，直节形瓦舌筒瓦，阴文，无印框、字框。

标本05HBⅠT0101③：13（图一〇三，12）。

"士"：1件，板瓦，阳文，有印框，无字框。

标本05HBⅣT0101③：24（图一〇三，21）。

"堃"：2件，板瓦，分别位于ⅣT0102和ⅠT0102内，阳文，有印框、字框，残损严重。

"羊"：1件，板瓦，阳文，有印框，无字框。

标本05HBⅣT0101③：10（图一〇三，4）。

（2）刻划文字

出土9件，共计4种文字。

"吉"：2件，均为板瓦。

标本05HBⅠT0102③：15（图一〇四，1）。

"本"：4件，有板瓦和直节形瓦舌筒瓦二类。

标本05HBⅣT0101③：4，板瓦（图一〇四，2）。

标本05HBⅣT0101③：6，板瓦（图一〇四，3）。

标本05HBⅠT0102③：23，载体为直节形瓦舌筒瓦（图一〇四，7）。

标本05HBⅣT0102③：22，载体为板瓦（图一〇四，8）。

"川"：1件，板瓦。

标本05HBⅣT0101③：25（图一〇四，6）。

述（？）：2件，有直节形瓦舌筒瓦和板瓦，分别位于T0102和ⅣT0101内，残损严重。

（3）刻划符号

3件，有板瓦和直节形瓦舌筒瓦。

标本05HBⅣT0101③：12，板瓦（图一〇四，4）。

标本05HBⅣT0101③：21，板瓦（图一〇四，5）。

标本05HBⅠT0102③：21，直节形瓦舌筒瓦（图一〇四，9）。

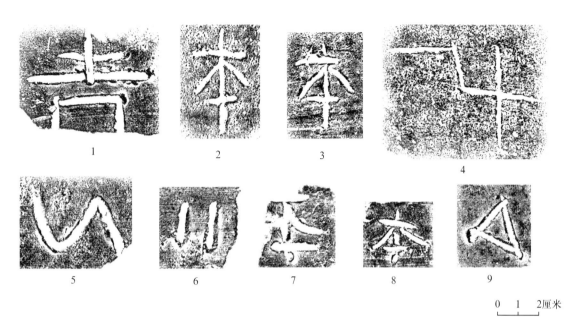

0　1　2厘米

图一〇四　第一号建筑址西漫道及行廊出土瓦件刻划文字及符号拓片

1~3、6~8.刻划文字（1.05HBⅠT0102③：15　2.05HBⅣT0101③：4　3.05HBⅣT0101③：6　6.05HBⅣT0101③：25
7.05HBⅠT0102③：23　8.05HBⅣT0102③：22）　4、5、9.刻划符号（05HBⅣT0101③：12　05HBⅣT0101③：21　9.05HBⅠT0102③：21）

第三节　第二号建筑址

第二号建筑址位于第一号建筑址北约38.2米，由主殿和东西朵殿及东西廊道组成。

一、保存状况与地层堆积

1937年及1942年，鸟山喜一、斋藤優、驹井和爱等分别对第二号建筑址主殿做过发掘[1]。主殿台基顶部及其周围的地层堆积已被清除，发掘后遗址未回填。

2004年发掘时，第二号建筑址主殿仍然处于早年发掘后的遗弃状态，主殿台基最高处约高出现在地表0.3米，台基表面杂草灌木丛生，有数块础石突出于台基表面。

第二号建筑址东朵殿地表大部分为撂荒地，台基东部和其东侧的廊道，地面已开垦成旱田。西朵殿和其西侧的廊道，地表大部分已开垦为旱田。在东西朵殿和廊道范围内，去掉一层约20厘米的表土层或耕土层，即露出朵殿和廊道台基夯土层。朵殿和廊道台基的外围，表土层下为一层建筑倒塌形成的堆积。

---

[1]　鸟山喜一、藤田亮策：《間島省古跡調查報告》，1937年；斎藤優：《半拉城と他の史跡》，半拉城址刊行会，1978年；驹井和爱：《渤海東京龍原府宮城址考》，《中国都城·渤海研究》，雄山閣出版，1977年，東京。

二、形制与结构

第二号建筑址殿基包括主殿和左右朵殿，东朵殿的东侧和西朵殿的西侧设东西廊道（图一〇五；图版二三）。

（一）主殿台基

平面长方形，东西约30.6、南北约18.5米。台基中央残高约1米，四壁残高0.3～0.5米（图一〇六；图版二四）。

建筑结构　根据台基表面、四壁立面以及在台基南、北壁外侧所做解剖发掘了解到，主殿台基采用黄土层与河卵石逐层交替夯筑，台基存在地下基础（图版二五，1、2）。

台基南壁埋深与台明垂直，对台基南壁西侧的解剖确认，此处埋深部分有2层河卵石和2层夯土层，最下面为河卵石层。河卵石层厚约10厘米，夯土层厚约15～20厘米，埋深部分高约0.6米。台基北侧埋深部分宽出台明1.8～2米。对台基北侧西端的解剖确认，此处埋深部分有6层河卵石层和6层夯土层，最下面为河卵石层。河卵石层厚约10厘米，夯土层厚约5～15厘米，埋深部分高度约1.1米。台基周围地表铺垫一层厚约10厘米的黄沙土。

台基四壁　早年的发掘已将台基四壁暴露，台基边缘土石流失严重，四壁立面可辨认2层夯土层和2层河卵石，各层厚约10～15厘米。沿台基西壁有一条现代水渠通过，对台基西壁北段造成一定程度的破坏。此外，台基的东北角和西北角亦受到一定程度的破坏（图版二五，3、4）。

台基南壁中央连接一条通向第一号建筑址的廊道，东西两侧分别设有台阶。台基北壁的东西两侧，各有一个向北凸出的长方形台，凸台东西约4.5米，南北1.5～1.8米。两侧凸台的北端连接主殿北部建筑。台基的东西两壁分别与东西朵殿台基相接。

台基北壁西端和台基南壁西侧台阶的东西两侧，分别保存了一段砖铺散水（参见图版二五，4；图版二六，2）。北壁西端散水距离台基约0.3米，沿北壁平铺3块方砖，东端的散水砖与北壁之间散落一块与第一号建筑址包壁石相同的条石，条石已经移位，稍微压住了东端散水砖的一角。南壁西侧台阶东侧的散水铺砖，有南北两排。北排平铺2块方砖，南排平铺1块长方砖和2块方砖。北排散水距离台基南壁约0.3米，在散水与南壁之间发现一处长约40、宽约30、深约5厘米的浅坑，可能是南壁包石或包砖被移走后形成的沟痕。根据以上迹象推测，主殿台基似应有包壁结构。台阶西侧的散水铺砖，仅存1块方砖，距离台基南壁约0.4米。

台阶　位于主殿台基南壁东西两侧。左右两阶均受到破坏，遗迹仅存部分石质散水牙子和石钉，建筑结构不明（图版二六）。此外，主殿台基北壁中央，有东西约3.2、南北约0.5米的部分向外侧突出。北壁突出部分与南壁中央连接的廊道同处一条南北方向线上，推测台基北侧也应设有台阶（参见图版二五，2）。

以散水牙子外侧计算，东侧台阶东西宽约3.2米，台阶南缘距离台基南壁约1.6米。台阶南缘存有3块石质散水牙子和7个石钉，东缘存有2个石钉，西缘存有3个石钉，西南角存有1个石钉。

西侧台阶东西宽约3.1米，台阶南缘距离台基南壁约1.6米。台阶南缘存有3个石钉，东缘存有2个石钉，西缘存有2块石质散水牙子和2个石钉。西缘北侧的散水牙子和其西侧的散水砖都与台基南

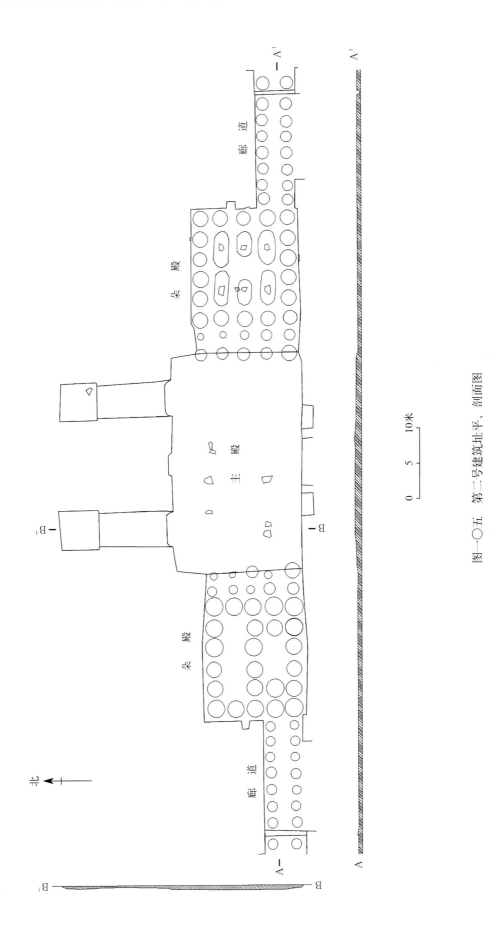

图一〇五 第二号建筑址平、剖面图

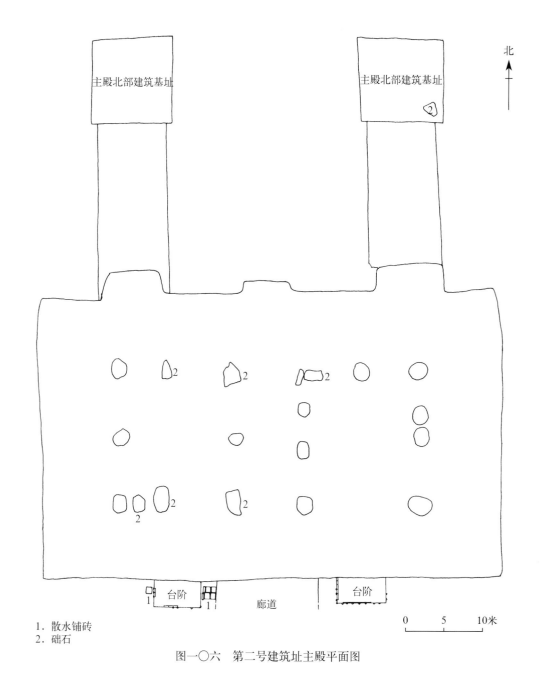

1. 散水铺砖
2. 础石

图一○六 第二号建筑址主殿平面图

壁有0.4米的空隙，且此散水牙子长度较短，似为有意截取，以与台基南壁包石相接，因此台阶的实际长约为1.2米。

台基顶部及柱网 台基的顶部已暴露至河卵石层，因雨水冲刷顶面四周明显低于中央。台基之上残存6块础石，早年的发掘已使其完全凸出于台面。础石石材为玄武岩，修整成近圆形、椭圆形或多边形，顶面较平整，长宽约在90～150厘米之间，厚20～30厘米，础石的下面铺垫河卵石和小石块（图一○七；图版二七）。

础石存南北两排，每排各存3块。以础石中心点计算，北排础石距台基北壁约5.3米，南排础石距台基南壁约4.9米，两排础石间距约8.3米。北排第1块础石（自西向东排序）距台基西壁约8.5米，第2块础石距第1块础石约4.5米，第3块础石已被人为断裂成两段，其原位置中心距第2块础石约

4.5米。南排第1块础石距台基西壁约5.1米，第2块础石距第1块础石约1.3米，南排第3块础石与北排第2块础石南北相对，距第1块础石约7.6米。

在清理台基的过程中，还确认了9个础石已佚的柱础坑。柱础坑呈圆形或椭圆形，直径约1～1.6米，深约0.1～0.2米，有的柱础坑内还残留破碎础石行为产生的小石块。柱础坑分为北、中、南三排，每排各辨认出3个础坑。北排柱础坑与北排础石处在一条东西向直线上，南排柱础坑与南排础石处在一条东西向直线上，中排柱础坑位于南、北排础石之间。

以柱础坑和础石中心点计算，北排第1个柱础坑位于第1块础石西侧约3.2米，第2个柱础坑位于第3块础石东侧约3.6米，第3个柱础坑位于第2个柱础坑约3.8米。南排第1个柱础坑位于第1块础石东侧约2.9米，第2个柱础坑位于第3块础石东侧约4.6米，第3个柱础坑位于第2个柱础坑东侧约7.5米。中排第1个柱础坑与北排第1个柱础坑、南排第1块础石处于一条南北向直线上，第2个柱础坑与北排第2块础石、南排第3块础石处于一条南北向直线上，第3个柱础坑与北排第3个、南排第3个柱础坑位于一条南北向直线上。

根据础石和柱础坑的分布，主殿柱网可复原为：南北3排、东西6列。主殿应是一座面阔五间、进深两间的建筑。其中，第2排（中排）第2、第5列位置未见础石及柱础坑，应有减柱。第1排（南排）的第2块础石位于第1列和第2列之间，应是间柱础石。但柱网的第2排第3列、第1排第5列位置不见础石，也未能确认柱础坑。另外，在柱网第1排第4列和第6列柱础之间、第3排第1列和第3列柱础之间，台基顶面有宽约1、深约0.1米的浅沟。柱网的第1、第3、第4、第6列柱础之间，也见有同样的浅沟（图版二八、二九）。

主殿北部建筑基址　　建筑基址位于主殿台基北部的东西两侧，由南北向的长方形土台和其北端

图一○七　第二号建筑址主殿台基顶部图片

的方形建筑台基组成。两侧基址的形制及建筑结构相同，东西对称分布，间距约13.2米。1942年，斋藤優、驹井和爱对其进行过发掘。2004年发掘时，遗迹上面覆盖一层表土，地表明显隆起。去掉表土，即露出基址的顶面，基址周围散布着大量石块，北端的方形建筑台基周围尤为密集。此外，在基址外围堆积中，还包含有白灰、烧土和炭灰。白灰多呈不规则形、烧土多呈圆形、炭灰多呈条带状分布在基址周围（图版三〇）。

东侧建筑基址长方形土台的南端与主殿台基北壁东侧凸台连接，南北长约9.6米，东西宽约4.4米，残高0.2～0.3米。长方形土台用纯净黄土建筑，顶面平整，两壁陡直。土台北端的建筑台基，平面呈方形，边长约5.3米。台基四壁用石块包砌，南壁和东壁保存较好，现存1～2层。包石略加修整，大小不等，平整的一面向外。台基的建筑结构与主殿相同，为黄土层与河卵石层交替夯筑，现存顶面为河卵石层，残高约0.4米。在台基的东南角，尚存一块础石。础石的顶面近似等边三角形，边长约80厘米，厚约30厘米，础石整体已突出于台基顶面（图版三一）。

西侧建筑基址长方形土台的南端与主殿台基北壁西侧凸台连接，南北长9.6米，东西宽约4.4米，残高0.25～0.3米。西壁的南部，尚存4块包壁石，石块略加修整，平整的一面向外。土台北端建筑台基，由黄土层与河卵石层交替夯筑，平面呈方形，边长约 5.4米。台基四壁用石块包砌，东、南、西三壁保存较好，现存1层。台基现存顶面为河卵石层，残高约0.4米（图版三二）。

（二）朵殿台基

朵殿台基位于主殿台基的东西两侧，平面长方形。东、西朵殿台基的南壁与主殿台基南壁呈一条直线，北壁较主殿台基北壁偏南约3米。东、西朵殿形制及建筑结构相同（参见图版二三）。

建筑结构　朵殿台基使用黄土夯筑，与主殿台基分别建造。在西朵殿台基北壁中部位置，开南北1.3、东西0.8米的解剖沟，对北壁及其外侧进行了解剖。此处台基夯土厚约40厘米，不辨夯层。台基夯土处于当时地平面以下的部分，厚约15厘米，分布范围大于台明。台基只在柱础位置直径约1～2.5的范围，采用河卵石层与黄土层交替叠筑。

东朵殿台基　平面长方形，东西约20.2米，南北约15.3米，残高0.6～0.65米（图一〇八；图版三三）。

台基南壁和北壁各残存2块、东壁残存1块包壁条石。东壁中部设有石砌台阶，东西长约1.1米，南北宽约1.3米。台阶由加工规整的石材垒砌，现存二阶，每阶铺两块阶石。阶石的后沿顶面凿刻出凹槽，以防止上层阶石向前移动（图版三五，1、3）。台基东壁的南部连接廊道。

在台基的顶部，探出南北5排、东西8列柱础遗迹。础石全部遗失，仅存柱础基础。对第3排第7列柱础进行了解剖，柱础基础部分的建筑方式为：建造朵殿台基之前，先在柱础位置地表挖出一个口径约0.6米，底径约0.4米，深约1.1米的圆形平底坑，坑内采用一层河卵石一层黄土交替夯实。建筑朵殿台基时，在柱础位置仍然采用河卵石层与黄土层交替叠筑加固。柱础基础的河卵石垫层平面呈圆形，直径约1～2.5米。第1列和第2列柱础的河卵石垫层，直径约在1～1.5米之间。第3列至第8列柱础的河卵石垫层，直径约在2～2.5米之间。有的柱础河卵石垫层之上堆放几块长度20厘米左右不规则形石块或河卵石，推测其为放置在础石下面以使础石顶面水平的垫石。此外，在第3排第8列柱础的南北两侧，距离柱础中心点约1米的位置，各有一块边长30厘米左右平面近长方形的石块。石

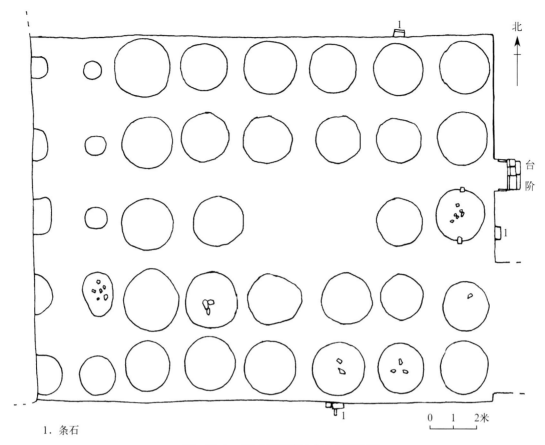

1. 条石

图一〇八 第二号建筑址东朵殿平面图

块顶面平整，位于第8列柱础基础中心点连线之上，推测为间柱础石。

以柱础基础中心点计算，柱网东、南、北三面最外侧的一排（列）柱础，分别距离朵殿台基东壁、南壁、北壁1.2～1.5米。西面最外侧的一列柱础，紧邻主殿台基的东壁。第1～3列柱础的间距约为2.2米，第3～8列柱础的间距为2.5～2.8米。各排柱础的间距为2.8～3.2米。

此外，在东朵殿台基中部偏东的位置，台基顶面分布有南北3排、东西2列，共6块大型础石，大础石之间还排列多块小础石，应为间柱柱础，形成一座独立的建筑基址。以基址四角处大型础石中心点计算，东西宽约6米，南北长约6.6米。建筑基址的东西2列础石与台基柱网错位，破坏了东朵殿台基第2排第6列和第3排第5、6列柱础基础，建筑时间晚于东朵殿（图一〇九）。建筑基址所处位置，发掘前为旱田，除去耕土层即露出础石及台基夯土。发掘中未见晚于渤海时期的遗物出土，建筑基址绝对年代不明。该建筑基址的大型础石与第二号建筑址主殿台基残存础石的石质、形状及加工方式相同，推测建筑时间应在第二号建筑址废弃后不久。

西朵殿台基 平面长方形，东西约20.8米，南北约14.6米，残高0.56～0.63米（图一一〇；图版三四）。

台基南壁中部残存1块包壁条石。台基西壁中部设有石砌台阶，东西长约1.1米，南北宽约1米。台阶仅存一块阶石，阶石的后沿顶面凿刻出凹槽（图版三五，2、4）。台基西壁的南部连接廊道。

在台基顶部探出南北5排、东西8列柱础遗迹，但柱网第2排的第3、4列，第4排的第2～5列位置未见柱础遗迹。础石多已缺失，仅存第4排第8列一块础石，其余迹象均为柱础基础。残存础石平面

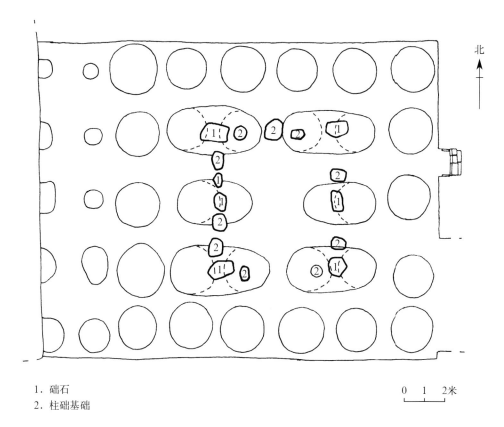

1. 础石
2. 柱础基础

图一〇九　第二号建筑址东朵殿晚期建筑基址柱础排列平面图

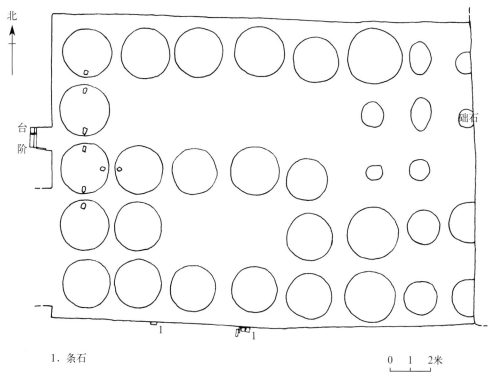

1. 条石

图一一〇　第二号建筑址西朵殿平面图

略呈半圆形，直径约85厘米，厚约20厘米，其直边紧靠主殿台基西壁。柱础基础的河卵石垫层平面呈圆形，第7列、第8列柱础的河卵石垫层，直径约在1~1.5米之间。第1列至第6列柱础的河卵石垫层，直径约在2~2.5米之间。有的柱础河卵石垫层之上堆放几块长度20厘米左右不规则形石块或河卵石。

以柱础基础中心点计算，柱网西、南、北三面最外侧的一排（列）柱础，分别距离朵殿台基西壁、南壁、北壁1.5~1.8米。东面最外侧的一列柱础，紧邻主殿台基的西壁。第6~8列柱础的间距约为2.2~2.5米，第1~6列柱础的间距为2.5~2.8米。各排柱础的间距为2.8~3米。此外，在第1列第2~5排柱础之间，存在6块边长30厘米左右平面近方形或长方形的石块。石块距柱础中心点以及石块之间的距离均约1米。石块顶面平整，排列于第1列柱础基础中心点连线之上，应为间柱础石。

（三）东西廊道

廊道位于第二号建筑址东朵殿的东侧和西朵殿的西侧，廊道台基南壁与朵殿台基南壁不在一条直线上，向北错开约0.4米。廊道的一端分别与东西朵殿台基连接，另一端通向其他建筑址，为左右对称布局的东西向行廊（参见图版三三、三四）。

建筑结构　东西廊道台基使用黄土夯筑，与第二号建筑址朵殿台基结构相同。在西廊北壁中部位置，开南北1.5、东西1米的解剖沟，对北壁及其外侧进行了解剖。此处台基夯土厚约45厘米，不辨夯层。台基夯土位于当时地面以下部分，厚约15厘米，分布范围大于台明。台基只在柱础位置直径约1.5的范围内，采用河卵石层与黄土层交替叠筑。

东廊台基　平面长方形，东西约19.2米，南北5.5米，残高0.55~0.65米（图一一一）。

台基南壁的中部与第一号建筑址东侧廊庑连接，北壁中部残存两块包壁石。台基西端与东朵殿台基东壁连接，东部与第一号建筑址东侧廊庑东壁交汇处有一条南北向排水渠（G5）通过，台基东端与另一座建筑址（第三号建筑址）的台基连接。

在台基顶面探出南北2排、东西8列柱础遗迹，其中第3、5、7列柱础分别与第一号建筑址东侧廊庑的第1、2、3列柱础处于同一条南北方向线上。础石全部遗失，仅存柱础基础，其结构与朵殿柱础基础相同，河卵石垫层直径1.4~1.6米。以柱础基础中心点计算，两排柱础分别距台基南壁和北壁约1米，两排柱础间距约3.5米，每列柱础间距约2~2.9米。此外，在第1排第3~6列和第2排第3、4列柱础的中间，各有一块边长约25~35厘米平面近方形或长方形的间柱础石。

西廊台基　平面长方形，东西约18.6米，南北5.4米，残高0.55米（图一一二；图版三六）。

台基南壁的中部与第一号建筑址西侧廊庑连接，北壁中部残存一块包壁条石。台基东端与西朵殿台基西壁连接，西部与第一号建筑址西侧廊庑西壁交汇处有一条南北向排水渠（G4）通过。台基南壁西端残存一块土衬石，西侧紧接一块南北向铺砌的包壁条石形成转角，与另一座建筑址（第四号建筑址）连接。

在台基顶面探出南北2排、东西8列柱础遗迹，其中第2、4、6列柱础分别与第一号建筑址西侧廊庑的第1、2、3列柱础处于同一条南北方向线上。础石全部遗失，仅存柱础基础，结构与东侧廊道柱础相同，河卵石垫层直径1.2~1.5米。以柱础基础中心点计算，两排柱础分别距台基南壁和北壁

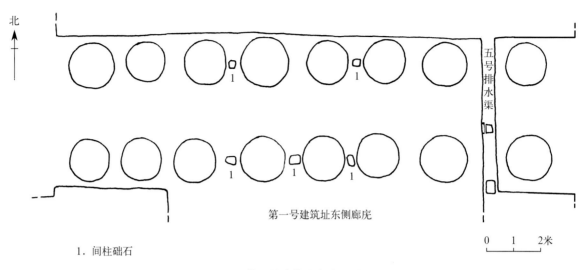

1. 间柱础石

图一一一　第二号建筑址东廊平面图

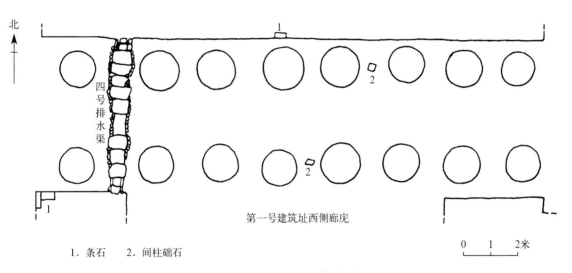

1. 条石　　2. 间柱础石

图一一二　第二号建筑址西廊平面图

约1~1.2米，两排柱础间距约3.5米，每列柱础间距约2~2.9米。此外，在第1排第4、5列和第2排第5、6列柱础的中间，各有一块边长约30厘米、平面近长方形的间柱础石。

三、出土遗物

（一）主殿出土遗物

1. 陶质建筑构件

（1）板瓦

均为夹砂灰陶，模制，多数平面呈等腰梯形，少数为长方形，凸面素面，少数有戳印或刻划文字，凹面在制坯时被模具印上了断续布纹。依据其在建筑上的使用部位可分为普通板瓦和檐头板瓦两类。

普通板瓦　平面呈梯形或长方形，素面，部分沿面饰指压纹。

标本04HBⅠT0608①：8，平面呈长方形，残，一端有左斜向指压纹饰，残长15.5、残宽22.5、胎厚2.5厘米（图一一三，1）。

标本04HBⅠT0708①：23，平面呈梯形，残，一端有左斜向指压纹饰，残长12.5、残宽21、胎厚2.4厘米（图一一三，2）。

檐头板瓦　在瓦的宽端瓦沿处加厚，檐端中部有两条平行凹槽，使沿面形成三条凸棱，上下两条凸棱上饰成排的斜向栉齿纹，中部饰一排圆形戳点纹或圆圈纹饰。

标本04HBⅠT0708①：22，平面呈长方形，残、残长12、残宽15.5、胎厚2厘米（图一一四，2）。

标本04HBⅠT0407②：28，平面呈梯形，残存一角，残长16.5、残宽18.5、胎厚1.5～2厘米（图一一四，1）。

标本04HBⅠT0406③：2，平面呈长方形，残存一端，残长12、宽33.5、高8.5、胎厚2.3厘米（图一一三，3）。

标本04HBⅠT0506③：101，平面呈长方形，残存一角，残长10.5、残宽21、胎厚2.2厘米（图一一四，3）。

（2）筒瓦

均为夹砂陶，模制，瓦身多数平面呈长方形，个别呈等腰梯形，凸面素面，少数在瓦舌处有压印文字，凹面在制坯时被模具印上了细密的布纹，瓦舌内侧还可见多道麻布褶皱。依据陶色、制作工艺及在建筑上的使用位置可分为普通筒瓦和绿釉筒瓦二类。

普通筒瓦　均为夹细砂深灰色陶质，模制，瓦身平面呈长方形，瓦舌形制显现曲节和直节两种形制。

标本04HBⅠT0606③：3，残长18.2、残宽9.8、胎厚1.6、瓦舌长5.6，残宽7厘米（图一一五，1）。

标本04HBⅠT0606③：1，残长17、宽14、胎厚1.2、瓦舌长4.8，残一角，最宽处10.8厘米（图一一五，3）。

标本04HBⅠT0506③：1，瓦舌左侧有一戳印"市"字。残长24、宽13.5、胎厚1.8、瓦舌长4、宽7.6～10厘米（图一一六，1）。

标本04HBⅠT0506③：22，瓦舌中部有一戳印"素"字。残长15.8、残宽9.6、胎厚1.2、瓦舌长4厘米（图一一六，2）。

檐头筒瓦　夹细砂深灰陶，形制与普通筒瓦相同，瓦舌平面呈等腰梯形，其上有一条横向凹槽，瓦舌中部有一圆形钉孔。

标本04HBⅠT0708②：16，残长13.6、残宽7.2、胎厚1.6、瓦舌长5.8厘米（图一一五，2）。

绿釉筒瓦　均为夹砂红陶，火候较低，瓦身平面呈长方形，瓦舌平面呈等腰梯形，其上有一条横向凹槽，瓦身先施一层白色化妆土，再在其上施绿釉，化妆土有的施至瓦舌处，绿釉未在瓦舌处施。

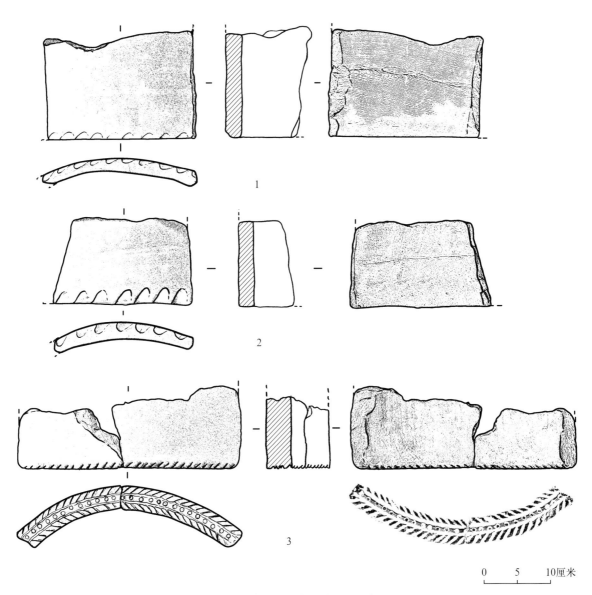

图一一三　第二号建筑址主殿出土板瓦

1、2.普通板瓦(04HBⅠT0608①：8　04HBⅠT0708①：23)　3.檐头板瓦(04HBⅠT0406③：2)

（3）瓦当

均为夹砂陶质，以深灰色和浅灰色为主，少量呈黄褐色，模制，圆形，边缘有高出当面的边轮，当面饰莲纹、花草纹等纹饰。背面抹光，边缘与筒瓦相接处常常戳凿出半圈不规则形坑点，以便更好地用泥浆或泥坯与筒瓦接合。当面主题纹饰有四种类型。

六瓣仰莲纹瓦当　内区中部有一圆形乳突，周围等距分布六个小型乳突，外区饰六个等距分布的桃形双瓣莲瓣，两莲瓣间饰萼形纹饰。

标本04HBⅠT0608①：1，为异形檐头筒瓦，筒身弧曲，呈马鞍状，当身残，仅存上半部分，直径17.6、轮宽1.2、轮厚1.6、当心厚0.8、筒身残长13.4厘米（图一一七，1；图版五七，6）。

标本04HBⅠT0506③：55，当身残存上半部分，直径17.8、轮宽1.5、当心厚1、筒身残长8.3厘

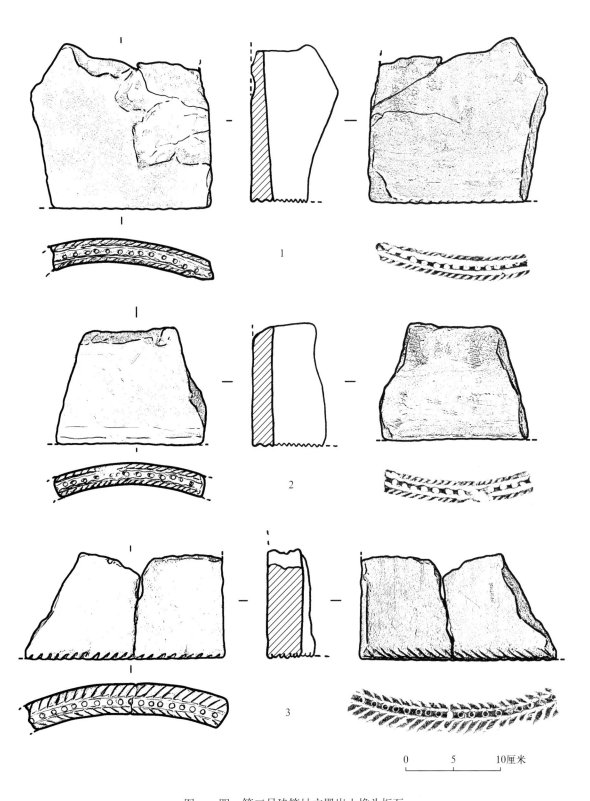

图一一四 第二号建筑址主殿出土檐头板瓦

1.04HBIT0407②：28 2.04HBIT0708①：22 3.04HBIT0506③：101

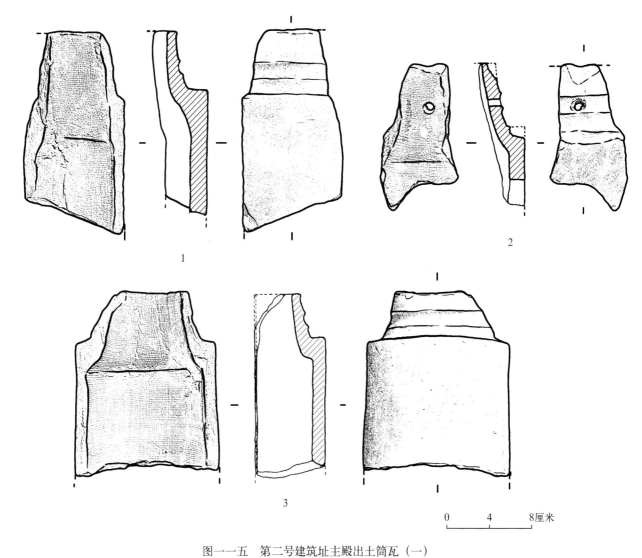

0　　4　　8厘米

图一一五　第二号建筑址主殿出土筒瓦（一）

1、3.普通筒瓦（04HBⅠT0606③：3　04HBⅠT0606③：1）　2.檐头筒瓦（04HBⅠT0708②：16）

米（图一一七，2）。

八瓣仰莲纹瓦当　内区中部饰一圆形乳突，外饰两圈凸弦纹，其外饰十二个等距分布的小乳丁，乳丁外饰一圈凸弦纹，外区饰八组双瓣莲纹，每组莲瓣之上有圆弧形装饰，两组莲瓣之间有三角形装饰。

标本04HBⅠT0606③：25，当身上端及右端残，直径13、轮宽1、轮厚1.4、当心厚0.6厘米（图一一八，1；图版六一，3）。

八瓣侧莲纹瓦当　内区中部饰一个半球形乳突，其外饰两圈凸弦纹，两圈凸弦纹间饰八个等距分布的小乳丁，外区等距分布八朵缠枝侧莲纹饰，位置与小乳丁对应，莲瓣轮廓圆润。

标本04HBⅠT0606③：27，当身完整，直径14.4、轮宽1、轮厚1.8、当心厚1、筒身残长5.7厘米（图一一八，2；图版六三，1）。

花草纹瓦当　内区中部饰一个半球形乳突，其外饰两圈凸弦纹，两圈凸弦纹间等距分布八个圆

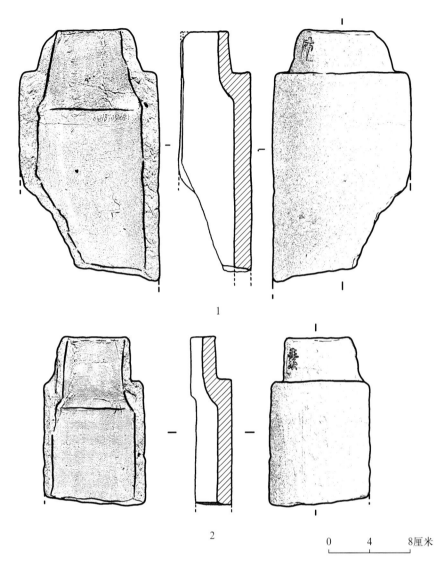

图一一六　第二号建筑址主殿出土筒瓦（二）

1.04HBⅠT0506③：1　2.04HBⅠT0506③：22

形乳丁，外区等距分布六株侧视花草纹饰。

标本04HBⅠT0606③：20，当身边轮微残，直径14.2、轮宽1、轮厚2、当心厚1.5、筒身残长2厘米（图一一八，4；图版六四，5）。

标本04HBⅠT0606③：21，当身左侧残，直径14.6、轮宽1.2、轮厚1.5、当心厚1.1、筒身残长2.7厘米（图一一八，3；图版六四，6）。

（4）当沟

均为夹砂青灰陶，模制，凸面素面，凹面在制坯时被模具印上了布纹。

标本04HBⅠT0508②：4，残长16.8、残宽9.5、胎厚1.4厘米（图一一九，1）。

标本04HBⅠT0307①：11，残长20、残宽12.4、胎厚1.2厘米（图一一九，2；图版六七，2）。

（5）压当条

均为夹细砂深灰陶，模制，平面多呈长方形，有的呈梯形，凸面素面，凹面在制坯时被模具印

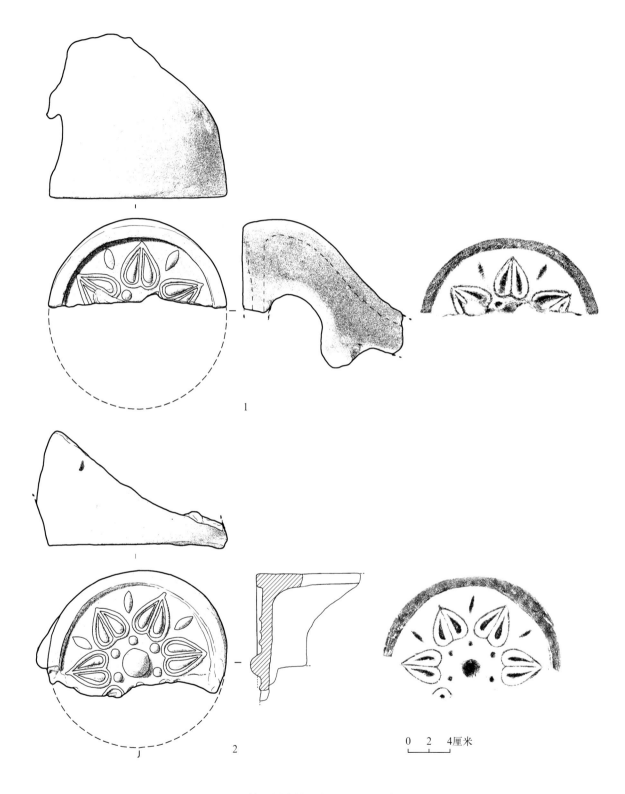

图一一七　第二号建筑址主殿出土瓦当(一)

1.04HBIT0608①：1　2.04HBIT0506③：55

图一一八 第二号建筑址主殿出土瓦当（二）

1. 八瓣仰莲纹瓦当（04HBIT0606③：25） 2. 八瓣侧莲纹瓦当（04HBIT0606③：27）

3、4. 花草纹瓦当（04HBIT0606③：21 04HBIT0606③：20）

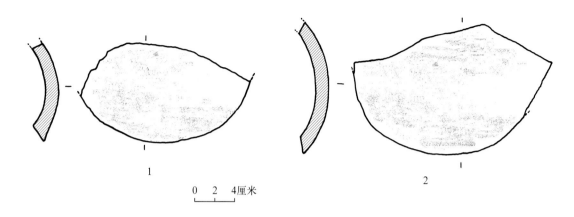

0　2　4厘米

图一一九　第二号建筑址主殿出土当沟
1.04HBⅠT0508②：4　2.04HBⅠT0307①：11

上了布纹。依形制可分为板瓦形和筒瓦形二类。

板瓦形亚当条　瓦身弧度较小或基本没有弧度，从完整个体的长度和厚度来看，当与板瓦使用同样的瓦坯，只是宽度大大窄于板瓦。该类压当条少量凸面有模印文字，个别有横向平行条纹。瓦沿处有无纹饰和饰指压纹饰二种形制。

标本04HBⅠT0506③：46，平面呈长方形，窄端瓦沿微翘，内侧抹斜，残长23、宽6、高2、胎厚1.4～1.8厘米（图一二〇，3）。

标本04HBⅠT0506③：44，平面呈长方形，残长26、宽8.8、高2.4、胎厚1.4厘米（图一二〇，1）。

标本04HBⅠT0506③：45，平面呈梯形，窄端瓦沿微翘，内侧抹斜，残长23.6、宽8.4～10.4、高2.4、胎厚1.4厘米（图一二〇，2）。

标本04HBⅠT0506③：48，平面呈长方形，残长13、宽12.8、高3.6、胎厚2厘米（图一二〇，4）。

标本04HBⅠT0506③：49，瓦沿凸面饰六个竖向大小不一的指压纹，残长25.2、宽12.4、高2.5、胎厚1.8厘米（图一二一，1；图版六九，2）。

标本04HBⅠT0708①：25，瓦沿内侧抹斜，凸面饰三个右斜向指压纹，残长9.6、宽4.5～5、胎厚1.5～2.7厘米（图一二一，3）。

标本04HBⅠT0708②：11，平面呈长方形，沿端凸面饰右斜向指压纹，残长12、宽12.8、高3、胎厚2.4厘米（图一二一，2）。

筒瓦形压当条　瓦身弧度较大。此类压当条大多表面不甚光滑，从完整个体的长度和厚度来看，使用的瓦坯当与筒瓦类似。

标本04HBⅠT0707②：1，平面呈长方形，残长15.2、宽11.2、高4、胎厚1.2厘米（图一二〇，6）。

标本04HBⅠT0708①：18，平面呈梯形，残长16.8、宽7.2、高2.4、胎厚1.6厘米（图一二〇，5）。

（6）兽头残块

标本04HBⅠT0406③：5，残，大致呈圆柱状，微弧，截面呈不规则椭圆形，残长7、截面直径3厘米（图版七四，5）。

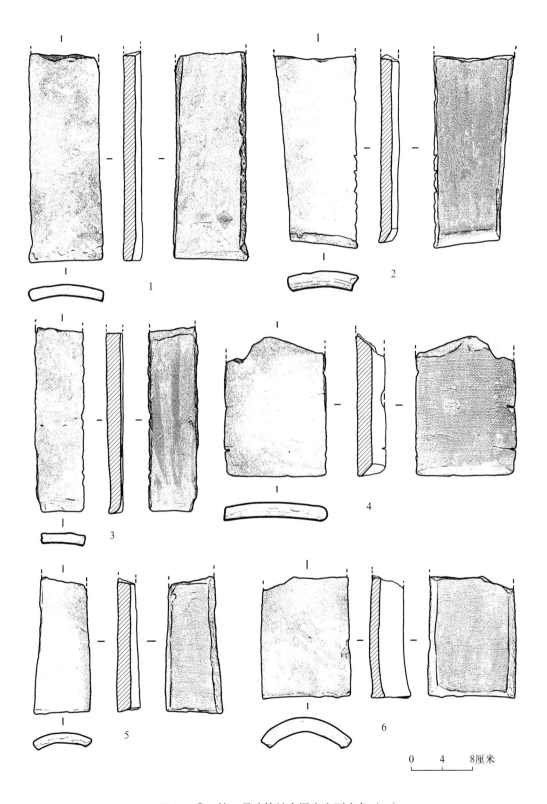

图一二〇　第二号建筑址主殿出土压当条（一）

1～4.板瓦形压当条（1.04HBIT0506③：44　2.4HBIT0506③：45　3.04HBIT0506③：46
4.4HBIT0506③：48）　5、6.筒瓦形压当条（04HBIT0708①：18　04HBIT0707②：1）

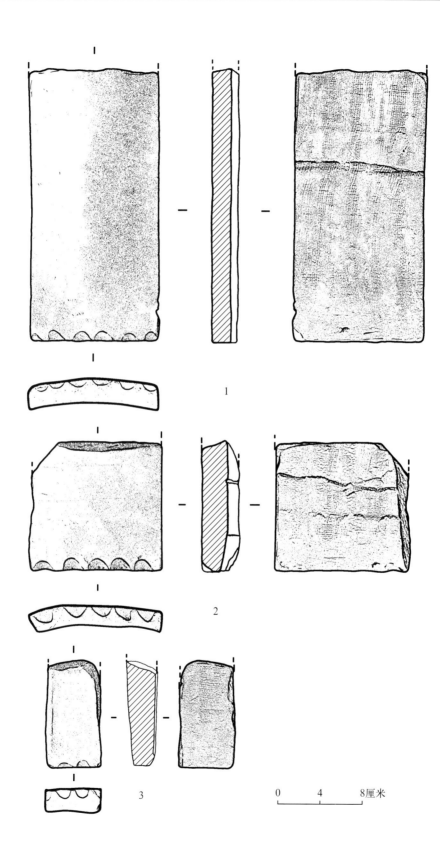

图一二一　第二号建筑址主殿出型压当条（二）
1.04HBIT0506③：49　2.04HBIT0708②：11　3.04HBIT0708①：25

标本04HBⅠT0407②∶14，片状，弧边、残长5、宽5、厚0.8厘米（图版七三，6）。

2. 陶器

（1）陶盆口沿

3件。

标本04HBⅠT0508采∶1，泥质灰陶，轮制，素面，圆唇，敞口，折沿，残高3.3厘米（图一二二，3）。

标本04HBⅠT0608①∶4，泥质灰陶，轮制，展沿，内叠唇，残高2.2、胎厚0.4厘米（图一二二，1）。

标本04HBⅠT0606③∶7，泥质灰陶，残高2、胎厚0.8厘米（图一二二，2）。

（2）陶罐口沿

1件。

标本04HBⅠT0606③∶6，夹细砂黄褐陶，敛口，唇部残，残高4.4、胎厚0.6厘米（图一二二，4）。

（3）陶器底

1件。

标本04HBⅠT0407①∶12，泥质黄褐陶，平底，残高3.1、胎厚0.9厘米（图一二二，5）。

3. 石器

（1）石钉

5件。

标本04HBⅠT0506③∶204，长方体，上端尖圆形，出土时半埋于地下，高14.2、宽7.8、厚5.5厘米（图一二三，2；图版八二，5）。

（2）棱台形石器

1件。

标本04HBⅠT0608①∶10，残半，四棱台形，下底内凹2厘米，边长15.4、上底边长3、通高3.8厘米，中部有一方形槽，上口边长2.4厘米（图一二三，1；图版八二，3）。

4. 铁器

（1）铁钉

大多为建筑物檐头处固定筒瓦之用，锻打而成，截面方形或长方形。

标本04HBⅠT0606③∶40，头端弯折，钉身截面长方形，通高19.8、截面长边1、短边0.7厘米（图一二四，1）。

标本04HBⅠT0508①∶8，钉帽圆形，钉身截面方形，通高7.6、截面边长0.8厘米（图一二四，2）。

标本04HBⅠT0608①∶13，钉帽圆形，钉身截面方形，通高6.5、截面边长0.4厘米（图一二四，3）。

（2）钉垫

1件。

标本04HBⅠT0606③∶42，圆形，片状，中部有一方孔，直径2、孔边长0.5厘米（图

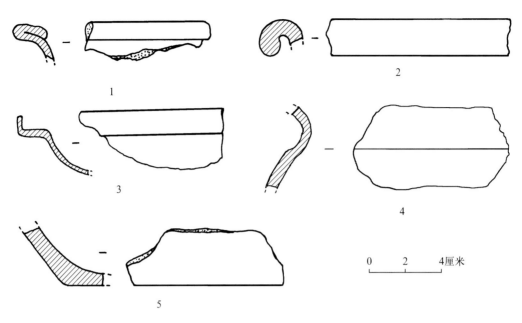

图一二二　第二号建筑址主殿出土陶器

1～3.陶盆口沿（04HBIT0608①：4　04HBIT0606③：7　04HBIT0508采：1）

4.陶罐口沿（04HBIT0606③：6）　5.陶器底（04HBIT0407①：12）

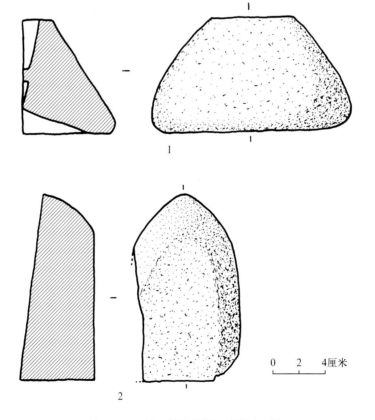

图一二三　第二号建筑址主殿出土石器

1.棱台形石器(04HBIT0608①：10)　2.石钉(04HBIT0506③：204)

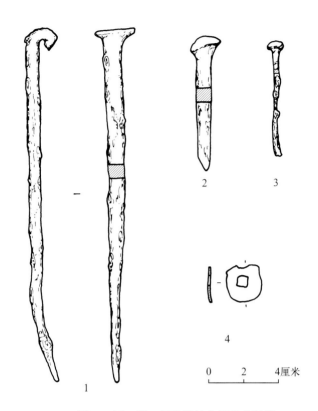

图一二四　第二号建筑址主殿出土铁器

1～3.铁钉(04HBⅠT0606③∶40　04HBⅠT0508①∶8　04HBⅠT0608①∶13)　4.钉垫(04HBⅠT0606③∶42)

一二四，4）。

5. 瓦上文字及符号

第二殿址主殿出土各类文字瓦共计118件。有板瓦、板瓦形压当条、筒瓦等。

模印文字

出土106件，共计33种文字。

"隆"：5件，有板瓦和压当条二类，其中板瓦1件，压当条4件，阳文，有印框，无字框。

标本04HBⅠT0306①∶7（图一二五，1）。

"雁"：1件，曲节形瓦舌筒瓦，阳文，有印框，无字框。

标本04HBⅠT0708②∶10，下端残（图一二五，7）。

"柰"：1件，直节形瓦舌筒瓦，阳文，有印框，无字框。

标本04HBⅠT0506③∶7（图一二五，5）。

"⺌贝"：2件，压当条，阳文，有印框、字框。

标本04HBⅠT0406③∶32，右下角残（图一二五，6）。

"艮"：1件，板瓦，阳文，有印框，无字框。

标本04HBⅠT0406③∶42（图一二五，8）。

"土"：4件，板瓦，阴文，无印框、字框。

标本04HBⅠT0506③∶17（图一二五，11）。

"朋"：2件，曲节形瓦舌筒瓦，阳文，有印框，无字框。

标本06HBⅠT0708①：13（图一二五，9）。

"市"：8件，板瓦，阴文。有三种字体。

标本04HBⅠT0407①：4，无印框、字框（图一二五，2），此类字体共2件。

标本04HBⅠT0506③：25，有印框，无字框（图一二五，3），此类字体共4件。

标本04HBⅠT0506③：31，有印框，无字框（图一二五，4），此类字体共2件。

"利"：2件，板瓦，阳文，有印框，无字框。

标本04HBⅠT0706②：8（图一二五，10）。

"述"：1件，板瓦，阳文，有印框，无字框。

标本04HBⅠT0406③：36（图一二五，12）。

"贞"：2件，曲节形瓦舌筒瓦，阳文，有印框，无字框。

标本04HBⅠT0706②：10（图一二五，13）。

"德"：3件，有板瓦和压当条二类，其中板瓦2件，压当条1件，阳文，有印框，无字框。

标本04HBⅠT0707②：7（图一二五，14）。

"赤"：1件，板瓦，位于ⅠT0407内，阳文，有印框，无字框，残损严重。

"则"：7件，有板瓦和压当条二类，阳文。

标本04HBⅠT0307②：1，有印框、字框（图一二五，15），此类字体共4件，均为板瓦。

标本04HBⅠT0506③：24，有印框，无字框（图一二五，16），此类字体共3件，均为压当条。

"素"：11件，有板瓦和直节形瓦舌筒瓦二类，阴文。

标本04HBⅠT0506③：6，无印框、字框（图一二五，17），此类字体共2件，均为直节形瓦舌筒瓦。

标本04HBⅠT0506③：12，直节形瓦舌筒瓦，无印框、字框（图一二五，18）。

标本04HBⅠT0406③：15，有印框，无字框（图一二五，19），此类字体共4件，均为板瓦。

标本04HBⅠT0506③：4，有印框，无字框（图一二五，20），此类字体共4件，均为板瓦。

"汤"：3件，有板瓦和直节形筒瓦二类，阳文，有印框，无字框。有三种字体。

标本04HBⅠT0406①：3，板瓦，印框大致呈"凸"字形（图一二五，21）。

标本04HBⅠT0406③：27，板瓦，印框呈圆角长方形（图一二五，22）。

标本04HBⅠT0506③：14，直节形瓦舌筒瓦，印框呈长方形，左侧残（图一二五，23）。

"计"：10件，板瓦，阳文，有印框，无字框。

标本04HBⅠT0506③：10（图一二五，24）。

"元"：2件，板瓦，分别位于ⅠT0406和ⅠT0606内，阳文，有印框，无字框，残损严重。

"音"：5件，有板瓦和压当条二类，其中板瓦3件，压当条2件，阳文，有印框，无字框。

标本04HBⅠT0506③：33（图一二五，27）。

"与"：4件，板瓦，阳文，有印框、字框。

标本04HBⅠT0406②：18（图一二五，26）。

"石"：2件，板瓦，戳印阳文，有印框、字框。

标本04HBⅠT0406②：16（图一二五，28）。

图一二五　第二号建筑址主殿出土瓦件模印文字拓片（一）

1.04HBⅠT0306①：7　2.04HBⅠT0407①：4　3.04HBⅠT0506③：25　4.04HBⅠT0506③：31　5.04HBⅠT0506③：7
6.04HBⅠT0406③：32　7.04HBⅠT0708②：10　8.04HBⅠT0406③：42　9.06HBⅠT0708①：13　10.04HBⅠT0706②：8
11.04HBⅠT0506③：17　12.04HBⅠT0406③：36　13.04HBⅠT0706②：10　14.04HBⅠT0707②：7　15.04HBⅠT0307②：1
16.04HBⅠT0506③：24　17.04HBⅠT0506③：6　18.04HBⅠT0506③：12　19.04HBⅠT0406③：15　20.04HBⅠT0506③：4
21.04HBⅠT0406①：3　22.04HBⅠT0406③：27　23.04HBⅠT0506③：14　24.04HBⅠT0506③：10　25.04HBⅠT0607①：1
26.04HBⅠT0406②：18　27.04HBⅠT0506③：33　28.04HBⅠT0406②：16　29.04HBⅠT0308①：3　30.04HBⅠT0506③：19

　　"古"：2件，曲节形瓦舌筒瓦，阳文，有印框，无字框。

　　标本04HBⅠT0308①：3（图一二五，29）。

　　"戈"：1件，板瓦，阳文，有印框，无字框。

　　标本04HBⅠT0506③：19（图一二五，30）。

"犾"：2件，曲节形瓦舌筒瓦，阳文，有印框，无字框。

标本04HBⅠT0607①∶1（图一二五，25）。

"罗"：2件，曲节形瓦舌筒瓦，阳文，有印框、字框。

标本04HBⅠT0708①∶15，上端残（图一二六，1）。

"士"：4件，板瓦，阳文，有印框，无字框。有三种字体。

标本04HBⅠT0406②∶10（图一二六，2）。

标本04HBⅠT0506③∶2，印框呈上大下小的等腰梯形（图一二六，7）此类字体共2件。

标本04HBⅠT0606③∶13（图一二六，8）。

"自"：1件，曲节形瓦舌筒瓦，阳文，有印框、字框。

标本04HBⅠT0407①∶3，上端残（图一二六，3）。

"文"：1件，板瓦，阳文，有印框，无字框。

标本04HBⅠT0708①∶12（图一二六，5）。

"下"：2件，板瓦，阳文，有印框、字框。

标本04HBⅠT0708①∶2（图一二六，10）。

"目"：4件，有板瓦和压当条二类，其中板瓦2件，压当条2件，阳文，有印框，无字框。

标本04HBⅠT0707②∶11（图一二六，9）。

"典"：6件，有板瓦和压当条二类，其中板瓦5件，压当条1件，阳文，有印框，无字框。

标本04HBⅠT0606③∶16（图3一二六，11）。

"奎"：2件，板瓦，阳文，有印框、字框。

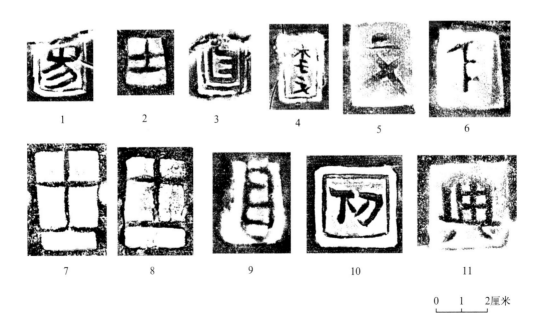

1　　2　　3　　4　　5　　6

7　　8　　9　　10　　11

0　1　2厘米

图一二六　第二号建筑址主殿出土瓦件模印文字拓片（二）

1.04HBIT0708①∶15　2.04HBIT0406②∶10　3.04HBIT0407①∶3　4.04HBIT0506③∶16
5.04HBIT0708①∶12　6.04HBIT0307②∶2　7.04HBIT0506③∶2　8.04HBIT0606③∶13
9.04HBIT0707②∶11　10.04HBIT0708①∶2　11.04HBIT0606③∶16

标本04HBⅠT0506③:16（图一二六，4）。

"卞"：2件，板瓦，阳文，有印框，无字框。

标本04HBⅠT0307②:2（图一二六，6）。

（2）刻划文字

出土10件，共计3种文字。

"屯"：4件，有板瓦和直节形筒瓦二类。

标本04HBⅠT0506③:3，板瓦（图一二七，1）。

标本04HBⅠT0406②:20，板瓦（图一二七，2）。

标本04HBⅠT0406②:11，板瓦（图一二七，3）。

"吉"：2件，均为板瓦，文字残。

标本04HBⅠT0407②:5（图一二七，4）。

标本04HBⅠT0506③:3（图一二七，7）。

"本"：4件，均为直节形瓦舌筒瓦。

标本04HBⅠT0506③:13（图一二七，8）。

标本04HBⅠT0506③:8（图一二七，9）。

（3）刻划符号

2件，均为板瓦。

标本04HBⅠT0504③:289（图一二七，5）。

标本04HBⅠT0506③:26（图一二七，6）。

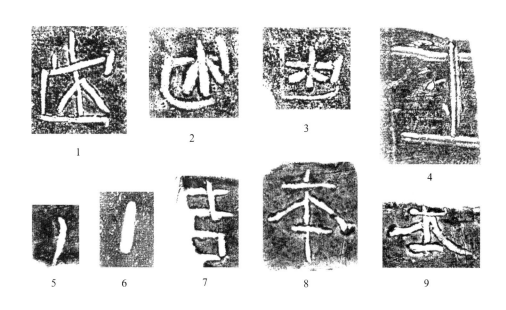

图一二七　第二号建筑址主殿出土瓦件刻划文字及符号拓片

1～4、7～9.刻划文字（1.04HBⅠT0506③:3　2.04HBⅠT0406②:20　3.04HBⅠT0406②:11
4.04HBⅠT0407②:5　7.04HBⅠT0506③:3　8.04HBⅠT0506③:13　9.04HBⅠT0506③:8）
5、6.刻划符号（04HBⅠT0504③:289　04HBⅠT0506③:26）

（二）主殿北部建筑基址出土遗物

1．陶质建筑构件

（1）板瓦

均为夹砂灰陶，模制，多数平面呈等腰梯形，少数为长方形，凸面素面，少数有戳印或刻划文字，凹面在制坯时被模具印上了断续布纹。依据其在建筑上的使用部位可分为普通板瓦和檐头板瓦两类。

普通板瓦　平面呈梯形或长方形，素面，部分沿面饰指压纹。

标本04HBⅠT0709②：19，平面呈长方形，残长21、宽18、厚1.5厘米（图一二八，1）。

标本04HBⅠT0510②：1，平面呈长方形，凸面近端饰竖向指压纹饰，残长19、残宽26.5、胎厚2.5厘米（图一二八，2）。

标本04HBⅠT0709①：15，平面呈长方形，凸面近端饰左斜向指压纹饰，残长21、宽19、厚1.8厘米（图一二八，3）。

檐头板瓦　在瓦的宽端瓦沿处加厚，中部饰两条平行凹槽，使沿面形成三条凸棱，上下两条凸棱上饰成排的斜向枋齿纹，中部饰一排圆形戳点纹饰。

标本04HBⅠT0709①：6，平面呈长方形，残长17、残宽20.5、厚2.5厘米（图一二九，1）。

标本04HBⅠT0510②：14，平面呈梯形，残存一角，残长12.5、残宽21、厚2厘米（图一二九，2）。

标本04HBⅠT0410②：13，平面呈不规则形，施纹处通常为弧形，用于建筑物房檐边角处，凸面有轮修形成的平行线纹，残长22、宽14、厚2厘米（图一二九，3）。

标本04HBⅠT0510②：15，平面呈长方形，残存一角，残长7、残宽7、厚1.8厘米（图一三〇，2）。

标本04HBⅠT0709①：5，平面呈长方形，一端残，残长19、残宽26.5、厚2厘米（图一三〇，1）。

（2）筒瓦

均为夹砂陶，模制，瓦身平面呈长方形，凸面素面，少数在瓦舌处有压印文字，凹面在制坯时被模具印上了细密的布纹，瓦舌内侧还可见多道麻布褶皱。依据在建筑上的使用位置可分为普通筒瓦、檐头筒瓦二类。

普通筒瓦　瓦舌有曲节和直节两种形制。曲节形瓦舌普通筒瓦陶质夹细砂，深灰色，瓦舌平面呈等腰梯形，其上压出一条横向凹槽；直节形瓦舌普通筒瓦陶质夹粗砂，浅灰色，瓦舌平面呈长方形或等腰梯形。

标本04HBⅠT0710②：12，瓦舌左侧有一戳印文字，残长15、宽16、胎厚1.8、瓦舌长5、宽9.5～11.8厘米（图一三一，2）。

标本04HBⅠT0509②：10，残长17.8、宽16.6、胎厚1.8、瓦舌长5、宽10.5～13厘米（图一三一，1）。

标本04HBⅠT0510②：51，残长15.6、残宽12、瓦舌长5.6、胎厚1.1厘米（图一三二，1）。

标本04HBⅠT0510②：52，残长10、残宽9.6、瓦舌长4.4、胎厚1.4厘米（图一三二，2）。

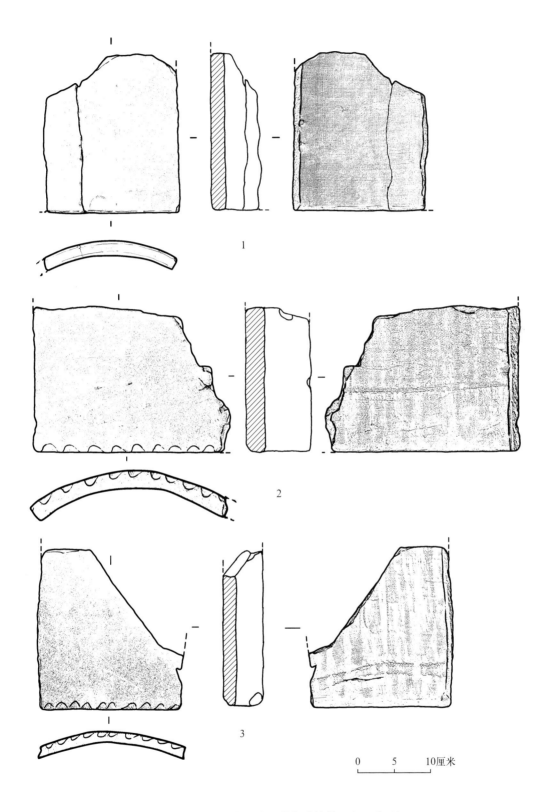

图一二八　第二号建筑址主殿北部建筑基址出土普通板瓦

1.04HBIT0709②：19　2.04HBIT0510②：1　3.04HBIT0709①：15

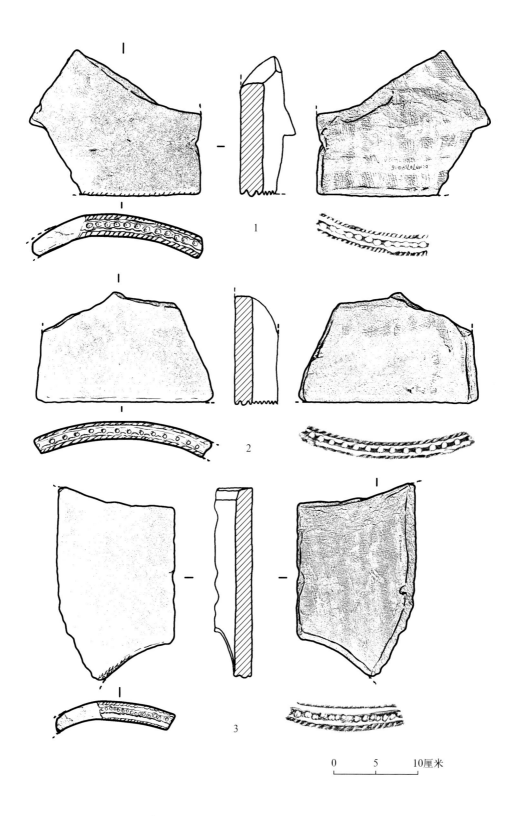

0　　　5　　　10厘米

图一二九　第二号建筑址主殿北部建筑基址出土檐头板瓦（一）
1.04HBIT0709①：6　2.04HBIT0510②：14　3.04HBIT0410②：13

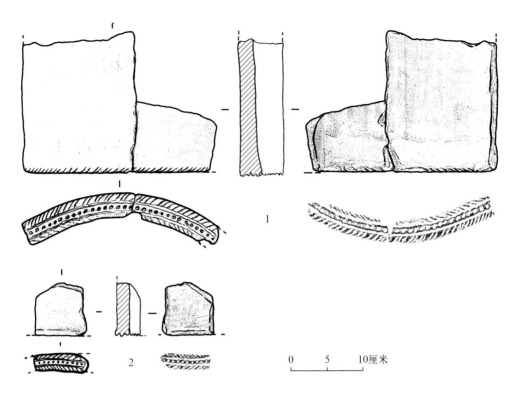

图一三○　第二号建筑址主殿北部建筑基址出土檐头板瓦（二）

1.04HBIT0709①：5　2.04HBIT0510②：15

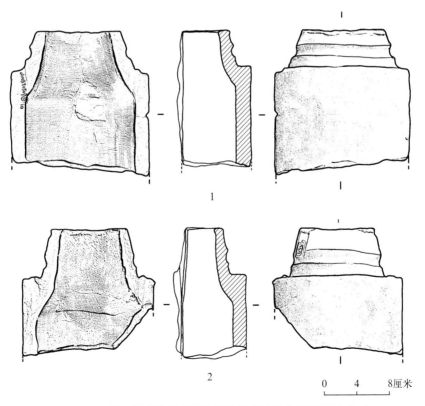

图一三一　第二号建筑址主殿北部建筑基址出土普通筒瓦（一）

1.04HBIT0509②：10　2.04HBIT0710②：12

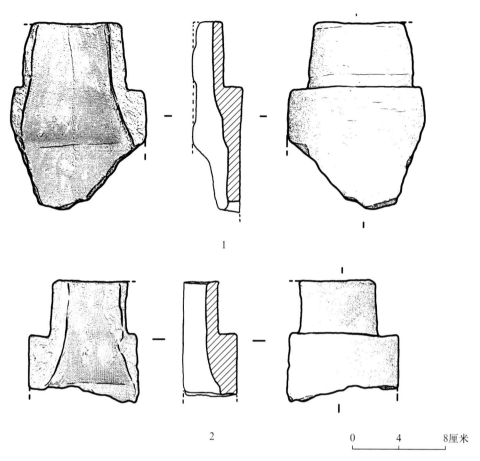

图一三二　第二号建筑址主殿北部建筑基址出土普通筒瓦（二）
1.04HBⅠT0510②：51　2.04HBⅠT0510②：52

　　檐头筒瓦　均为夹细砂深灰色陶质，瓦舌平面呈等腰梯形，其上有一条横向凹槽，瓦舌中部有一圆形钉孔，瓦身另一端与瓦当相接，接近瓦当处筒身两侧切边棱角被抹成圆弧状。

　　标本04HBⅠT0510②：8，残长15.2、残宽11.6、胎厚1.5、瓦舌长5.2厘米（图一三三，2）。

　　标本04HBⅠT0509②：17，用于房檐角落处，瓦身整体呈起伏状，残长31.2、最宽处20、胎厚1.6、瓦舌长5.8、宽9.2～14.4、钉孔直径0.8厘米（图一三三，1；图版五四，1）。

　　（3）瓦当

　　均为夹砂陶质，以深灰色和浅灰色为主，少量呈黄褐色，模制，圆形，边缘有高出当面的边轮，当面饰莲纹、花草纹等纹饰。背面抹光，边缘与筒瓦相接处常常戳凿出半圈不规则形坑点，以便更好地用泥浆或泥坯与筒瓦接合。

　　六瓣仰莲纹瓦当　内区中部有一圆形乳突，周围等距分布六个小型乳突，外区饰六个等距分布的桃形双瓣莲瓣，两莲瓣间饰萼形纹饰。

　　标本04HBⅠT0410②：19，直径17.6、轮宽1.2、轮厚1.8、当心厚1、筒身残长7厘米（图一三四，1；图版五七，3）。

　　标本04HBⅠT0709②：1，当面完整，直径18、轮宽1.2、轮厚1.4、当心厚0.9、筒身残长11.4厘米（图一三四，2；图版五七，4）。

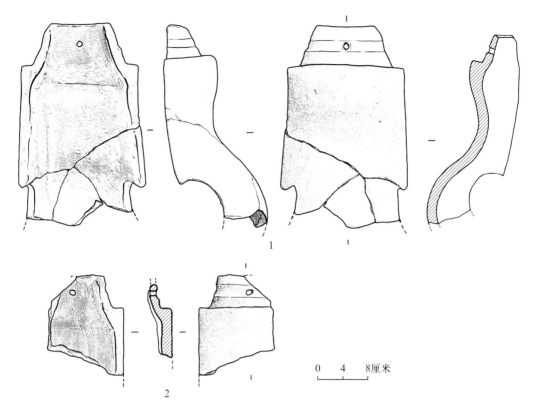

图一三三　第二号建筑址主殿北部建筑基址出土檐头筒瓦
1.04HBⅠT0509②：17　2.04HBⅠT0510②：8

标本04HBⅠT0410②：23，当左半部残，直径17.6、轮宽1.1、轮厚1.7、当心厚1.1厘米（图一三五，1）。

八瓣仰莲纹瓦当　内区中部饰一圆形乳突，外饰两圈凸弦纹，其外饰十四或十六个等距分布的小乳丁，乳丁外饰一圈凸弦纹，外区饰八组双瓣莲纹，每组莲瓣之上有圆弧形装饰，两组莲瓣之间有三瓣花形或三角形装饰。

标本04HBⅠT0410②：26，当身下部残，直径12、轮宽1、当心厚1厘米（图一三五，2）。

标本04HBⅠT0509②：2，当身下部残，直径12、轮宽0.9、轮厚1.5、当心厚1、筒身残长13.5厘米（图一三五，3）。

绿釉瓦当　仅出土1件。当面纹饰为六瓣仰莲纹，外表施绿釉。

标本04HBⅠT0709②：16，直径18、轮宽1.2、轮厚1.8、当心厚1厘米（图版六六，2）。

（4）压当条

均为夹细砂深灰色陶质，模制，凸面素面，少量有模印文字，凹面在制坯时被模具印上了布纹。瓦身弧度较小或基本没有弧度。

标本04HBⅠT0710②：23，瓦身凸面有刻两道划平行线，应为切割泥坯的痕迹，瓦两端均残，残长20.4、宽11、高2.8、胎厚1.4～2厘米（图一三六，3）。

标本04HBⅠT0710②：15，平面呈等腰梯形，残长20.4、宽13.6、胎厚2厘米（图一三六，4）。

标本04HBⅠT0709②：13，平面呈长方形，残长19.2、宽13.6、胎厚2厘米（图一三六，2）。

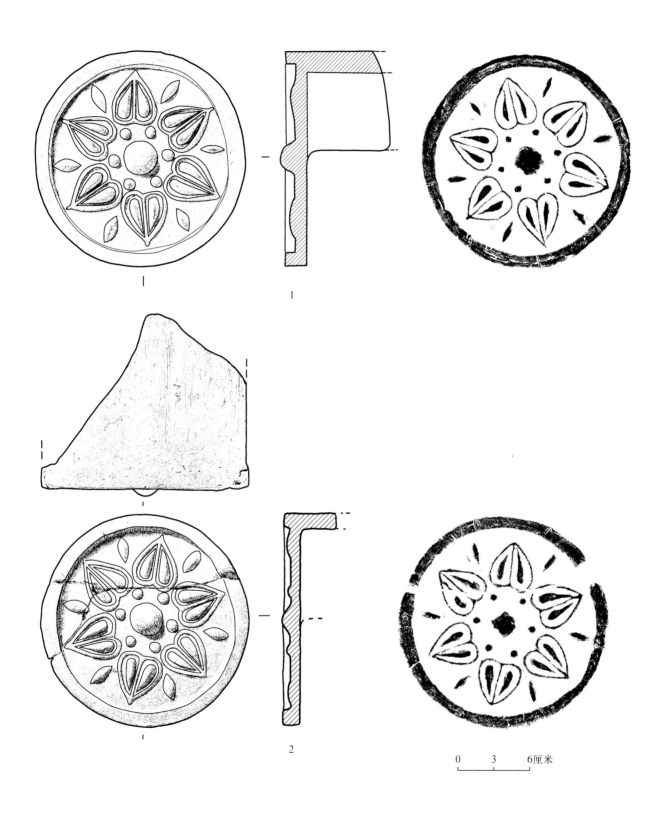

图一三四　第二号建筑址主殿北部建筑基址出土瓦当（一）

1.04HBIT0410②：19　2.04HBIT0709②：1

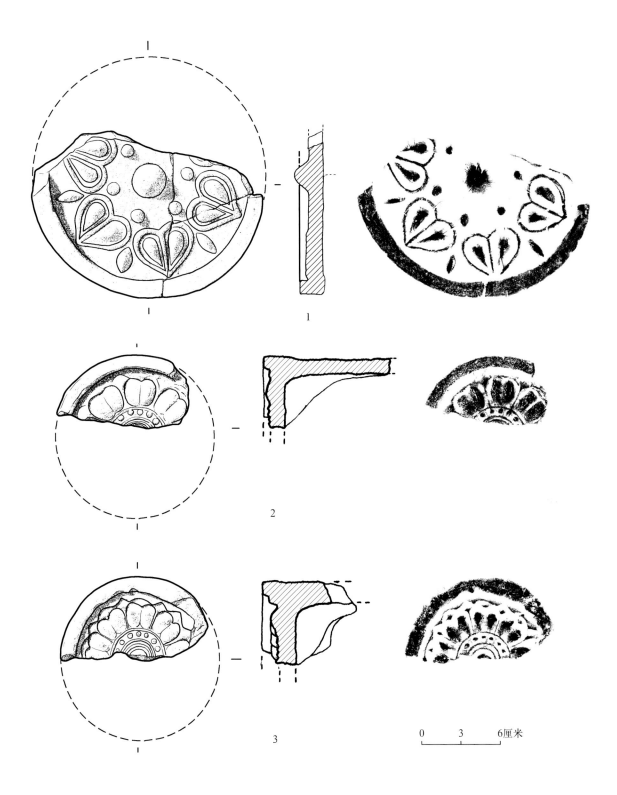

图一三五　第二号建筑址主殿北部建筑基址出土瓦当（二）

1.六瓣仰莲纹瓦当(04HBIT0410②：23)　2、3.八瓣仰莲纹瓦当（04HBIT0410②：26　04HBIT0509②：2）

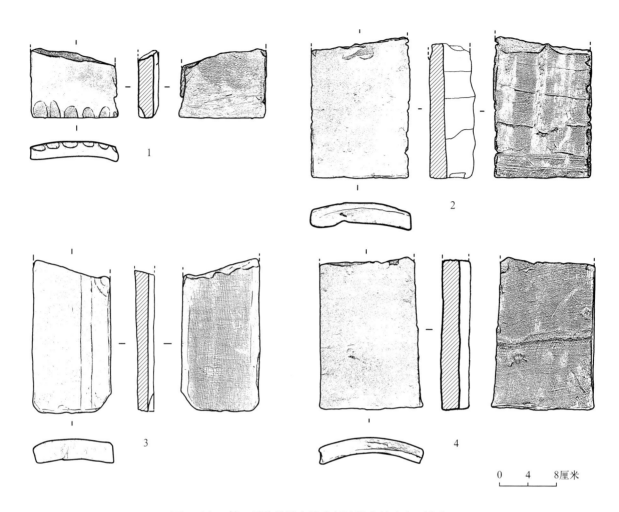

图一三六　第二号建筑址主殿北部建筑基址出土压当条
1.04HBⅠT0509②：13　2.04HBⅠT0709②：13　3.04HBⅠT0710②：23　4.04HBⅠT0710②：15

标本04HBⅠT0509②：13，平面呈长方形，凸面一端饰竖向指压纹，残长9.6、宽1.2、胎厚2厘米（图一三六，1）。

2. 陶器

陶器口沿

1件。

标本04HBⅠT0510②：18，泥质黑陶，圆唇，直口，平折沿，残高4.5厘米（图一三七）。

3. 铁器

（1）铁钉

大多为建筑物檐头处固定筒瓦之用，锻打而成，截面方形或长方形。

标本04HBⅠT0710②：18，头端弯折，钉身截面长方形，通高10.2厘米，截面呈长方形，长边0.7、短边0.5厘米（图一三八，1）。

（2）铁铲

1件。

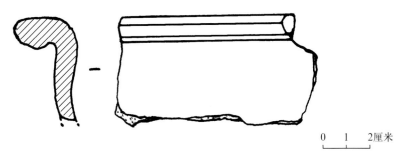

图一三七　第二号建筑址主殿北部建筑基址出土陶器
(04HBⅠT0510②：18)

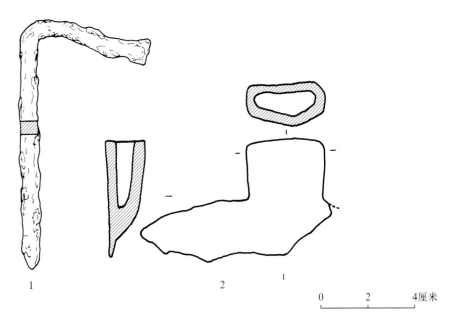

图一三八　第二号建筑址主殿北部建筑基址出土铁器
1.铁钉 (04HBⅠT0710②：18)　2.铁铲 (04HBⅠT0410①：4)

标本04HBⅠT0410①：4，銎柄，刃部残，残高5、残宽8、柄部宽3.2厘米（图一三八，2）。

4、瓦上文字及符号

第二殿址北部附属建筑出土各类文字瓦共计72件。有板瓦、板瓦形压当条、筒瓦等。

（1）模印文字

出土64件，共计29种文字。

"雁"：1件，曲节形瓦舌筒瓦，位于ⅠT0509内，阳文，有印框，无字框，残损严重。

"顺"：2件，板瓦，阳文，有印框、字框。

标本04HBⅠT0709①：9（图一三九，1）。

"下"：1件，板瓦，位于ⅠT0709内，阳文，有印框，无字框，残损严重。

"土"：2件，板瓦，阴文，无印框、字框。

标本04HBⅠT0709②：3（图一三九，2）。

"其"：3件，板瓦，阴文，有不甚清晰的长方形印框，无字框。

标本04HBⅠT0709①：7（图一三九，3）。

"卦"：1件，板瓦，位于ⅠT0709内，阴文，有印框，无字框，残损严重。

"心"：4件，板瓦，阳文，有印框，无字框。

标本04HBⅠT0609①：13（图一三九，4）。

"乙"：1件，板瓦，阳文，有印框，无字框。

标本04HBⅠT0410②：7（图一三九，5）。

"帝"：1件，板瓦，阴文，有印框，无字框。

标本04HBⅠT0709②：11（图一三九，6）。

"述"：2件，板瓦，阳文，有印框，无字框。

标本04HBⅠT0710①：1（图一三九，8）。

"贠"：6件，曲节形瓦舌筒瓦，阳文，有印框，无字框。

标本04HBⅠT0709②：9（图一三九，9）。

"亿"：3件，曲节形瓦舌筒瓦，分别位于ⅠT0510、ⅠT0609和ⅠT0409内，阳文，有印框，无字框，残损严重。

"剐"：1件，板瓦，阳文，有印框、字框。

标本04HBⅠT0409②：10（图一三九，7）。

"素"：4件，阴文，有两种形态。

标本04HBⅠT0709②：15，无印框、字框（图一三九，10），此类字体共2件，均为直节形瓦舌筒瓦。

标本04HBⅠT0409②：7，板瓦，有印框，无字框，右上部残（图一三九，11）。

标本04HBⅠT0409②：6，有印框，无字框（图一三九，12），此类字体共2件，均为板瓦。

"德"：1件，板瓦，阳文，有印框，无字框。

标本04HBⅠT0709①：11（图一三九，13）。

"渴"：2件，板瓦，阳文，有印框，无字框。

标本04HBⅠT0409②：11（图一三九，14）。

"计"：2件，板瓦，阳文，有印框，无字框。

标本04HBⅠT0710②：2（图一三九，15）。

"冖"：1件，板瓦，位于ⅠT0710内，阳文，有印框，无字框，残损严重。

"朋"：1件，板瓦，位于ⅠT0610内，阳文，有印框、字框，残损严重。

"音"：1件，压当条，阳文，有印框，无字框。

标本04HBⅠT0710②：5（图一三九，16）。

"古"：1件，曲节形瓦舌筒瓦，阳文，有印框，无字框。

标本04HBⅠT0509②：23（图一三九，17）。

"支"：2件，压当条，阳文。有两种字体。

标本04HBⅠT0609①：8，压当条，有印框，无字框（图一三九，18）。

标本04HBⅠT0509②：26，曲节形瓦舌筒瓦，有印框、字框，左上角残（图一三九，20）。

"狄"：6件，曲节形瓦舌筒瓦，阳文，有印框，无字框。

标本04HBⅠT0709①：10（图一三九，25）。

"省"：3件，曲节形瓦舌筒瓦，阳文，有印框，无字框。有两种字体。

图一三九　第二号建筑址主殿北部建筑基址出土瓦件模印文字拓片

1.04HBIT0709①：9　2.04HBIT0709②：3　3.04HBIT0709①：7　4.04HBIT0609①：13　5.04HBIT0410②：7　6.04HBIT0709②：11
7.04HBIT0409②：10　8.04HBIT0710①：1　9.04HBIT0709②：9　10.04HBIT0709②：15　11.04HBIT0409②：7
12.04HBIT0409②：6　13.04HBIT0709①：11　14.04HBIT0409②：11　15.04HBIT0710②：2　16.04HBIT0710②：5
17.04HBIT0509②：23　18.04HBIT0609①：8　19.04HBIT0609①：12　20.04HBIT0509②：26　21.04HBIT0710②：4
22.04HBIT0509②：20　23.04HBIT0710①：1　24.04HBIT0709②：8　25.04HBIT0709①：10　26.04HBIT0709②：7

标本04HBⅠT0710②：4（图一三九，21），此类字体共2件。

标本04HBⅠT0509②：20（图一三九，22）。

"**下刀**"：3件，板瓦，阳文，有印框、字框。

标本04HBⅠT0710①：1（图一三九，23）。

"**洵**"：3件，曲节形瓦舌筒瓦，阳文，有印框，无字框。

标本04HBⅠT0709②：8（图一三九，24）。

"**興**"：1件，板瓦，阳文，有印框，无字框。

标本04HBⅠT0609①：12（图一三九，19）。

"**窒**"：2件，板瓦，分别位于ⅠT0410和ⅠT0710内，阳文，有印框、字框，残损严重。

"**引**"：1件，板瓦，阳文，有印框，无字框。

标本04HBⅠT0709②：7，残半（图一三九，26）。

（2）刻划文字

出土3件，共3种文字。均为板瓦。

"**川**"：1件。

标本04HBⅠT0709②：18（图一四〇，1）。

"**本**"：1件。

标本04HBⅠT0509②：19，右侧残（图一四〇，5）。

"**达**"：1件。

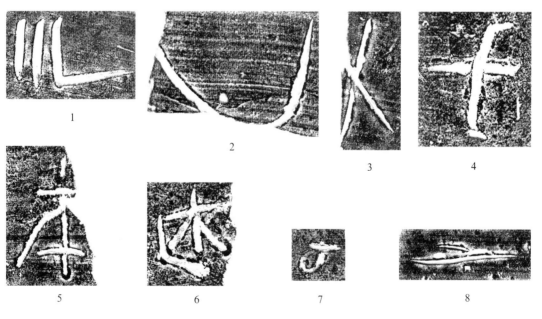

图一四〇　第二号建筑址主殿北部建筑基址出土瓦件刻划文字及符号拓片

1、5、6.刻划文字（04HBⅠT0709②：18　04HBⅠT0509②：19　04HBⅠT0709①：8）

2～4、7、8.刻划符号(2.04HBⅠT0509①：2　3.04HBⅠT0410②：9　4.04HBⅠT0710②：20

7.04HBⅠT0710②：6　8.04HBⅠT0510②：2)

标本04HBⅠT0709①：8（图一四〇，6）。

（3）刻划符号

出土5件，均为板瓦。

标本04HBⅠT0509①：2（图一四〇，2）。

标本04HBⅠT0410②：9（图一四〇，3）。

标本04HBⅠT0710②：20（图一四〇，4）。

标本04HBⅠT0710②：6（图一四〇，7）。

标本04HBⅠT0510②：2（图一四〇，8）。

（三）东朵殿出土遗物

1. 陶质建筑构件

（1）板瓦

均为夹砂灰陶，模制，多数平面呈等腰梯形，少数为长方形，凸面素面，少数有戳印或刻划文字，凹面在制坯时被模具印上了断续布纹。依据其在建筑上的使用部位可分为普通板瓦和檐头板瓦两类。

普通板瓦　平面呈梯形或长方形，素面，部分沿面饰指压纹。

标本06HBⅠT0806③：31，平面呈长方形，近端瓦沿凸面饰指压纹，左侧右斜，右侧左斜，凹面抹斜，残长12、宽33.4、厚2.4厘米（图一四一，1）。

标本04HBⅠT0808②：1，平面呈梯形，近端瓦沿凸面饰左斜向指压纹，残长32、宽36、厚2厘米（图一四一，2）。

檐头板瓦　形制与普通板瓦同，用于建筑物中部房檐处。宽端瓦沿处加厚，沿面纹饰为檐端中部饰两条平行凹槽，使沿面形成三条凸棱，上下两条凸棱上饰成排的左斜向栉齿纹，中部饰一排圆形戳点纹饰。

标本06HBⅠT0907②：80，平面呈等腰梯形，残长23、残宽25、厚2厘米（图一四一，3）。

（2）筒瓦

均为夹细砂深灰色陶质的普通筒瓦，模制，瓦身平面呈长方形，瓦舌平面呈等腰梯形，其上压出一条横向凹槽。

标本06HBⅠT0806③：30，瓦身中部微鼓，形制不甚规整，通长32、最宽处16.2、高8.8、胎厚1.5、瓦舌长5.2、宽8.6～12厘米（图一四二，1）。

标本06HBⅠT0806③：28，瓦舌两侧有模印文字，残长27.2、宽16.8、高8.4、胎厚1.7、瓦舌长5.8、宽9.7～12.5厘米（图一四二，2）。

（3）瓦当

均为夹砂陶，以深灰色和浅灰色为主，少量呈黄褐色，模制，圆形，边缘有高出当面的边轮，当面饰莲纹、花草纹等纹饰。背面抹光，边缘与筒瓦相接处常常戳凿出半圈不规则形坑点，以便更好地用泥浆或泥坯与筒瓦接合。当面主题纹饰有三种类型。

六瓣仰莲纹瓦当　内区中部有一圆形乳突，周围等距分布六个小型乳突，外区饰六个等距分布

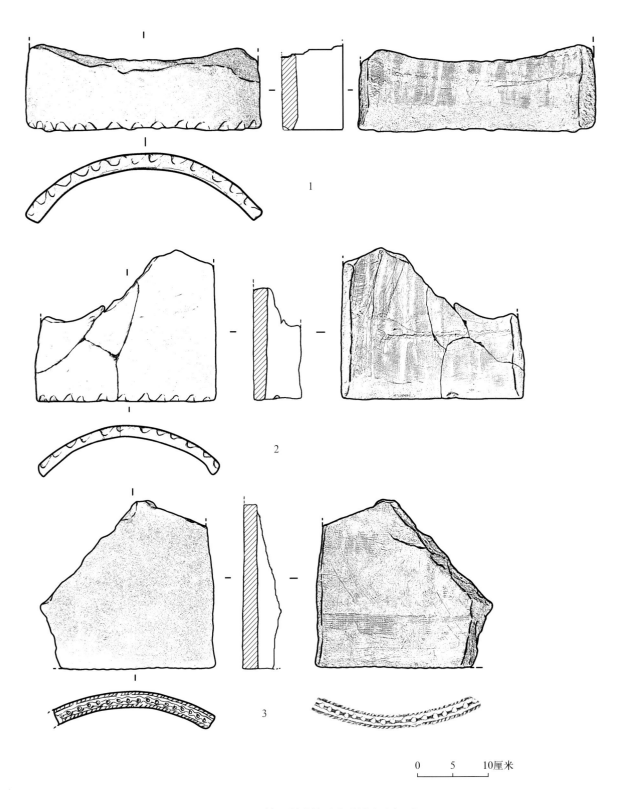

图一四一　第二号建筑址东朵殿出土板瓦

1、2.普通板瓦（06HBIT0806③：31　04HBIT0808②：1）　3.檐头板瓦(06HBIT0907②：80)

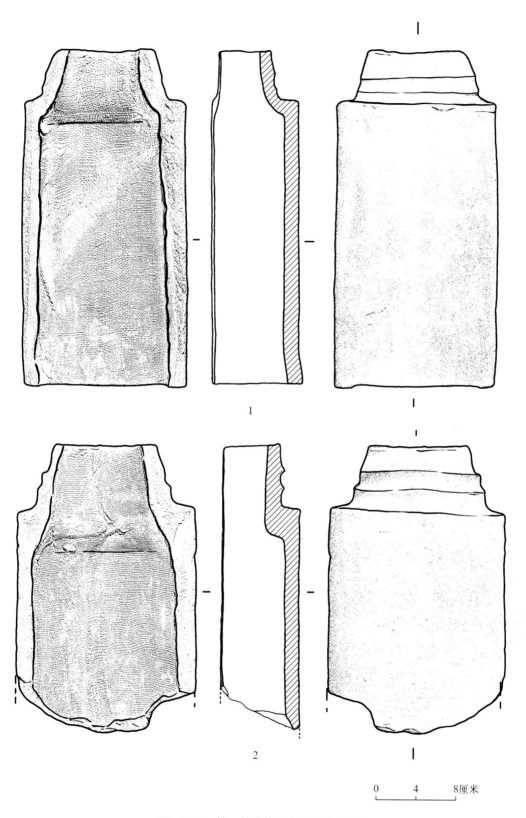

0　　4　　8厘米

图一四二　第二号建筑址东朵殿出土筒瓦

1.06HBIT0806③：30　2.06HBIT0806③：28

的桃形双瓣莲瓣，两莲瓣间饰萼形纹饰。

标本06HBⅠT0808③：5，当身上端残，直径17.2、轮宽1.1、轮厚1.5、当心厚1厘米（图一四四，2）。

标本06HBⅠT0907②：19，当面完整，直径16.8、轮宽1.1～1.5、轮厚2.1、当心厚1.5、筒身残长4.9厘米（图一四三，2）。

标本06HBⅠT0907②：20，为异形檐头筒瓦，筒身与当身呈右斜67度锐角相接，当身下端残，直径16.8、轮宽1.3、轮厚1.6、当心厚1.1、筒身残长9.3厘米（图一四三，1）。

标本06HBⅠT0907②：41，为异形檐头筒瓦，筒身与当身呈左斜69度锐角相接，当身下端残，直径17.6、轮宽1.2、轮厚1.8、当心厚1.2、筒身残长4厘米（图一四四，3）。

标本06HBⅠT0907②：71，当身上端残，直径17.4、轮宽1.25、轮厚1.6、当心厚1.1厘米（图一四四，1）。

标本06HBⅠT0907②：72，当身残为多块，直径17.2、轮宽1.25、轮厚1.6、当心厚1、筒身残长3厘米（图一四三，3）。

标本06HBⅠT0806②：41，残长10.2、残宽6.4、轮宽0.9、轮厚1.6、当心厚1.2厘米（图一四五，1）。

标本06HBⅠT0806③：42，残长8.2、残宽5.8、轮宽0.9、当心厚1.3厘米（图一四五，2）。

八瓣侧莲纹瓦当　　内区中部饰一个半球形乳突，以及凸弦纹、小乳丁等装饰，外区等距分布八朵缠枝侧莲纹饰。

标本06HBⅠT0806③：72，当身左上端残，直径13.4、轮宽1、轮厚1.7、当心厚1.1厘米（图一四五，3；图版六三，4）。

标本06HBⅠT0907②：42，当身下部残，上部边轮残缺，直径14.6、轮宽1、当心厚1.2厘米（图一四五，4）。

花草纹瓦当　　内区中部饰一个半球形乳突，其外饰两圈凸弦纹，两圈凸弦纹间等距分布八个圆形乳丁，外区等距分布六株侧视花草纹饰。

标本06HBⅠT0806③：41，当身上端边轮微残，直径14.6、轮宽1、轮厚2.2、当心厚1.6、筒身残长0.8厘米（图一四六，1；图版六五，1）。

标本06HBⅠT0808③：7，当身下部残，直径14.2、轮宽1.1、轮厚1.9、当心厚1.3、筒身残长5厘米（图一四六，2）。

标本06HBⅠT0907②：78，残长7.8、残宽4、轮宽1、当心厚1.7、筒身残长4厘米（图一四六，3）。

（4）当沟

均为夹砂青灰色陶质，模制，凸面素面，凹面在制坯时被模具印上了布纹。

标本04HBⅠT0808②：3，残长18.4、残宽9.6、胎厚1.6厘米（图一四七，3）。

标本06HBⅠT0706③：5，边缘有人工修整的痕迹，长31、宽17.4、高7、胎厚1.4～2厘米（图一四七，2；图版六七，3）。

标本06HBⅠT0808③：19，残长28、残宽18.4、胎厚1.5厘米（图一四七，1；图版六七，5）。

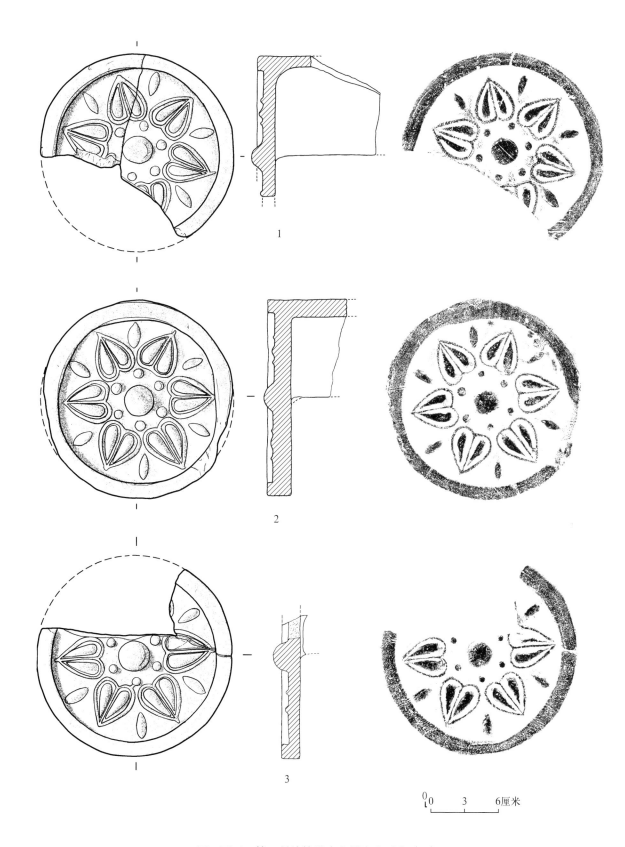

图一四三　第二号建筑址东朵殿出土瓦当（一）
1.06HBIT0907②：20　2.06HBIT0907②：19　3.06HBIT0907②：72

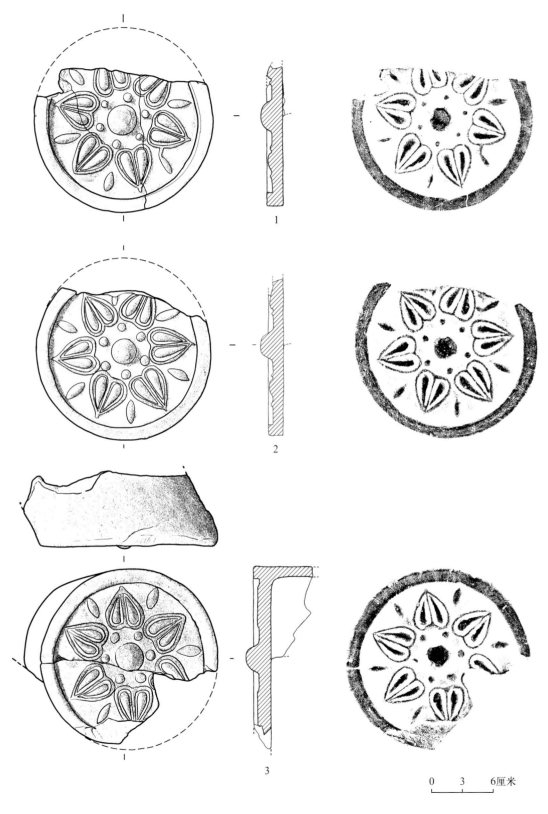

图一四四　第二号建筑址东朵殿出土瓦当（二）

1.06HBIT0907②：71　2.06HBIT0808③：5　3.06HBIT0907②：41

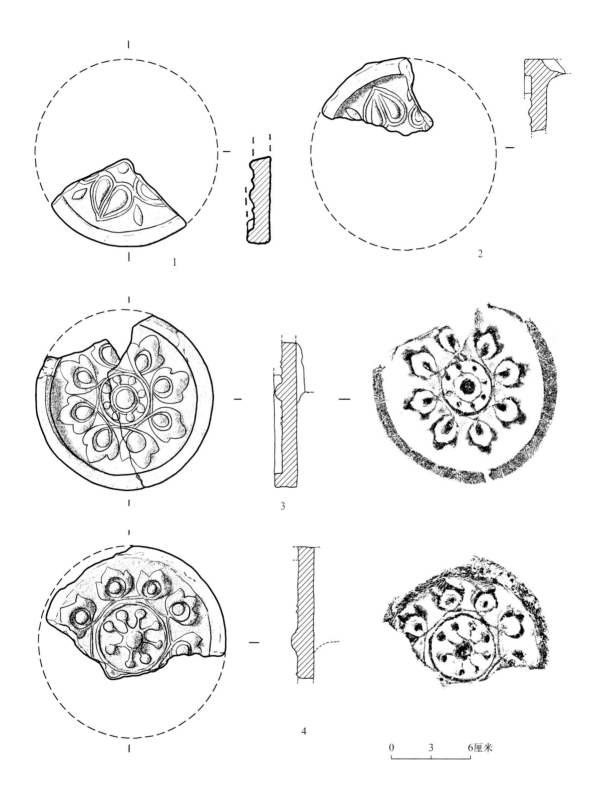

图一四五　第二号建筑址东朵殿出土瓦当（三）

1、2.六瓣仰莲纹瓦当（06HBIT0806②：41　06HBIT0806③：42）　3、4.八瓣侧莲纹瓦当（06HBIT0806③：72　06HBIT0907②：42）

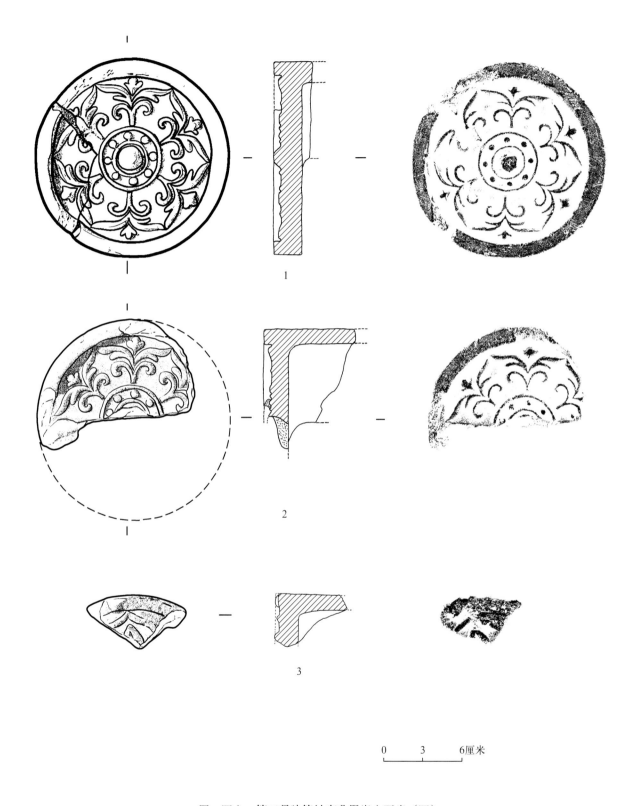

0　　3　　6厘米

图一四六　第二号建筑址东朵殿出土瓦当（四）

1.06HBIT0806③：41　2.06HBIT0808③：7　3.06HBIT0907②：78

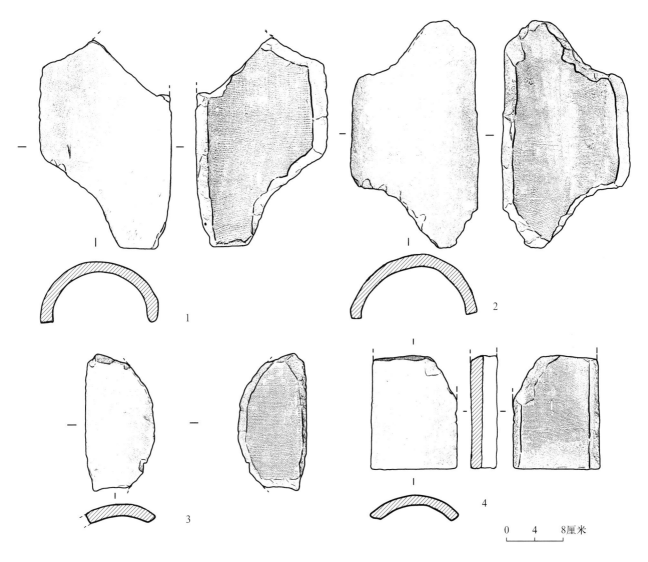

图一四七　第二号建筑址东朵殿出土当沟、压当条

1~3.当沟（06HBⅠT0808③：19　06HBⅠT0706③：5　04HBⅠT0808②：3）　4.筒瓦形压当条（04HBⅠT0706②：11）

（5）压当条

均为夹细砂深灰色陶质，模制，平面多呈长方形，有的呈梯形，凸面素面，凹面在制坯时被模具印上了布纹。

板瓦形压当条　瓦身弧度较小或基本没有弧度。少量凸面有模印文字，个别有横向平行条纹，部分瓦沿处饰有指压纹饰。

标本04HBⅠT0706②：3，瓦身凸面密布横向平行线纹，应为轮修的痕迹，瓦沿内侧抹斜，残长18、宽8.8、高2.6、胎厚2厘米（图一四八，1）。

标本04HBⅠT0707②：17，平面大致呈长方形，残长28、宽11.5、厚2.3厘米（图一四八，3）。

标本04HBⅠT0706②：15，瓦身凸面有两道竖向凹槽，应为切割泥坯的痕迹，瓦沿凸面饰七个竖向凹窝，形似指压纹，残长23.5、宽13.6、高3.4、胎厚1.8~2.6厘米（图一四八，2）。

标本04HBⅠT0707②：18，瓦沿凸面饰三个竖向指压纹，残长22.4、宽8.5、高3.2、胎厚3厘米

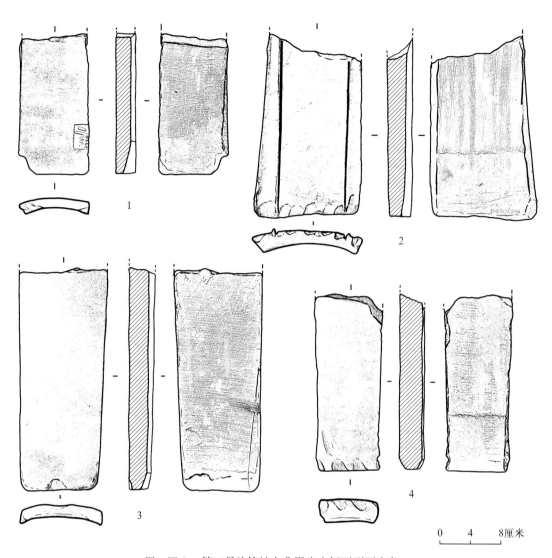

图一四八　第二号建筑址东朵殿出土板瓦形压当条

1.04HBⅠT0706②：3　2.04HBⅠT0706②：15　3.04HBⅠT0707②：17　4.04HBⅠT0707②：18

（图一四八，4）。

筒瓦形压当条　瓦身弧度较大。

标本04HBⅠT0706②：11，平面呈长方形，残长15.2、宽12、高3.5、胎厚1.6厘米（图一四七，4）。

（6）兽头残块

标本06HBⅠT0907③：62，犄角形，截面呈圆形，残长4.8、截面直径2.3厘米（图版七五，3）。

（7）柱围

泥质红胎，表施白色化妆土，外表面施绿釉，内表面不施釉。

标本06HBⅠT0907②：79，残宽6.3、残高5.7厘米（图一四九）。

2. 陶器

（1）陶器口沿

1件。

标本06HBⅠT0806③：73，夹砂黑皮陶，轮制，素面，尖唇，侈口，束颈，残高5.7厘米（图一五〇，1）。

（2）陶饼

1件。

标本04HBⅠT0707②：1，泥质灰陶，用残碎瓦片磨制而成，圆饼形，背面有布纹，直径5、厚1.7厘米（图一五〇，2）。

3. 瓦上文字及符号

东朵殿出土各类文字瓦共计231件。有板瓦、板瓦形压当条、筒瓦等。

模印文字

出土225件，共计48种文字。

"隆"：13件，有板瓦和压当条二类，其中板瓦10件，压当条3件，阳文，有印框，无字框。有二种字体。

标本06HBⅠT0806②：36，印框呈长方形（图一五一，1），此类字体共8件。

标本06HBⅠT0808②：6，印框呈弧顶长方形（图一五一，2），此类字体共5件。

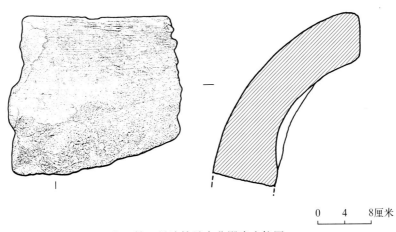

图一四九　第二号建筑址东朵殿出土柱围

(06HBⅠT0907②：79)

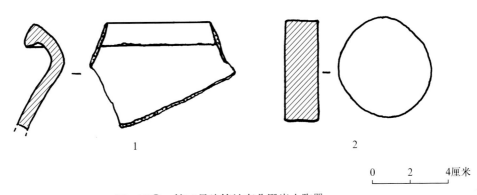

图一五〇　第二号建筑址东朵殿出土陶器

1.陶器口沿(06HBⅠT0806③：73) 2.陶饼(04HBⅠT0707②：1)

"厍"：4件，曲节形瓦舌筒瓦，阳文，有印框，无字框。

标本06HBⅠT0907②：65（图一五一，7）。

"宣"：5件，有板瓦和压当条二种，其中板瓦2件，压当条3件，阳文，有印框，无字框。

标本06HBⅠT0806③：8（图一五一，8）。

"柰"：1件，板瓦，阳文，有印框，无字框。

标本06HBⅠT0805③：3，左侧残（图一五一，3）。

"下"：5件，板瓦，阳文，有印框，无字框。有两种字体。

标本05HBⅠT0808③：10，印框呈方形（图一五一，9）。

标本04HBⅠT0707①：6，印框呈长方形（图一五一，10），此类字体共4件。

"艮"：1件，板瓦，位于T0906内，阳文，有印框，无字框，残损严重。

"士"：5件，有板瓦和直节形瓦舌筒瓦二种，阴文，无印框、字框。

标本05HBⅠT0805③：12（图一五一，11），此类字体共3件，均为板瓦。

标本05HBⅠT0805③：15，板瓦（图一五一，12）。

标本06HBⅠT0907②：8，直节形瓦舌筒瓦（图一五一，13）。

"达"：1件，板瓦，阳文，有印框，无字框。

标本06HBⅠT0805②：2（图一五一，4）。

"肖"：1件，直节形瓦舌筒瓦，阴文，无印框、字框。

标本06HBⅠT0907③：2（图一五一，14）。

"扌"：1件，板瓦，阳文，有印框，无字框。

标本06HBⅠT0808③：11（图一五一，15）。

"圭"：3件，阴文，有两种形制。

标本06HBⅠT0907②：7，直节形瓦舌筒瓦，有印框，无字框（图一五一，5）。

标本06HBⅠT0907③：18，板瓦，无印框、字框，左上部残（图一五一，16）。

标本06HBⅠT0907③：68，板瓦，无印框、字框（图一五一，6）。

"阴"：6件，曲节形瓦舌筒瓦，阳文，有印框，无字框。

标本06HBⅠT0907③：51（图一五一，23）。

"戌"：2件，板瓦，阳文，有印框、字框。

标本06HBⅠT0908②：1（图一五一，17）。

"弟"：2件，板瓦，阳文，有印框，无字框。

标本06HBⅠT0907②：1，左上部残（图一五一，18）。

"匕"：2件，板瓦，阳文，有印框，无字框。

标本06HBⅠT0907②：34（图一五一，20）。

"乀"：3件，板瓦，阳文，有印框，无字框。

标本06HBⅠT0907③：32（图一五一，25）。

"目"：1件，板瓦，阳文，有印框，无字框。

标本04HBⅠT0706②：21（图一五一，21）。

图一五一　第二号建筑址东朵殿出土瓦件模印文字拓片（一）

1.06HBIT0806②：36　2.06HBIT0808②：6　3.06HBIT0805③：3　4.06HBIT0805②：2　5.06HBIT0907②：7
6.06HBIT0907③：68　7.06HBIT0907②：65　8.06HBIT0806③：8　9.05HBIT0808③：10　10.04HBIT0707①：6
11.05HBIT0805③：12　12.05HBIT0805③：15　13.06HBIT0907②：8　14.06HBIT0907③：2　15.06HBIT0808③：11
16.06HBIT0907③：18　17.06HBIT0908②：1　18.06HBIT0907②：1　19.06HBIT0907③：70　20.06HBIT0907②：34
21.04HBIT0706②：21　22.06HBIT0806③：67　23.06HBIT0907③：51　24.06HBIT0907③：24　25.06HBIT0907③：32
26.06HBIT0907②：67　27.06HBIT0806③：27　28.06HBIT0805②：10　29.04HBIT0808②：4　30.06HBIT0907③：66

"**迪**"：3件，曲节形瓦舌筒瓦，阳文，有印框，无字框。

标本06HBⅠT0806③：67（图一五一，22）。

"**市**"：1件，板瓦，阴文，有印框，无字框。

标本06HBⅠT0907③：70（图一五一，19）。

"**利**"：10件，板瓦，阳文，有印框，无字框。

标本06HBⅠT0907③：24（图一五一，24）。

"**貞**"：4件，曲节形瓦舌筒瓦，阳文，有印框，无字框。有两种字体。

标本06HBⅠT0907②：67，印框呈圭形（图一五一，26），此类字体共3件。

标本06HBⅠT0806③：27，印框呈长方形（图一五一，27）。

"**德**"：5件，有板瓦和压当条二类，其中板瓦4件，压当条1件，阳文，有印框，无字框。

标本06HBⅠT0805②：10（图一五一，28）。

"**舌**"：9件，板瓦，阳文，有印框，无字框。

标本04HBⅠT0808②：4（图一五一，29）。

"**仏**"：7件，阳文，有板瓦和曲节形瓦舌筒瓦二类。有三种字体。

标本06HBⅠT0907③：66，有印框，无字框（图一五一，30），此类字体共3件，均为曲节形瓦舌筒瓦。

标本06HBⅠT0806③：86，板瓦，有印框，无字框，字体反向，下端残（图一五二，7）。

另有3件，有印框及上下横框，均为板瓦，分别位于T0907、T0806和T0808内，残损严重。

"**財**"：3件，板瓦，阳文，有印框、字框。

标本06HBⅠT0806③：53（图一五二，1）。

"**素**"：2件，板瓦，阴文，有印框，无字框。有两种字体。

标本06HBⅠT0806③：80（图一五二，2）。

标本06HBⅠT0805③：7（图一五二，3）。

"**計**"：2件，板瓦，阳文，有印框，无字框。

标本06HBⅠT0806③：37（图一五二，4）。

"**匸**"：1件，板瓦，阳文，有印框，无字框。

标本06HBⅠT0805③：18（图一五二，5）。

"**能**"：1件，板瓦，位于T0907内，阳文，有印框、字框，残损严重。

"**朋**"：1件，曲节形瓦舌筒瓦，阳文，有印框，无字框。

标本05HBⅠT0808③：3（图一五二，8）。

"**罗**"：4件，曲节形瓦舌筒瓦，阳文，有印框，无字框，曲节形瓦舌筒瓦。

标本06HBⅠT0806②：18（图一五二，12）。

"**天**"：2件，曲节形瓦舌筒瓦，阳文，有印框，无字框。

标本06HBⅠT0907②：17（图一五二，9）。

"**石**"：1件，板瓦，阳文，有印框、字框。

标本06HBⅠT0907②：4（图一五二，11）。

图一五二　第二号建筑址东朵殿出土瓦件模印文字拓片（二）

1.06HBIT0806③：53　2.06HBIT0806③：80　3.06HBIT0805③：7　4.06HBIT0806③：37　5.06HBIT0805③：18
6.04HBIT0806②：11　7.06HBIT0806③：86　8.05HBIT0808③：3　9.06HBIT0907②：17　10.06HBIT0907②：38
11.06HBIT0907②：4　12.06HBIT0806②：18　13.06HBIT0806③：71　14.06HBIT0907③：52　15.06HBIT0907③：49
16.06HBIT0907②：17　17.06HBIT0806③：90　18.06HBIT0806③：16　19.06HBIT0907③：10　20.06HBIT0907②：50
21.06HBIT0907③：23　22.06HBIT0908③：3　23.06HBIT0806③：5　24.06HBIT0907②：48　25.06HBIT0907③：67
26.06HBIT0806③：64　27.06HBIT0907②：53　28.06HBIT0907②：56　29.06HBIT0808②：11

"古"：2件，曲节形瓦舌筒瓦，阳文，有印框，无字框。

标本06HBⅠT0907②：38（图一五二，10）。

"夕"：1件。阳文，有印框、字框，直节形瓦舌筒瓦。

标本06HBⅠT0806③：71（图一五二，13）。

"夌"：7件，曲节形瓦舌筒瓦，阳文，有印框、字框。有两种字体。

标本06HBⅠT0907③：52（图一五二，14），此类字体共5件。

另一种字体2件，分别位于T0707和T0808内，残损严重。

"秋"：6件，曲节形瓦舌筒瓦，阳文，有印框，无字框。

标本06HBⅠT0907③：49（图一五二，15）。

"盖"：2件，曲节形瓦舌筒瓦，阳文，有印框，无字框。

标本06HBⅠT0907②：17，下部残（图一五二，16）。

"土"：1件，板瓦，阳文，有印框，无字框。

标本04HBⅠT0806②：11（图一五二，6）。

"肖"：2件，曲节形瓦舌筒瓦，阳文，有印框，无字框。有两种字体。

标本06HBⅠT0806③：16（图一五二，18）。

标本06HBⅠT0806③：90（图一五二，17）。

"文"：11件，板瓦，阳文，有印框，无字框。有三种字体。

标本06HBⅠT0907③：10（图一五二，19），此类字体共5件。

标本06HBⅠT0907②：50（图一五二，20），此类字体共4件。

标本06HBⅠT0907③：23（图一五二，21），此类字体共2件。

"下ㄅ"：6件，阳文，有印框、字框。有两种形态。

标本06HBⅠT0908③：3，板瓦，印框呈方形（图一五二，22）。

标本06HBⅠT0806③：5，印框呈长方形（图一五二，23），此类字体共5件，均为压当条。

"洵"：7件，曲节形瓦舌筒瓦，阳文，有印框，无字框。

标本06HBⅠT0907②：48（图一五二，24）。

"昌"：2件，板瓦，阳文，有印框，无字框。

标本06HBⅠT0907③：67（图一五二，25）。

"目"：7件，有板瓦和压当条二类，其中板瓦4件，压当条3件，阳文，有印框，无字框。

标本06HBⅠT0806③：64（图一五二，26）。

"典"：54件，有板瓦和压当条二类，其中板瓦21件，压当条33件，阳文，有印框，无字框。有两种字体。

标本06HBⅠT0907②：53（图一五二，27），此类字体共42件。

标本06HBⅠT0907②：56（图一五二，28），此类字体共12件，均为板瓦。

"保"：1件，板瓦，位于T0808内，阳文，有印框，无字框，残损严重。

"荃"：4件，板瓦，阳文，有印框、字框。

标本06HBⅠT0808②：11（图一五二，29）。

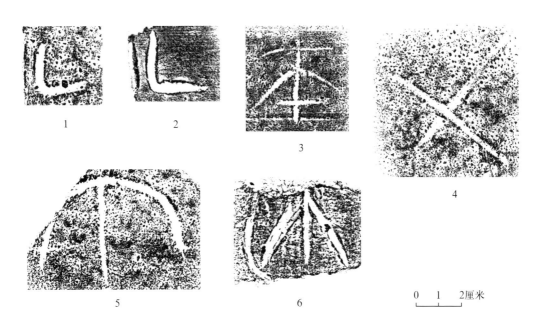

图一五三　第二号建筑址东朵殿出土瓦件刻划文字及符号拓片

1~3、6.刻划文字（1.06HBⅠT0907③：3　2.06HBⅠT0806③：89　3.06HBⅠT0806③：79
6.06HBⅠT0806③：82）　4、5.刻划符号（06HBⅠT0806③：78　06HBⅠT0806③：60）

（2）刻划文字

出土4件，共有3种字体。

"𠂤"：1件，直节形瓦舌筒瓦。

标本06HBⅠT0806③：82，上下两端均残（图一五三，6）。

"川L"：2件，板瓦。

标本06HBⅠT0907③：3，左半部残（图一五三，1）。

标本06HBⅠT0806③：89，左半部残（图一五三，2）。

"本"：1件，板瓦。

标本06HBⅠT0806③：79（图一五三，3）。

（3）刻划符号

2件，均为板瓦。

标本06HBⅠT0806③：78（图一五三，4）。

标本06HBⅠT0806③：60（图一五三，5）。

（四）东侧廊道出土遗物

1. 陶质建筑构件

（1）筒瓦

均为夹砂陶，模制，瓦身平面呈长方形，凸面素面，凹面在制坯时被模具印上了细密的布纹，瓦舌平面呈等腰梯形，其上压出一条横向凹槽，少数在瓦舌处有压印文字，瓦舌内侧还可见多道麻布褶皱。依据质地可分为普通筒瓦和绿釉筒瓦二类。

普通筒瓦　　均为夹细砂深灰色陶。这一类型筒瓦入窑烧制完成后，在使用当中常常又经二次加工，这主要表现在瓦舌两端常常被人为打掉一部分，以便于筒瓦和板瓦间嵌接得更加紧凑。

标本06HBⅠT1007③：41，瓦舌处有一戳印"仏"字，残长19.8、宽16.5、瓦舌长6、胎厚1.8厘米（图一五四，3）。

绿釉筒瓦　　均为夹砂红陶，火候较低，瓦身先施一层白色化妆土，再在其上施绿釉，化妆土有的施至瓦舌处，绿釉未在瓦舌处施。这一类型筒瓦在使用当中也大都被人为打掉瓦舌两端的一部分。

标本06HBⅠT1007③：85，残长10、宽22.8、高11、胎厚1.7、瓦舌长6、宽12～17厘米（图一五四，1）。

标本06HBⅠT1007③：88，残长12.5、宽23.2、高12.2、胎厚1.4、瓦舌长7、宽12～17.2厘米（图一五四，2）。

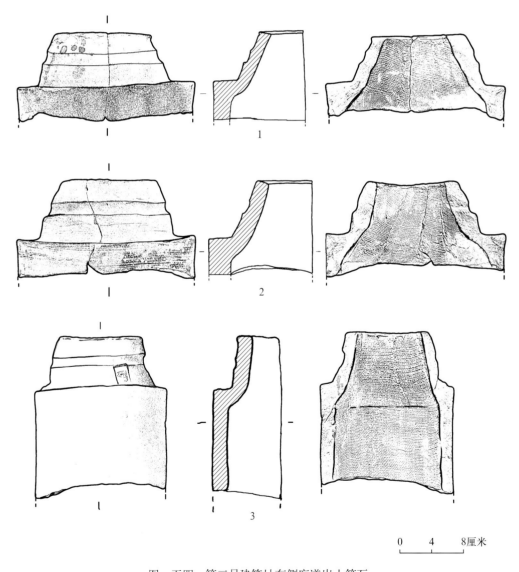

图一五四　第二号建筑址东侧廊道出土筒瓦

1、2.绿釉筒瓦（06HBⅠT1007③：85　06HBⅠT1007③：88）　3.普通筒瓦（06HBⅠT1007③：41）

（2）瓦当

均为夹砂陶，以深灰色和浅灰色为主，少量呈黄褐色，模制，圆形，边缘有高出当面的边轮，当面饰莲纹、花草纹等纹饰。背面抹光，边缘与筒瓦相接处常常戳凿出半圈不规则形坑点，以便更好地用泥浆或泥坯与筒瓦接合。

六瓣仰莲纹瓦当　　内区中部有一圆形乳突，周围等距分布六个小型乳突，外区饰六个等距分布的桃形双瓣莲瓣，两莲瓣间饰葶形纹饰。

标本06HBⅠT1006③：1，当身上部残，直径17.4、轮宽1.1、轮厚1.5、当心厚0.9厘米（图一五五，1）。

标本06HBⅠT1006③：72，当身上部及右侧残，直径16.8、轮宽1.1、轮厚1.9、当心厚1.3厘米（图一五五，3）。

标本06HBⅠT1006③：76，当身左右两侧残，直径17.6、轮宽1.1、轮厚1.5、当心厚1厘米（图一五五，2）。

八瓣仰莲纹瓦当　　内区中部饰一圆形乳突，外饰两圈凸弦纹，其外饰一圈等距分布的小乳丁，乳丁外饰一圈凸弦纹，外区饰八组双瓣莲纹，每组莲瓣之上有圆弧形装饰，两组莲瓣之间有三角形装饰。

标本06HBⅠT1007③：62，当身下部残，直径11.4、轮宽0.9、轮厚1.5、当心厚1，筒身残长13.5厘米（图一五六，1；图版六一，4）。

标本06HBⅠT1007③：63，当身上部残，直径12、轮宽0.9、轮厚1.5、当心厚1厘米（图一五六，2；图版六一，6）。

（3）兽头残块

标本06HBⅠT1006③：79，弧形，柱状，截面呈不规则椭圆形，残长11、截面长径3厘米（图版七五，1）。

2．陶器

出土少量泥质灰陶片，多为器形较大、胎体较薄的泥质灰陶器残片，以腹片居多。

（1）陶器口沿

1件。

标本06HBⅠT1006③：101，夹砂黑皮陶，尖唇，侈口，束颈，直径27、残高3.8厘米（图一五七，1）。

（2）陶器底

1件。

标本06HBⅠT1006③：57，夹砂灰陶，圈足底，底径13.6、残高2.8厘米（图一五七，2）。

3．瓦上文字及符号

东朵殿东部通道出土各类文字瓦共计133件。有板瓦、板瓦形压当条、筒瓦等。

模印文字

出土129件，共计36种文字。

"隆"：4件，板瓦，阳文，有印框，无字框。

图一五五　第二号建筑址东侧廊道出土瓦当（一）

1.06HBIT1006③∶1　2.06HBIT1006③∶76　3.06HBIT1006③∶72

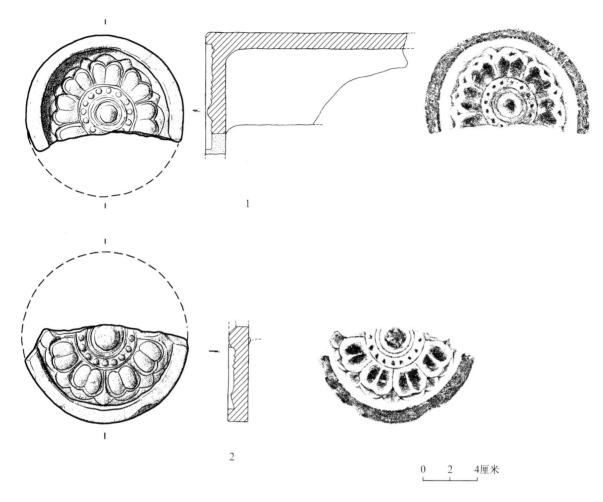

图一五六　第二号建筑址东侧廊道出土瓦当（二）

1. 06HBIT1007③：62　2.06HBIT1007③：63

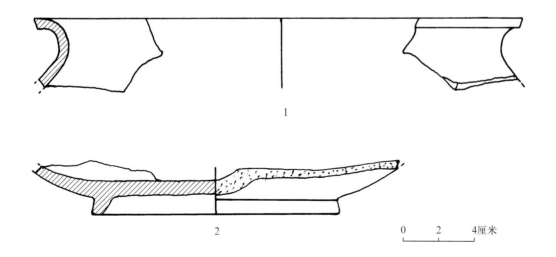

图一五七　第二号建筑址东侧廊道出土陶器

1.陶器口沿（06HBIT1006③：101）　2.陶器底（06HBIT1006③：57）

标本06HBⅠT1006③：45（图一五八，1）。

"冊"：3件，曲节形瓦舌筒瓦，阳文，有印框，无字框。

标本06HBⅠT1006③：62（图一五八，7）。

"宣"：3件，板瓦，阳文，有印框，无字框。

标本06HBⅠT1006③：36（图一五八，2）。

"徕"：2件，板瓦，阳文。有两种字体。

标本06HBⅠT1006②：30，有印框，无字框（图一五八，3）。

另1件，有印框、字框，位于T1007内，残损严重。

"下"：1件，曲节形瓦舌筒瓦，阳文，有印框，无字框。

标本06HBⅠT1007②：23（图一五八，13）。

"艮"：1件，板瓦，阳文，有印框，无字框。

标本06HBⅠT1006③：35（图一五八，4）。

"士"：10件，阴文，有五种字体。

标本06HBⅠT1006②：54，无印框、字框（图一五八，8），此类字体共2件，均为板瓦。

标本06HBⅠT1007③：59，无印框、字框（图一五八，9），此类字体共2件，均为板瓦。

标本06HBⅠT1007③：20，无印框、字框（图一五八，10），此类字体共2件，均为板瓦。

标本06HBⅠT1007③：83，无印框、字框（图一五八，11），此类字体共3件，均为板瓦。

标本06HBⅠT1007③：50，板瓦，有印框，无字框（图一五八，12）。

"美"：1件，板瓦，阴文，有印框，无字框。

标本06HBⅠT1007②：12（图一五八，5）。

"享"：1件，直节形瓦舌筒瓦，位于ⅠT1007内，戳印阴文，无印框、字框。

"弟"：2件，板瓦，戳印阳文，有印框，无字框。

标本06HBⅠT1007③：30（图一五八，6）。

"乀"：1件，板瓦，阳文，有印框，无字框。

标本06HBⅠT1006②：63（图一五八，14）。

"市"：4件，板瓦，阴文，有印框，无字框。有两种字体。

标本06HBⅠT1007③：51，右半部残（图一五八，20），此类字体共2件。

标本06HBⅠT1007②：61（图一五八，19），此类字体共2件。

"利"：3件，板瓦，阳文，有印框，无字框。

标本06HBⅠT1007②：73（图一五八，15）。

"述"：1件，板瓦，阳文，有印框，无字框。

标本06HBⅠT1006③：10（图一五八，16）。

"德"：2件，有板瓦和压当条二类，其中板瓦1件，压当条1件，阳文，有印框，无字框。

标本06HBⅠT1006②：50（图一五八，17）。

"仁"：4件，曲节形瓦舌筒瓦，阳文，有印框，无字框。

标本06HBⅠT1006③：39（图一五八，18）。

"赤"：3件，板瓦，阳文，有印框，无字框。

标本06HBⅠT1006③：7（图一五八，21）。

"剀"：2件，板瓦，分别位于ⅠT1007和ⅠT1006内，阳文，有印框、字框，残损严重。

"素"：8件，阴文，有两种字体。

标本06HBⅠT1006②：28，直节形瓦舌筒瓦，印框不清晰，无字框（图一五九，1）。

标本06HBⅠT1007③：2，直节形瓦舌筒瓦，印框不清晰，无字框（图一五九，2）。

标本06HBⅠT1006③：70，有印框，无字框（图一五九，3），此类字体共3件，均为板瓦。

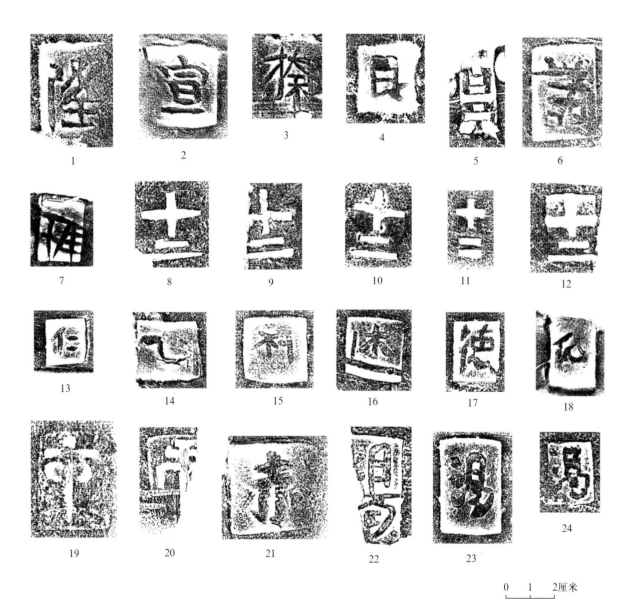

0　　1　　2厘米

图一五八　第二号建筑址东侧廊道出土瓦件模印文字拓片（一）

1.06HBⅠT1006③：45　2.06HBⅠT1006③：36　3.06HBⅠT1006②：30　4.06HBⅠT1006③：35　5.06HBⅠT1007②：12
6.06HBⅠT1007③：30　7.06HBⅠT1006③：62　8.06HBⅠT1006②：54　9.06HBⅠT1007③：59　10.06HBⅠT1007③：20
11.06HBⅠT1007③：83　12.06HBⅠT1007③：50　13.06HBⅠT1007②：23　14.06HBⅠT1006②：63　15.06HBⅠT1007②：73
16.06HBⅠT1006③：10　17.06HBⅠT1006②：50　18.06HBⅠT1006③：39　19.06HBⅠT1007②：61　20.06HBⅠT1007③：51
21.06HBⅠT1006③：7　22.06HBⅠT1007③：55　23.06HBⅠT1007③：3　24.06HBⅠT1006③：11

标本06HBⅠT1006③：4，有印框，无字框（图一五九，4），此类字体共2件，均为板瓦。

标本06HBⅠT1006③：5，板瓦，有印框，无字框，左半部残（图一五九，5）。

"冯"：3件，板瓦，阳文，有印框，无字框。有三种字体。

标本06HBⅠT1007③：55（图一五八，22）。

标本06HBⅠT1006③：11（图一五八，24）。

标本06HBⅠT1007③：3（图一五八，23）。

"计"：3件，板瓦，阳文，有印框，无字框。

标本06HBⅠT1006③：21（图一五九，15）。

"罗"：6件，曲节形瓦舌筒瓦，阳文，有印框、字框。

标本06HBⅠT1008③：43（图一五九，22）。

"石"：4件，有板瓦和直节形筒瓦二类，阳文，有印框、字框。有两种字体。

标本06HBⅠT1006③：20（图一五九，8），此类字体共2件，分别为板瓦和直节形瓦舌筒瓦。

标本06HBⅠT1006②：27（图一五九，7），此类字体共2件，均为板瓦。

"古"：1件，曲节形瓦舌筒瓦，阳文，有印框，无字框。

标本06HBⅠT1007③：45（图一五九，6）。

"夬"：4件，板瓦，阳文，有印框，无字框。

标本06HBⅠT1007③：10（图一五九，14）。

"委"：4件，曲节形瓦舌筒瓦，阳文，有印框，有字框。

标本06HBⅠT1006③：59（图一五九，13）。

"状"：6件，曲节形瓦舌筒瓦，阳文，有印框，无字框。

标本06HBⅠT1006③：60（图一五九，9）。

"盂"：2件，阳文，有印框，无字框，曲节形瓦舌筒瓦。

标本06HBⅠT1007③：24，上端残（图一五九，10）。

"士"：2件，板瓦，阳文，有印框，无字框。有两种字体。

a．06HBⅠT1007③：65（图一五九，11）。

b．06HBⅠT1007③：15（图一五九，16）。

"文"：5件，板瓦，阳文，有印框，无字框。有三种字体。

标本06HBⅠT1007②：7（图一五九，24），此类字体共2件。

标本06HBⅠT1007③：80（图一五九，25），此类字体共2件。

标本06HBⅠT1007③：32（图一五九，26）。

"刃"：1件，板瓦，阳文，有印框、字框。

标本06HBⅠT1006③：52（图一五九，17）。

"洵"：2件，阳文，有印框，无字框，曲节形瓦舌筒瓦。

标本06HBⅠT1007③：44（图一五九，12）。

"目"：12件，有板瓦和压当条两类，其中板瓦8件，压当条4件，阳文，有印框，无字框。

标本06HBⅠT1007③：18（图一五九，23）。

　　"兴"：10件，有板瓦和压当条二类，其中板瓦5件，压当条5件，阳文，有印框，无字框。有二种字体。

　　标本06HBⅠT1006③：47（图一五九，18），此类字体共8件。

　　标本06HBⅠT1006③：51（图一五九，19），此类字体共2件，均为压当条。

　　"侎"：2件，板瓦，阳文，有印框，无字框。

　　标本06HBⅠT1007③：31（图一五九，20）。

　　"堇"：6件，板瓦，阳文，有印框、字框。

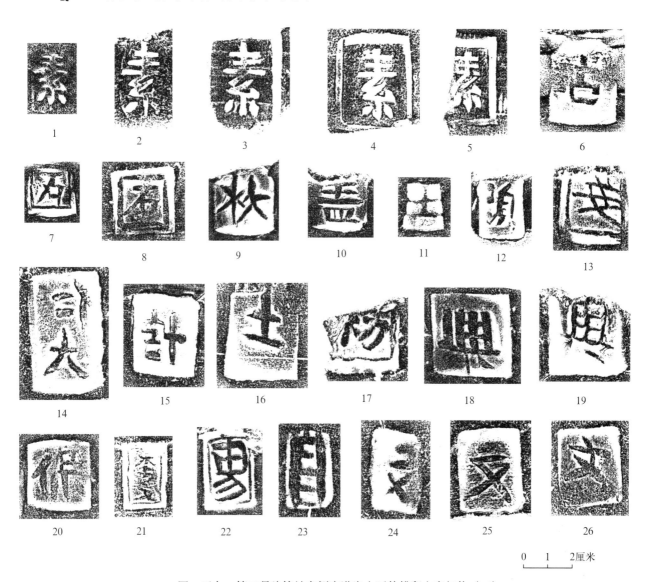

　　0　1　2厘米

图一五九　第二号建筑址东侧廊道出土瓦件模印文字拓片（二）

1.06HBIT1006②：28　2.06HBIT1007③：2　3.06HBIT1006③：70　4.06HBIT1006③：4
5.06HBIT1006③：5　6.06HBIT1007③：45　7.06HBIT1006②：27　8.06HBIT1006③：20
9.06HBIT1006③：60　10.06HBIT1007③：24　11.06HBIT1007③：65　12.06HBIT1007③：44
13.06HBIT1006③：59　14.06HBIT1007③：10　15.06HBIT1006③：21　16.06HBIT1007③：15
17.06HBIT1006③：52　18.06HBIT1006③：47　19.06HBIT1006③：51　20.06HBIT1007③：31
21.06HBIT1007②：79　22.06HBIT1008③：43　23.06HBIT1007③：18　24.06HBIT1007②：7
25.06HBIT1007③：80　26.06HBIT1007③：32

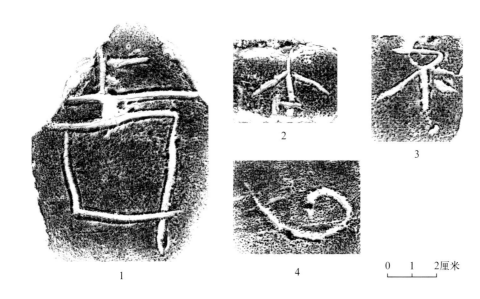

图一六〇　第二号建筑址东侧廊道出土瓦件刻划文字及符号拓片

1～3.刻划文字(06HB I T1006②：23　06HB I T1006②：33　06HB I T1007③：91)　4.刻划符号(06HB I T1006③：34)

标本06HB I T1007②：79（图一五九，21）。

（2）刻划文字

出土3件，共3种文字。

"不"：1件，直节形瓦舌筒瓦。

标本06HB I T1007③：91（图一六〇，3）。

"本"：1件，直节形瓦舌筒瓦。

标本06HB I T1006②：33，上下两端均残（图一六〇，2）。

"吉"：1件，板瓦。

标本06HB I T1006②：23，左上角残（图一六〇，1）。

（3）刻划符号

1件，板瓦。

标本06HB I T1006③：34（图一六〇，4）。

（五）西朵殿出土遗物

1. 陶质建筑构件

（1）瓦当

均为夹砂陶，以深灰色和浅灰色为主，少量呈黄褐色，模制，圆形，边缘有高出当面的边轮，当面饰莲纹、花草纹等纹饰。背面抹光，边缘与筒瓦相接处常常戳凿出半圈不规则形坑点，以便更好地用泥浆或泥坯与筒瓦接合。

六瓣仰莲纹瓦当　内区中部有一圆形乳突，周围等距分布六个或八个小型乳突，外区饰六个等距分布的桃形双瓣莲瓣，两莲瓣间饰萼形纹饰。

标本06HB I T0207②：15，当身右侧残，直径17.1、轮宽1.1、轮厚1.9、当心厚1.4厘米（图一六一，1）。

标本06HBⅠT0207②：16，当身上部残，直径17.4、轮宽1.1、轮厚1.9、当心厚1.4厘米（图一六一，2）。

标本06HBⅠT0207②：29，当身右部残，直径14.4、轮宽1、轮厚1.8、当心厚1.2厘米（图一六一，3；图版五九，5）。

八瓣侧莲纹瓦当　　内区中部饰一个半球形乳突，其外与八个等距分布的圆形乳丁直线相接，乳丁外饰一圈凸弦纹，外区等距分布八朵缠枝侧莲纹饰，位置与小乳丁对应，莲瓣轮廓较尖锐。

标本06HBⅠT0207②：33，当身下部残，直径13、轮宽1.3、轮厚2.1、当心厚1.4、筒身残长6厘米（图一六一，4；图版六四，4）。

（2）压当条

均为夹砂灰色陶质，模制，平面多呈长方形，有的呈梯形，凸面素面，凹面在制坯时被模具印上了布纹。可分为板瓦形压当条和筒瓦形压当条两类。

板瓦形压当条　　瓦身弧度较小或基本没有弧度，少量凸面有压印文字，个别有横向平行条纹。有的瓦沿处饰指压纹。

标本04HBⅠT0307②：8，瓦身凸面边缘处有一戳印文字，残长21.2、最宽处12.4、高3、胎厚2厘米（图一六二，1）。

标本04HBⅠT0307②：9，瓦沿内侧抹斜，凸面饰四个右斜向指压纹，残长27、宽12.8、高3.8、胎厚3.2厘米（图一六二，3；图版六九，1）。

筒瓦形压当条　　瓦身弧度较大。

标本04HBⅠT0308①：5，瓦沿微翘，残长25.2、宽12.5、高3.6、胎厚1.8厘米（图一六二，4）。

标本04HBⅠT0307②：3，瓦沿微翘，残长19.4、宽11.6、高3.8、胎厚1.2厘米（图一六二，2）。

（3）兽头残块

标本06HBⅠT0207②：11，柱状，弧形，截面呈不规则椭圆形，残长15、截面长径4厘米（图版七四，1）。

2. 陶器

均为轮制，素面。

（1）陶罐口沿

2件。

标本06HBⅠT0207③：5，夹砂红褐陶，尖唇，侈口，束颈，残高3厘米（图一六三，3）。

（2）陶缸口沿

1件。

标本04HBⅠT0307①：10，夹砂灰陶，重唇，直口，残高7.6、胎厚1.1厘米（图一六三，1）。

（3）陶器底

1件。

标本04HBⅠT0307①：2，泥质灰陶，大平底，残高2、底厚1厘米（图一六三，2）。

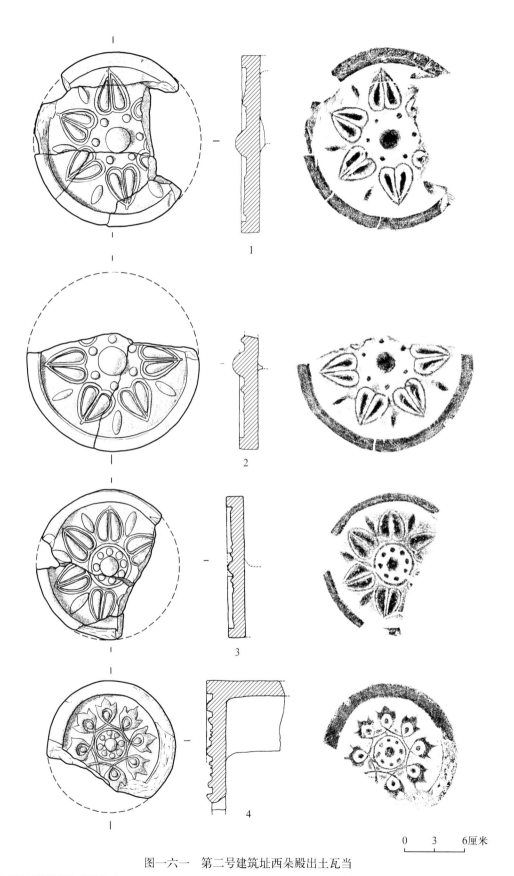

图一六一　第二号建筑址西朵殿出土瓦当

1～3.六瓣仰莲纹瓦当(06HBⅠT0207②：15　06HBⅠT0207②：16　06HBⅠT0207②：29)　4.八瓣侧莲纹瓦当 (06HBⅠT0207②：33)

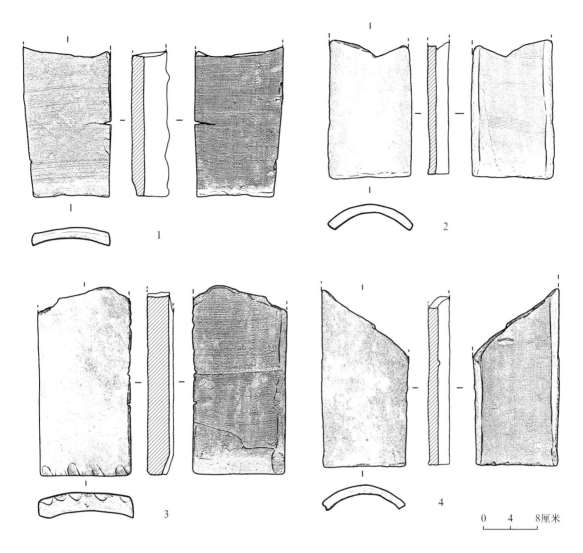

图一六二　第二号建筑址西朵殿出土压当条

1、3.板瓦形压当条（04HBⅠT0307②：8　04HBⅠT0307②：9）　2、4.筒瓦形压当条（04HBⅠT0307②：3　04HBⅠT0308①：5）

3. 铁器

（1）铁钉

大多为建筑物檐头处固定筒瓦之用，锻打而成，截面方形或长方形。

标本04HBⅠT0308①：20，钉帽圆形，钉身截面长方形，通高3.2、截面长边0.4、短边0.3厘米（图一六四，2）。

（2）车辖

1件。

标本04HBⅠT0307①：1，通长9.8、最宽处4.8、柄部宽1.4、厚2.6厘米、柄部有一圆孔，孔径0.8厘米（图一六四，1）。

4. 瓦上文字及符号

西朵殿出土各类文字瓦共计49件。有板瓦、板瓦形压当条、筒瓦等。

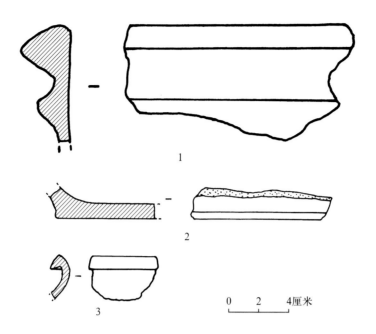

图一六三　第二号建筑址西朵殿出土陶器
1、3.陶罐口沿(04HBIT0307①：10　06HBIT0207③：5)　2.陶器底（04HBIT0307①：2)

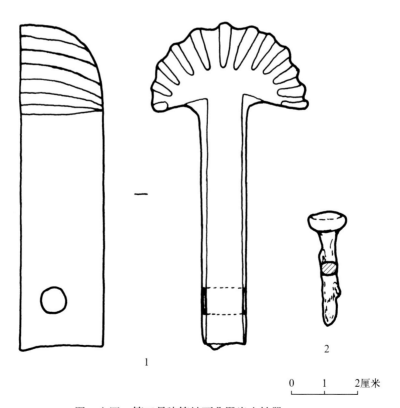

图一六四　第二号建筑址西朵殿出土铁器
1.车辖（04HBIT0307①：1)　2.铁钉（04HBIT0308①：20)

模印文字

出土41件，共计23种文字。

"隆"：5件，压当条，阳文，印框上端圆角，下端方角，无字框。

标本06HBⅠT0207②：35（图一六五，1）。

"厢"：1件，曲节形瓦舌筒瓦，位于ⅠT0207内，阳文，有印框，无字框，残损严重。

"宣"：2件，板瓦，阳文，有印框，无字框。

标本06HBⅠT0207②：26（图一六五，2）。

"株"：1件，直节形瓦舌筒瓦，位于ⅠT0206内，阳文，有印框，无字框，残损严重。

"土"：1件，板瓦，阴文，无印框、字框。

标本06HBⅠT0209②：1，左侧残（图一六五，3）。

"阳"：1件，曲节形瓦舌筒瓦，阳文，有圆角长方形印框，无字框。

标本06HBⅠT0207②：19（图一六五，4）。

"成"：1件，板瓦，位于ⅠT0207内，阳文，有印框、字框，残损严重。

"乁"：1件，板瓦，阳文，有印框，无字框。

标本04HBⅠT0307①：7（图一六五，5）。

"市"：1件，板瓦，阴文，有印框，无字框。

标本06HBⅠT0207②：2（图一六五，11）。

"利"：2件，板瓦，均位于ⅠT0207内，阳文，有印框，无字框，残损严重。

"德"：3件，压当条，阳文，有印框，无字框。

标本04HBⅠT0307①：5（图一六五，6）。

"告"：1件，板瓦，位于ⅠT0207内，阳文，有印框，无字框，残损严重。

"赤"：1件，板瓦，位于ⅠT0207内，阳文，有印框，无字框，残损严重。

"贝"：6件，有板瓦和压当条二类，其中板瓦2件，压当条4件，阳文，有印框、字框。

标本06HBⅠT0207①：17（图一六五，7）。

"素"：2件，板瓦，阴文，有印框，无字框。有两种字体。

标本06HBⅠT0207②：12（图一六五，8）。

标本06HBⅠT0207②：13（图一六五，9）。

"汤"：1件，板瓦，位于ⅠT0207内，戳印阳文，有印框，无字框，残损严重。

"计"：3件，板瓦，阳文，有印框，无字框。

标本06HBⅠT0208②：1（图一六五，10）。

"易"：1件，曲节形瓦舌筒瓦，阳文，有印框，无字框。

标本04HBⅠT0307①：8（图一六五，12）。

"土"：2件，板瓦，阳文，有印框，无字框。

标本06HBⅠT0207②：28（图一六五，13）。

"文"：2件，板瓦，分别位于ⅠT0207和ⅠT0308内，阳文，有印框，无字框，残损严重。

"下刀"：1件，板瓦，阳文，有印框、字框。

0　　1　　2厘米

图一六五　第二号建筑址西朵殿出土瓦件模印文字拓片

1.06HBⅠT0207②：35　2.06HBⅠT0207②：26　3.06HBⅠT0209②：1　4.06HBⅠT0207②：19
5.04HBⅠT0307①：7　6.04HBⅠT0307①：5　7.06HBⅠT0207①：17　8.06HBⅠT0207②：12
9.06HBⅠT0207②：13　10.06HBⅠT0208②：1　11.06HBⅠT0207②：2　12.04HBⅠT0307①：8
13.06HBⅠT0207②：28　14.06HBⅠT0207②：3　15.06HBⅠT0207②：25

标本06HBⅠT0207②：3（图一六五，14）。

"目"：1件，板瓦，阳文，有印框，无字框。

标本06HBⅠT0207②：25（图一六五，15）。

"典"：1件，压当条，位于ⅠT0207内，戳印阳文，有印框，无字框，残损严重。

（2）刻划文字

1件。

述：板瓦，位于ⅠT0306内，残损严重。

（3）刻划符号

6件，板瓦。

标本06HBⅠT0207②：5（图一六六，1）。

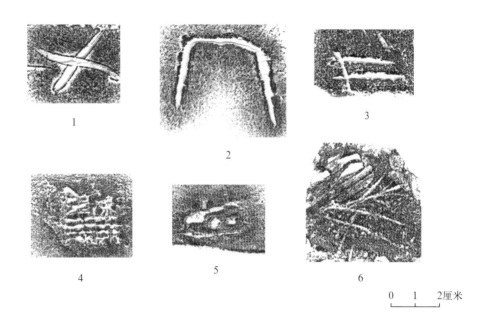

图一六六　第二号建筑址西朵殿出土瓦件刻划符号拓片
1.06HBIT0207②:5　2.06HBIT0207②:38　3.06HBIT0207②:40
4.06HBIT0207②:1　5.06HBIT0207②:30　6.06HBIT0208②:4

标本06HBⅠT0207②:38（图一六六，2）。

标本06HBⅠT0207②:40（图一六六，3）。

标本06HBⅠT0207②:30（图一六六，5）。

标本06HBⅠT0208②:4（图一六六，6）。

标本06HBⅠT0207②:1（图一六六，4）。

（六）西侧廊道出土遗物

1．陶质建筑构件

（1）筒瓦

均为夹砂陶质，模制，瓦身多数平面呈长方形，个别呈等腰梯形，凸面素面，少数在瓦舌处有压印文字，凹面在制坯时被模具印上了细密的布纹，瓦舌内侧还可见多道麻布褶皱。依据在建筑上的使用位置可分为普通筒瓦、檐头筒瓦二类。

普通筒瓦

标本06HBⅠT0108②:44，通长37.2、宽16、高8.6～9、胎厚1.4、瓦舌长5、宽9.2～14.4厘米（图一六七，2）。

标本06HBⅠT0107②:10，残长18.8、宽16、高8.4、胎厚1.6、瓦舌长5.2、宽8.8～12.4厘米（图一六八，1）。

标本06HBⅣT0108③:16，瓦舌处有一戳印纹字，残长17.2、宽16.4、高8.4、胎厚1.8、瓦舌长5.6、宽9.2～12.4厘米（图一六七，1）。

标本06HBⅠT0108③:10，瓦舌左端残，残长17.6、宽15.2、高7.2、胎厚1.6、瓦舌长3.2、残

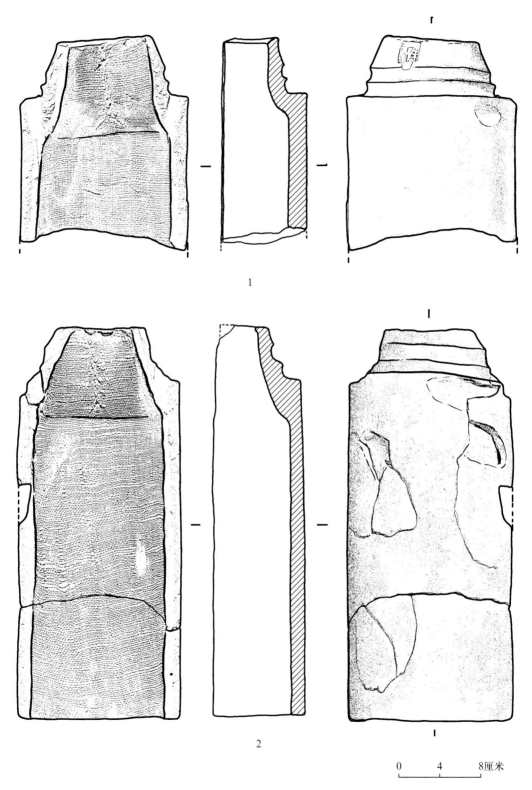

0　　4　　8厘米

图一六七　第二号建筑址西侧廊道出土普通筒瓦（一）
1.06HBⅣT0108③：16　2.06HBⅠT0108②：44

宽7~11.2厘米（图一六八，2）。

檐头筒瓦　瓦舌中部有一圆形钉孔，瓦身另一端与瓦当相接，接近瓦当处筒身两侧切边棱角被抹成圆弧状。

标本06HBⅣT0108③：11，瓦舌左端残，残长19.2、宽14.4、高7.2、胎厚1.2、瓦舌长4.6、宽9.2~10.4、钉孔直径1.2厘米（图一六九，1）。

标本06HBⅠT0108③：1，瓦身残为多块，窄端瓦沿部微上翘，残长42、宽12~15、高5.4~7、胎厚1.4、钉孔直径1厘米（图一六九，2；图版五四，2）。

（2）瓦当

均为夹砂陶质，以深灰色和浅灰色为主，少量呈黄褐色，模制，圆形，边缘有高出当面的边轮，当面饰莲纹、花草纹等纹饰。背面抹光，边缘与筒瓦相接处常常戳凿出半圈不规则形坑点，以便更好地用泥浆或泥坯与筒瓦接合。

六瓣仰莲纹瓦当　内区中部有一圆形乳突，有的外饰一圈凸弦纹，周围等距分布六个小型乳突，外区饰六个等距分布的桃形双瓣莲瓣，两莲瓣间饰萼形纹饰。

标本06HBⅠT0108②：10，当身完整，直径16.8、轮宽1.1、轮厚2.4、当心厚1.8厘米（图一七〇，1）。

标本06HBⅣT0108②：3，当身上部及下端残，直径16.8、轮宽1.1、轮厚1.6、当心厚1厘米（图一七〇，2）。

标本06HBⅠT0107②：82，当身上部残，直径17.2、轮宽1.1、轮厚1.6、当心厚1厘米（图一七〇，3）。

标本06HBⅣT0108③：2，当身上部残，残长11.4、残宽5.1、轮宽1.1、当心厚1厘米（图一七一，3）。

标本06HBⅠT0107②：64，残长7.6、残宽5、当心厚1.1厘米（图一七一，4）。

八瓣仰莲纹瓦当　内区中部饰一圆形乳突，外饰一到两圈凸弦纹，其外饰十二或十六个等距分布的小乳丁，乳丁外饰一圈凸弦纹，外区饰八组双瓣莲纹，两组莲瓣间有装饰图案。

标本06HBⅣT0108②：14，当身上部残，直径11.6、轮宽1、轮厚1.5、当心厚0.9厘米（图一七一，2；图版六二，1）。

标本06HBⅣT0108③：15，当身下部残，直径11.5、轮宽0.9、轮厚1.3、当心厚0.8、筒身残长7厘米（图一七一，1；图版六二，2）。

标本06HBⅠT0108②：17，当身上部残，直径12、轮宽1、轮厚1.5、当心厚1.1厘米（图一七二，1；图版六二，4）。

标本06HBⅠT0107②：28，当面完整，直径12、轮宽0.9、轮厚1.8、当心厚1.2厘米（图一七二，2；图版六二，6）。

标本06HBⅣT0108③：1，当身左部残，直径12.4、轮宽1、轮厚1.8、当心厚1.3厘米（图一七二，3）。

八瓣侧莲纹瓦当　内区中部饰一个半球形乳突，其外有乳丁及凸弦纹装饰，外区等距分布八朵缠枝侧莲纹饰，位置与小乳丁对应。

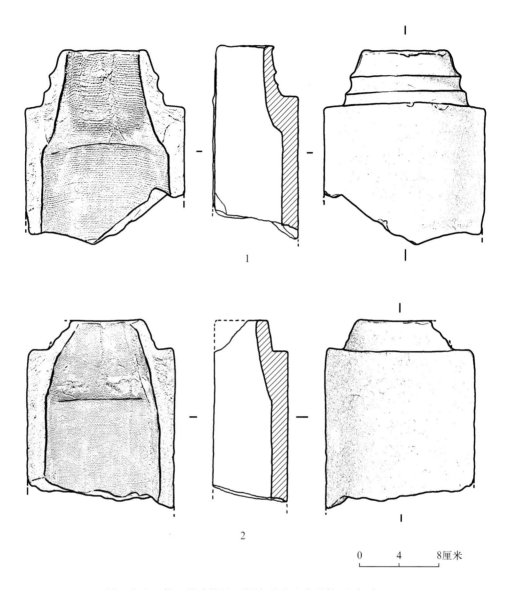

图一六八　第二号建筑址西侧廊道出土普通筒瓦（二）
1.06HBⅠT0107②：10　2.06HBⅠT0108③：10

　　标本06HBⅠT0107②：78，当身上部残，直径13.8、轮宽1.2、轮厚1.6、当心厚1厘米（图一七三，1）。

　　标本06HBⅠT0108②：8，当身完整，直径13～13.8、轮宽1.1、轮厚2.2、当心厚1.8、筒身残长26.8厘米（图一七三，2；图版六三，2）。

　　标本06HBⅣT0108③：8，当身右侧残，直径13.8、轮宽1.2、轮厚2、当心厚1.3、筒身残长2厘米（图一七三，3）。

　　标本06HBⅠT0108②：19，当身左上端残，直径12.5、轮宽1.3、轮厚2、当心厚1.5厘米（图一七四，3；图版六四，1）。

　　标本06HBⅠT0108②：40，当身下端边轮微残，直径13.3～13.7、轮宽1.3、轮厚1.8、当心厚

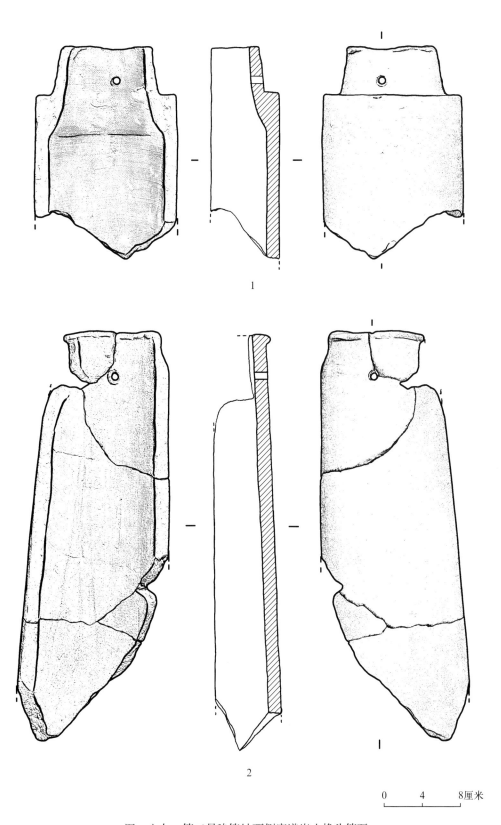

0　　　4　　　8厘米

图一六九　第二号建筑址西侧廊道出土檐头筒瓦

1.06HBⅣT0108③：11　2.06HBⅠT0108③：1

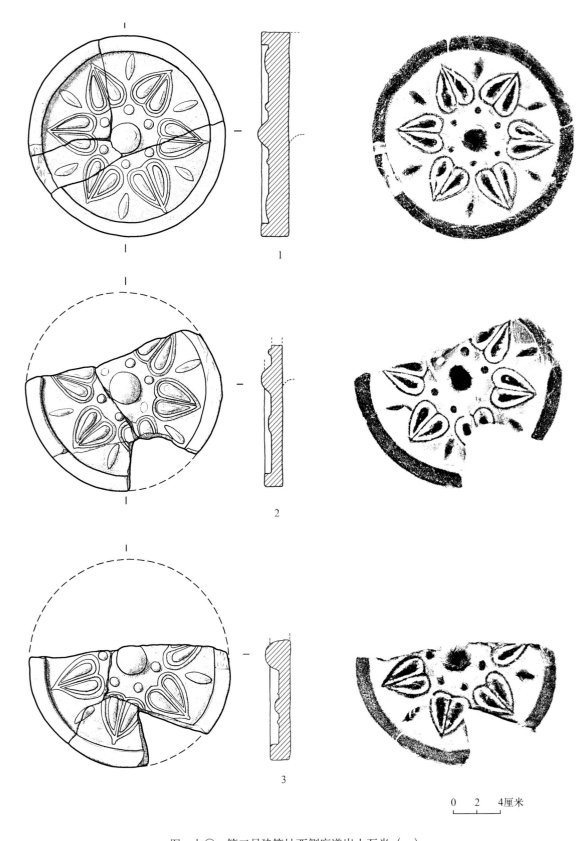

图一七〇　第二号建筑址西侧廊道出土瓦当（一）

1.06HBIT0108②：10　2.06HBIVT0108②：3　3.06HBIT0107②：82

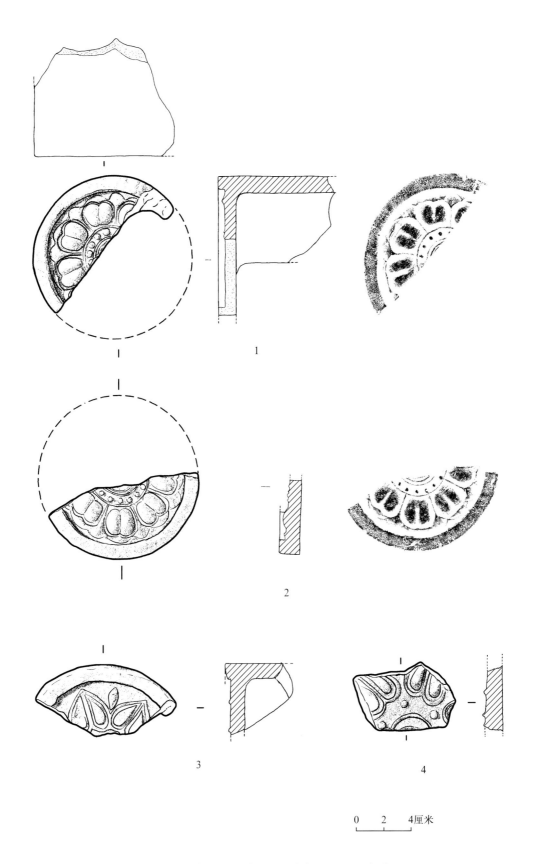

图一七一　第二号建筑址西侧廊道出土瓦当（二）

1、2.八瓣仰莲纹瓦当（06HBⅣT0108③：15　06HBⅣT0108②：14）　3、4.六瓣仰莲纹瓦当（06HBⅣT0108③：2　06HBⅠT0107②：64）

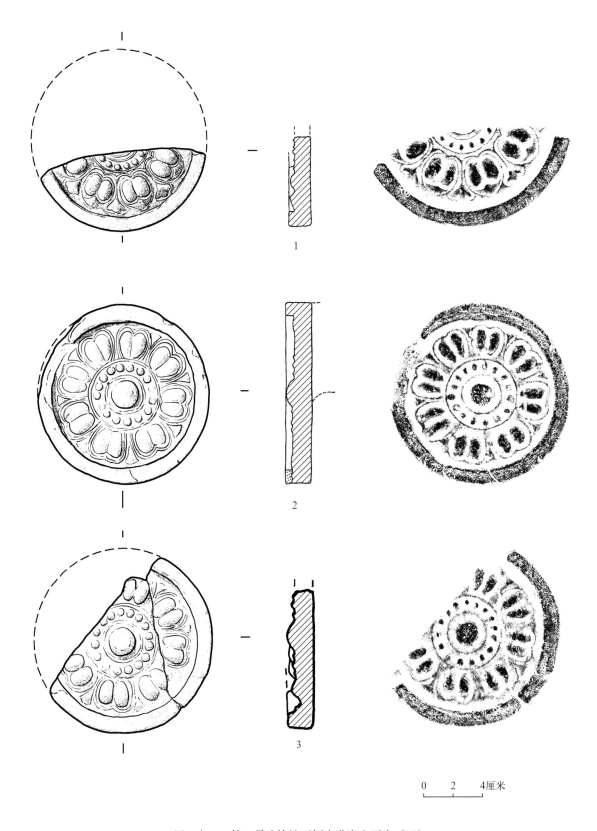

图一七二　第二号建筑址西侧廊道出土瓦当（三）

1.06HBIT0108②：17　2.06HBIT0107②：28　3.06HBIVT0108③：1

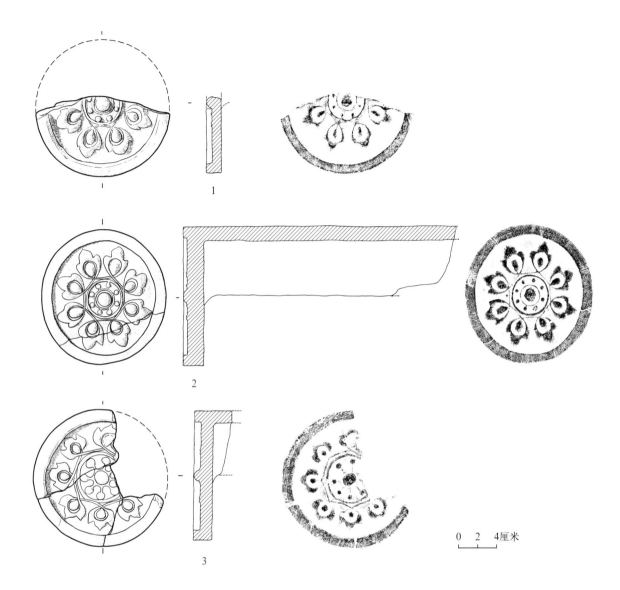

图一七三　第二号建筑址西侧廊道出土瓦当（四）

1.06HBⅠT0107②：78　2.06HBⅠT0108②：8　3.06HBⅣT0108③：8

1、筒身残长6厘米（图一七四，2；图版六四，3）。

标本06HBⅠT0108②：24，当身下部残，直径13.8、轮宽1.5、轮厚1.5、当心厚1、筒身残长8.5厘米（图一七四，1；图版六四，2）。

花草纹瓦当　中部饰一个半球形乳突，其外饰一圈凸弦纹，凸弦纹外侧与八个等距分布的圆形乳丁直线相接，乳丁纹外饰一圈凸弦纹，凸弦纹外侧与六株等距分布的侧视花草纹饰相接，有的每两株花草纹间饰心形纹饰。

标本06HBⅣT0108③：13，当身下端边轮微残，直径16.8、轮宽1.3、轮厚1.7、当心厚1.1、筒身残长6.4厘米（图一七五，2；图版六五，3）。

标本06HBⅠT0108③：13，当身右半部残，直径16.5、轮宽1.3、轮厚1.7、当心厚1.1厘米（图一七五，1）。

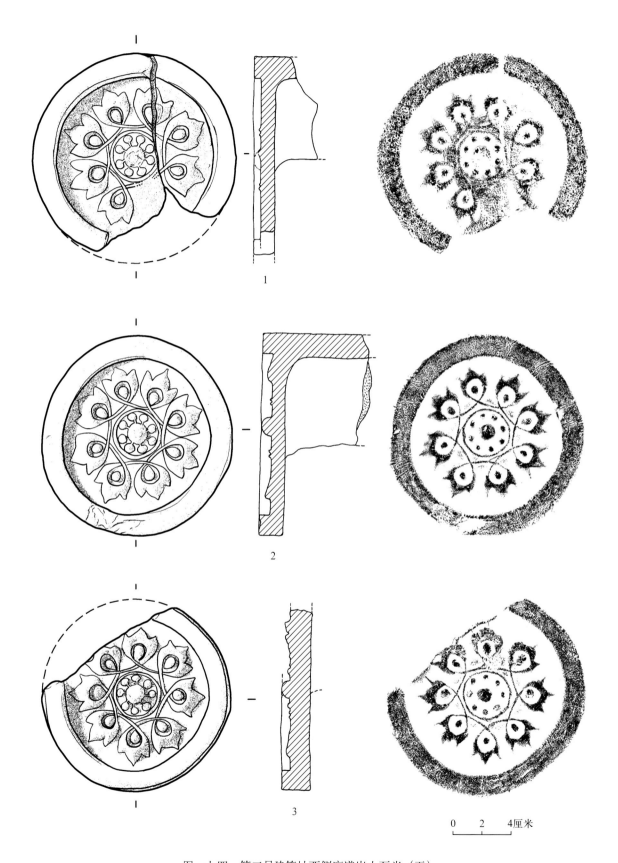

图一七四　第二号建筑址西侧廊道出土瓦当（五）

1.06HBIT0108②：24　2.06HBIT0108②：40　3.06HBIT0108②：19

乳丁纹瓦当　内区中部饰一个半球形乳突，其外分布六个圆形乳丁纹，每两个乳丁之间饰放射状条形纹饰，外区饰十二个等距分布的圆形乳丁纹，其间也夹杂放射状条形纹饰，靠近边轮处饰一圈半圆形凸弦纹。

标本06HBⅠT0108②：85，当面整体形制及纹饰布局不甚规整。当身下部残，直径12.6、轮宽0.6、轮厚1、当心厚0.8、筒身残长16.3厘米（图一七五，3；图版六六，1）。

（3）压当条

均为夹砂灰陶，模制，平面多呈长方形，有的呈梯形，凸面素面，少量凸面有压印文字，个别有横向平行条纹，凹面在制坯时被模具印上了布纹。

标本06HBⅠT0108③：15，瓦沿内侧抹斜，残长18.8、宽12、高3、胎厚2厘米（图一七六，1）。

标本06HBⅠT0108③：18，瓦身凸面有横向平行条纹，应为轮修痕迹，瓦沿微翘，内侧抹斜，残长17.6、宽13.2、高2.4、胎厚2厘米（图一七六，2）。

标本06HBⅠT0108③：19，瓦沿内侧抹斜，残长24、宽12、高2.4、胎厚1.6～2厘米（图一七六，3）。

标本06HBⅠT0108③：12，瓦沿凸面饰四个左斜向指压纹，残长25、宽10.4、高2.8、胎厚2.4厘米（图一七七，1）。

标本06HBⅠT0108③：13，瓦沿凸面饰五个左斜向指压纹，残长23.6、宽11.5、高2.6、胎厚2厘米（图一七七，2）。

标本06HBⅠT0108③：14，瓦沿凸面饰五个左斜向指压纹，残长24、宽10～12、高3.2、胎厚1.6～2.2厘米（图一七七，3）。

标本06HBⅠT0108③：16，瓦沿凸面饰四个右斜向指压纹，内侧抹斜，残长22.5、宽10.5、高3、胎厚2厘米（图一七七，4）。

（4）兽头残块

标本06HBⅠT0108②：48，片状，舌形，残6.5长、宽4、厚1厘米（图版七四，4）。

标本06HBⅠT0107②：17，片状，舌形，残长6、宽3.8、厚0.8厘米（图版七四，3）。

标本06HBⅠT0107②：54，犄角状，器体弯弧，截面圆形，残长10、截面直径2.8厘米（图版七四，2）。

标本06HBⅠT0107②：19，片状，舌形，残长6.5、宽2.5、厚0.8厘米（图版七五，2）。

2．陶器

（1）陶器口沿

1件。

标本06HBⅠT0107③：29，泥质黑皮陶，卷沿，圆唇，侈口，束颈，残高3.9厘米（图一七八，2）。

（2）陶器底

1件。

标本06HBⅠT0108③：20，泥质黄褐陶，平底，底径18、胎厚0.7、残高4.4厘米（图一七八，1）。

3．铁钉

大多为建筑物檐头处固定筒瓦之用，锻打而成，截面方形或长方形。

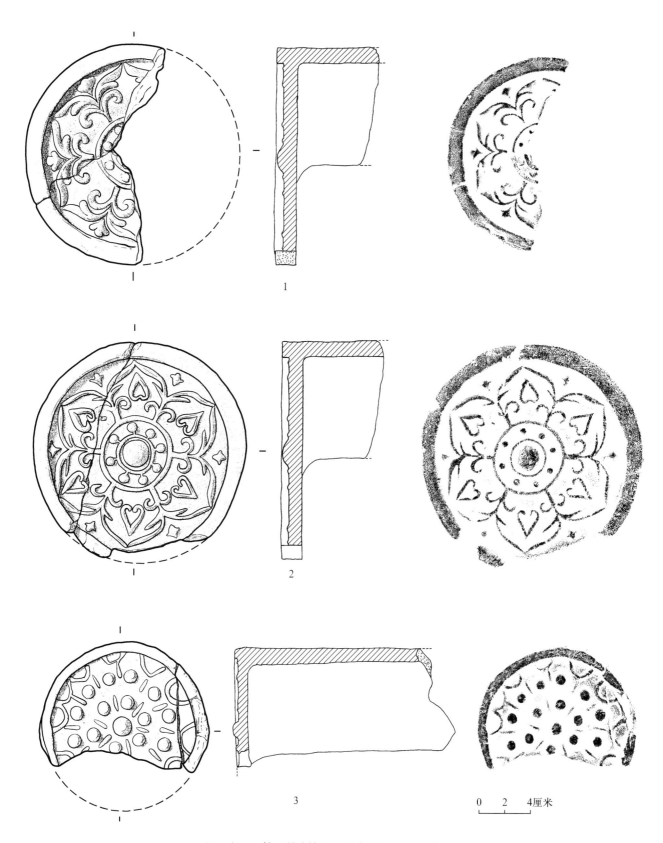

图一七五　第二号建筑址西侧廊道出土瓦当（六）

1、2.花草纹瓦当（06HBIT0108③：13　06HBIVT0108③：13）　3.乳丁纹瓦当(06HBIT0108②：85)

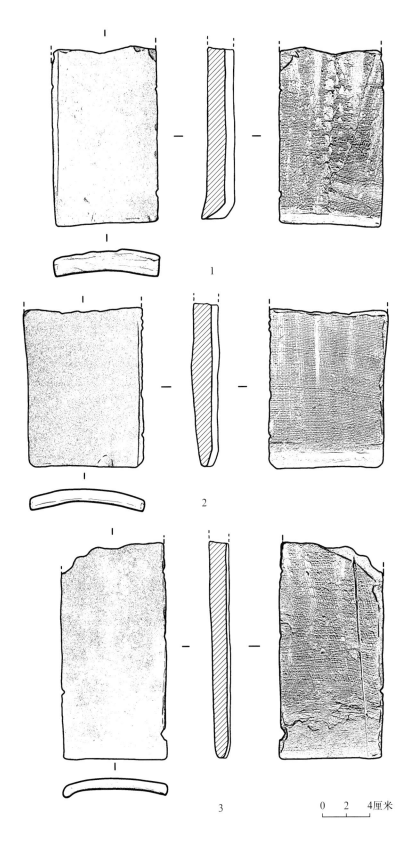

图一七六　第二号建筑址西侧廊道出土压当条（一）

1.06HBIT0108③：15　2.06HBIT0108③：18　3.06HBIT0108③：19

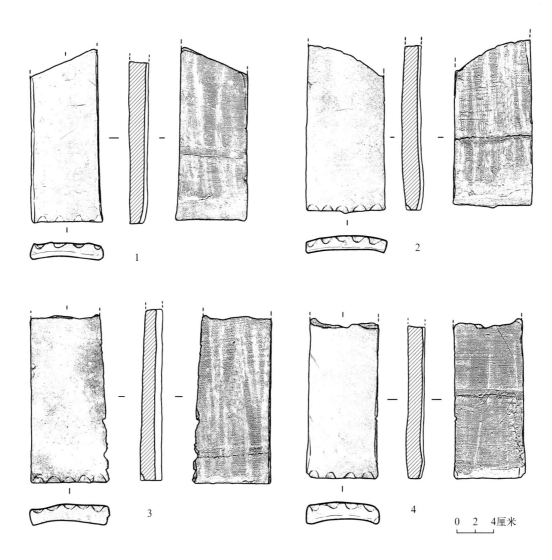

图一七七　第二号建筑址西侧廊道出土压当条（二）
1.06HBIT0108③：12　2.06HBIT0108③：13　3.06HBIT0108③：14　4.06HBIT0108③：16

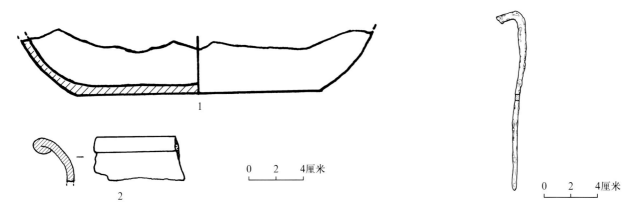

图一七八　第二号建筑址西侧廊道出土陶器
1.陶器底（06HBIT0108③：20）　2.陶器口沿（06HBIT0107③：29）

图一七九　第二号建筑址西侧廊道出土铁钉
（06HBIT0108②：49）

标本06HBⅠT0108②：49，头端弯折，钉身截面长方形，通高13.2、截面长边0.4、短边0.3厘米（图一七九）。

4．瓦上文字及符号

西朵殿西部通道出土各类文字瓦共计174件。有板瓦、板瓦形压当条、筒瓦等。

（1）模印文字

出土163件，共计47种文字。

"隆"：7件，有板瓦和压当条二类，阳文，有印框，无字框。有两种字体。

标本06HBⅣT0108③：6，印框呈长方形（图一八〇，1），此类字体共3件，均为板瓦。

标本06HBⅠT0108②：59，印框呈弧顶长方形（图一八〇，2），此类字体共3件，均为压当条。

"雨"：4件，曲节形瓦舌筒瓦，阳文，有印框，无字框。

标本06HBⅣT0108③：16（图一八〇，3）。

"宣"：1件，板瓦，阳文，有印框，无字框。

标本06HBⅠT0107②：46（图一八〇，4）。

"徐"：2件，板瓦，阳文。有两种字体。

标本06HBⅣT0108②：10，有印框，无字框，残半（图一八〇，5）。

标本06HBⅣT0108③：12，有印框、字框（图一八〇，6）。

"下"：2件，板瓦，阳文，有印框，无字框。

标本06HBⅠT0107②：56（图一八〇，7）。

"可"：2件，板瓦，阳文，有印框、字框。

标本06HBⅡT0107③：16（图一八〇，8）。

"土"：8件，板瓦，阴文，多数无印框，个别有印框，均无字框。有三种字体。

标本06HBⅠT0107②：12（图一八〇，9），此类字体共3件。

标本06HBⅠT0108②：27（图一八〇，10），此类字体共3件。

标本06HBⅠT0107②：16（图一八〇，11），此类字体共2件。

"辛"：2件，直节形瓦舌筒瓦，阴文，有印框，无字框。

标本06HBⅣT0108③：1（图一八〇，12）。

"戈"：5件，有板瓦和直节形筒瓦二类，阳文，有印框、字框。有两种字体。

标本06HBⅠT0108②：35（图一八〇，13），此类字体共3件，均为直节形筒瓦。

另一种文字共2件，均为板瓦，分别位于ⅣT0108和 ⅠT0108内，残损严重。

"苦"：4件，板瓦，阳文，有印框，无字框。

标本06HBⅠT0108②：58（图一八〇，14）。

"〇"：1件，板瓦，位于ⅠT0107内，阳文，有印框，无字框，残损严重。

"乀"：5件，板瓦，阳文，有印框，无字框。

标本06HBⅠT0108②：74（图一八〇，16）。

"乁"：1件，板瓦，阳文，有印框，无字框。

标本06HBⅣT0108③：24（图一八〇，17）。

"昌"：2件，板瓦，阳文。有两种字体。

标本06HBⅠT0107②：8，有印框、字框（图一八○，18）。

标本06HBⅠT0107②：30，有印框，无字框（图一八○，15）。

"述"：2件，曲节形瓦舌筒瓦，阳文，有印框，无字框。

标本06HBⅠT0108②：52（图一八○，19）。

"帝"：出土7件，有板瓦和直节形瓦舌筒瓦二类，阴文，有四种字体。

标本06HBⅠT0107②：88，无印框、字框（图一八○，20），此类字体共2件，均为直节形瓦舌

图一八○　第二号建筑址西侧廊道出土瓦件模印文字拓片（一）

1.06HBⅣT0108③：6　2.06HBIT0108②：59　3.06HBIT0108③：16　4.06HBIT0107②：46
5.06HBⅣT0108②：10　6.06HBⅣT0108③：12　7.06HBIT0107②：56　8.06HBⅡT0107③：16
9.06HBIT0107②：12　10.06HBIT0108②：27　11.06HBIT0107②：16　12.06HBⅣT0108③：1
13.06HBIT0108②：35　14.06HBIT0108②：58　15.06HBIT0107②：30　16.06HBIT0108②：74
17.06HBⅣT0108③：24　18.06HBIT0107②：8　19.06HBIT0108②：52　20.06HBIT0107②：88
21.06HBIT0107②：27　22.06HBIT0108②：7　23.06HBⅣT0108③：4　24.06HBIT0107②：45

筒瓦。

标本06HBⅠT0107②：27，无印框、字框（图一八〇，21），此类字体共2件，均为直节形瓦舌筒瓦。

标本06HBⅠT0108③：7，有印框，无字框（图一八〇，22），此类字体共2件，均为板瓦。

标本06HBⅣT0108③：4，板瓦，有印框，无字框（图一八〇，23）。

"利"：5件，板瓦，分别位于T0108和T0107内，阳文，有印框，无字框，残损严重。

"达"：2件，板瓦，阳文，有印框，无字框。

标本06HBⅠT0107②：45（图一八〇，24）。

"贠"：4件，曲节形瓦舌筒瓦，阳文，有印框，无字框。有两种字体。

标本06HBⅠT0108②：56（图一八一，1）。

标本06HBⅠT0108②：26（图一八一，2），此类字体共3件。

"德"：7件，有板瓦和压当条二类，其中板瓦2件，压当条5件，阳文，有印框，无字框。

标本06HBⅠT0108②：61（图一八一，3）。

"钅"：2件，板瓦，阳文，有印框，无字框。

标本06HBⅠT0107②：52（图一八一，4）。

"仏"：4件，有板瓦和曲节形瓦舌筒瓦二类，阳文。有两种字体。

标本06HBⅠT0107②：25，有印框，无字框（图一八一，5），此类字体共2件，均为曲节形瓦舌筒瓦。

另一种字体共2件，板瓦，均位于T0108内，有印框及上下横框，残损严重。

"赤"：1件，直节形瓦舌筒瓦，阳文，有印框，无字框。

标本06HBⅠT0107②：76（图一八一，6）。

"則"：2件，板瓦，阳文，有印框、字框。

标本06HBⅠT0107②：68（图一八一，7）。

"素"：7件，阴文。有三种字体。

标本06HBⅠT0107②：24，无印框、字框（图一八一，8），此类字体共2件，均为直节形瓦舌筒瓦。

标本06HBⅠT0107②：70，无印框、字框（图一八一，9），此类字体共3件，均为直节形瓦舌筒瓦。

另一类字体共2件，板瓦，均位于T0107内，有印框，无字框，残损严重。

"雩"：3件，板瓦，阳文，有印框，无字框。有两种字体。

标本06HBⅠT0107③：17，印框为长方形（图一八一，10）。

标本06HB　T0108③：26，印框为"凸"字形（图一八一，11），此类字体共2件。

"計"：2件，板瓦，阳文，有印框，无字框。

标本06HBⅠT0108②：25（图一八一，12）。

"凸"：2件，板瓦，阳文，有印框，无字框。

标本06HBⅠT0107③：23（图一八一，13）。

"**亢**"：2件，板瓦，均位于T0107内，戳印阳文，有印框，无字框，残损严重。

"**大**"：1件，曲节形瓦舌筒瓦，位于T0108内，戳印阳文，有印框，无字框。残损严重。

"**罗**"：3件，曲节形瓦舌筒瓦，阳文。有两种字体。

标本06HBⅠT0108②：50，有印框、字框（图一八一，14），此类字体共2件。

标本06HBⅠT0108②：41，有印框，无字框，上半部分残（图一八一，15）。

图一八一　第二号建筑址西侧廊道出土瓦件模印文字拓片（二）

1.06HBIT0108②：56　2.06HBIT0108②：26　3.06HBIT0108②：61　4.06HBIT0107②：52
5.06HBIT0107②：25　6.06HBIT0107②：76　7.06HBIT0107②：68　8.06HBIT0107②：24
9.06HBIT0107②：70　10.06HBIT0107③：17　11.06HBIVT0108③：26　12.06HBIT0108②：25
13.06HBIT0107③：23　14.06HBIT0108②：50　15.06HBIT0108②：41　16.06HBIT0107②：18
17.06HBIT0107②：79　18.06HBIT0107③：19　19.06HBIT0107②：20　20.06HBIT0108②：18
21.06HBIT0107②：2　22.06HBIVT0108③：27　23.06HBIT0108②：45　24.06HBIT0108②：55

"元"：2件，曲节形瓦舌筒瓦，阳文，有印框，无字框。

标本06HBⅠT0107②：18（图一八一，16）。

"音"：1件，板瓦，阳文，有印框，无字框。

标本06HBⅠT0107②：79（图一八一，17）。

"与"：4件，板瓦，阳文，有印框、字框。

标本06HBⅠT0107③：19（图一八一，18）。

"美"：1件，板瓦，阳文，有印框、字框。

标本06HBⅠT0107③：20，下半部残（图一八一，19）。

"石"：6件，有板瓦和直节形瓦舌筒瓦二类，阳文。有三种字形。

标本06HBⅠT0108②：18，有印框、字框（图一八一，20），此类字体共2件，均为板瓦。

标本06HBⅠT0107②：2，有印框、字框（图一八一，21），此类字体共2件，均为直节形瓦舌筒瓦。

标本06HB　T0108③：27，有印框，无字框（图一八一，22），此类字体共2件，均为直节形瓦舌筒瓦。

"戾"：1件，板瓦，位T0108内，阳文，有印框，无字框，残损严重。

"秋"：6件，曲节形瓦舌筒瓦，阳文，有印框，无字框。

标本06HBⅠT0108②：37（图一八二，10）。

"盖"：4件，曲节形瓦舌筒瓦，阳文，有印框，无字框。有两种字体。

标本06HBⅠT0108②：45（图一八一，23），此类字体共3件。

标本06HBⅠT0108②：55，左下角残（图一八一，24）。

"士"：5件，板瓦，阳文，有印框，无字框。有两种字体。

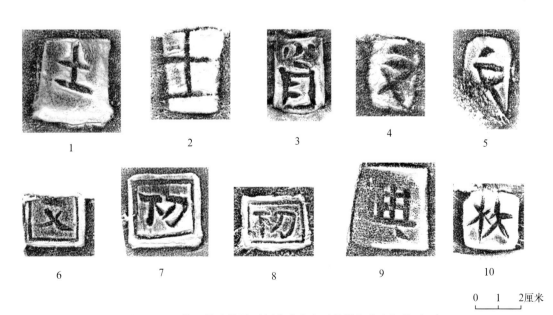

图一八二　第二号建筑址西侧廊道出土瓦件模印文字拓片（三）

1.06HBIT0107②：66　2.06HBIT0107②：20　3.06HBIT0107②：5　4.06HBIT0107②：32　5.06HBIT0107②：87
6.06HBIT0107②：69　7.06HBIVT0108③：23　8.06HBIT0108②：68　9.06HBIT0108②：42　10.06HBIT0108②：37

标本06HBⅠT0107②：66（图一八二，1），此类字体共4件。

标本06HBⅠT0107②：20，印框呈上大下小的等腰梯形（图一八二，2）。

"眉"：4件，曲节形瓦舌筒瓦，阳文，有印框，无字框。

标本06HBⅠT0107②：5（图一八二，3）。

"夭"：7件，板瓦，阳文。有二种字体。

标本06HBⅠT0107②：32，有印框，无字框（图一八二，4），此类字体共5件。

标本06HBⅠT0107②：87，左下角残（图一八二，5）。

标本06HBⅠT0107②：69，有印框、字框（图一八二，6）。

"下"：10件，有板瓦和　当条二类，阳文，有印框、字框。有两种字体。

标本06HB　T0108③：23，印框呈方形（图一八二，7），此类字体共4件，均为板瓦。

标本06HBⅠT0108②：68，印框呈长方形（图一八二，8），此类字体共6件，均为压当条。

"洵"：1件，曲节形瓦舌筒瓦，位于T0108内，阳文，有印框，无字框，残损严重。

"貝"：1件，板瓦，位于T0108内，阳文，有印框，无字框，残损严重。

"興"：6件，板瓦，阳文，有印框，无字框。

标本06HBⅠT0108②：42（图一八二，9）。

"銮"：2件，板瓦，分别位于ⅣT0108和ⅠT0107内，阳文，有印框、字框，残损严重。

（2）刻划文字

出土8件，共有3种字形。载体均为板瓦。

"吉"：2件。

图一八三　第二号建筑址西侧廊道出土瓦件刻划文字及符号拓片

1~5、9.刻划文字(1.06HBⅠT0107②：101　2.06HBⅠT0107②：1　3.06HBⅠT0107②：21　4.06HBⅠT0107②：11
5.06HBⅠT0107②：48　9.06HBⅣT0108③：20)　6~8.刻划符号(06HBⅠT0107②：102　06HBⅠT0108②：23　06HBⅠT0108②：90)

标本06HBⅠT0107②：101（图一八三，1）。

"夲"：2件。

标本06HBⅠT0107②：1（图一八三，2）。

"达"：4件。

标本06HBⅠT0107②：21（图一八三，3）。

标本06HBⅠT0107②：11（图一八三，4）。

标本06HBⅠT0107②：48（图一八三，5）。

标本06HBⅣT0108③：20（图一八三，9）。

（3）刻划符号

3件，均为板瓦。

标本06HBⅠT0107②：102（图一八三，6）。

标本06HBⅠT0108②：23（图一八三，7）。

标本06HBⅠT0108②：90（图一八三，8）。

第四节　第一、二号建筑址之间廊道

廊道位于第一号建筑址殿基台基和第二号建筑址主殿台基之间，南始第一号建筑址殿基台基北壁中央，北至第二号建筑址主殿台基南壁中央，为连接第一、二号建筑址的穿廊（参见图四〇）。

一、保存状况与地层堆积

1942年日本学者驹井和爱调查八连城时对廊道北段做过发掘，廊道南段因已有当地居民的坟墓而未实施发掘[1]。

本次发掘前，廊道台基为一条高于地表的南北向土垄，清除表土即露出台基顶部铺垫的河卵石层，廊道中部和南部的东西两壁因迁移现代坟墓等行为受到一定程度的破坏。

二、形制与结构

廊道台基平面近似"中"字形，中部向两侧凸出，台基顶面由南向北逐渐降低高度。

（一）廊道台基

台基南北长约38.2米，根据廊道的平面形状及建筑结构，可将廊道台基分为南、中、北三段（图一八四；图版三七）。南段和中段采用河卵石层与黄土层交替叠筑，台基顶面已暴露至河卵石

---

[1]　驹井和爱：《渤海東京龍原府宮城址考》，《中国都城・渤海研究》，雄山閣出版，1977年，東京。

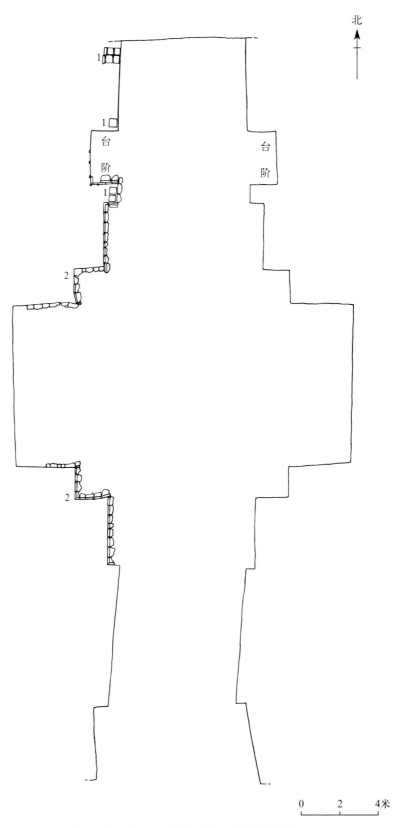

图一八四　第一、二号建筑址之间廊道平面图

1. 散水铺砖　　2. 条石

层，不见柱础遗迹。台基的北段为黄土夯筑，仅东西两侧各有一条宽1.8～2米的河卵石垫层，应是为安置柱础采取的加固措施。在台基中段东南角外侧进行了解剖发掘，此处台基地下埋深部分亦采用一层河卵石叠压一层黄土夯筑，深约1.1米，有6层河卵石和6层黄土层，埋深与台明基本垂直。

南段台基　长约11米，其南端宽约8.8米，向北延伸约3.8米，东西两壁内折约0.8米，台基顶面由南向北倾斜，残高0.9～1.8米。

中段台基　平面近似"亞"字形，东西两壁呈折尺形向外侧延展，台基中部最宽，东西约18.2米，南北两端宽约8.3米，全长约18.8米。台基顶面中央部位较高，向东、西、北三面渐低，残高0.5～1.2米。西壁的南北两端保留多块土衬石，台基应使用石材包壁。土衬石的顶面及外侧面都加工平整，宽约30～50厘米，顶面外侧边沿刻出宽约8厘米的凸棱，防止上层砌石外移（图版三八）。

北段台基　长约8.5米，宽约6.7米，残高约0.2米。台基西壁的南部，残存2块土衬石和3块散水方砖。台基顶面平坦，南部的东西两侧设有台阶。

（二）台阶

台阶设在廊道台基北段的东西两侧，北距第二号建筑址主殿台基南壁约4.8米。东侧台阶东西长约1.5米，南北宽约2.8米。台阶已经破坏，遗迹仅存台阶东缘的2个石钉。西侧台阶东西长约1.4米，南北宽约2.8米。台阶已经破坏，遗迹仅存南缘砌石和西缘的4个石钉。台阶南缘砌石结构为：外缘砌宽约12厘米的土衬牙子4块，西南角的石材加工成"L"形，土衬牙子接缝外侧使用石钉加固。土衬牙子内侧为土衬石，内收约12厘米砌一层包壁石，厚约10厘米，顶面外侧边沿刻出宽约10厘米的凸棱（图版三九）。

三、出土遗物

1. 陶质建筑构件

（1）板瓦

均为夹砂灰陶，模制，多数平面呈等腰梯形，少数为长方形，凸面素面，少数有戳印或刻划文字，凹面在制坯时被模具印上了断续布纹。依据其在建筑上的使用部位可分为普通板瓦和檐头板瓦两类。

普通板瓦

标本04HBⅠT0504③:211，平面呈长方形，沿面内侧抹斜，残长25、残宽23.5、厚1.6厘米（图一八五，1）。

标本04HBⅠT0403③:5，平面呈长方形，沿面上翘，内侧抹斜，残长28、宽29、厚2厘米（图一八五，2）。

标本04HBⅠT0505③:42，平面呈长方形，沿面微上翘，内侧抹斜，残长24、宽25、厚2.2厘米（图一八五，3）。

标本05HBⅠT0403③:63，瓦身凸面密布横向平行线纹，应为轮修的痕迹，近端瓦沿凸面饰左斜向指压纹，残长36、残宽30、胎厚2厘米（图一八六，1）。

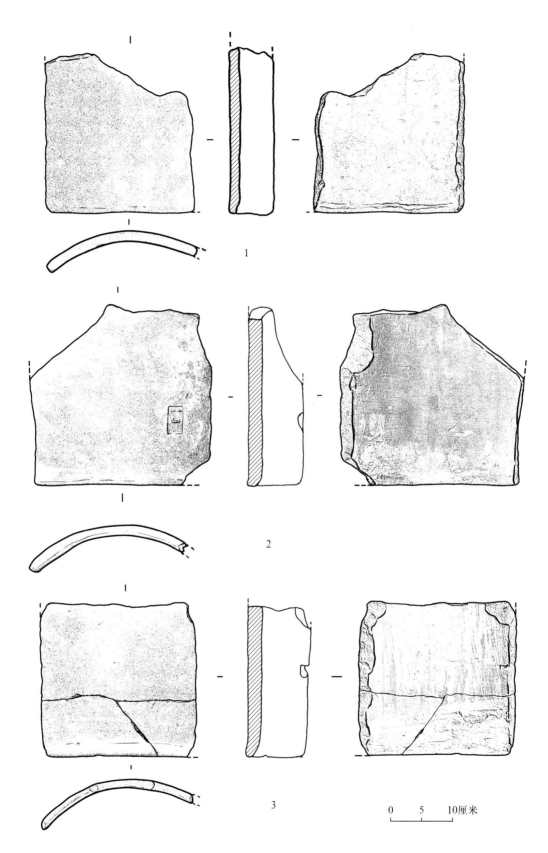

图一八五　第一、二号建筑址之间廊道出土板瓦（一）
1.04HBⅠT0504③∶211　2.04HBⅠT0403③∶5　3.04HBⅠT0505③∶42

标本04HBⅠT0504③：210，平面呈梯形，残，仅存一角，残长20.6、残宽24、胎厚2.4厘米（图一八六，2）。

檐头板瓦 用于建筑物房檐处。通常在瓦的宽端瓦沿处加厚，并施加纹饰，既具有板瓦自身的功能，又起到装饰作用。瓦沿纹饰形态为檐端中部饰两条平行凹槽，使沿面形成三条凸棱，上下两条凸棱上饰成排的斜向栉齿纹，中部饰一排圆形戳点纹或圆圈纹饰。

标本04HBⅠT0505③：43，平面呈长方形，残，仅存一角，残长21.4、残宽20.4、胎厚1.8厘米（图一八七，3）。

标本04HBⅠT0506②：1，平面呈长方形，残断，残长21、宽30、胎厚1.8厘米（图一八七，1；图版50，3）。

标本04HBⅠT0503③：283，平面呈梯形，残长25、残宽26.5、胎厚2.4厘米（图一八七，2）。

标本04HBⅠT0404②：106，残长36、残宽23、厚2厘米（图一八八，2；图版五〇，5）。

标本04HBⅠT0504③：62，残长22、残宽19.5、厚2厘米（图一八八，1）。

标本04HBⅠT0504③：63，残长30.5、残宽18、厚2.4厘米（图一八九，1）。

标本04HBⅠT0505③：45，长34、残宽15、厚2～2.2厘米（图一八九，2；图版五〇，6）。

标本04HBⅠT0403③：61，残存一角，残长23、残宽20、胎厚2厘米（图一九〇，1）。

标本04HBⅠT0504③：43，残存一角，残长19.6、残宽21、胎厚2.2厘米（图一九〇，2）。

标本04HBⅠT0404②：108，残存一角，残长12、残宽14.5、胎厚1.8厘米（图一九一，1）。

标本04HBⅠT0504③：215，平面呈梯形，残长22.4、残宽33.2、胎厚2.2厘米（图一九一，2；图版五一，3）。

（2）筒瓦

均为夹砂陶，模制，瓦身多数平面呈长方形，个别呈等腰梯形，凸面素面，少数在瓦舌处有模印文字，凹面在制坯时被模具印上了细密的布纹，瓦舌内侧还可见多道麻布褶皱。依据陶色、制作工艺及在建筑上的使用位置可分为普通筒瓦、檐头筒瓦二类。

普通筒瓦 瓦舌有曲节和直节两种形制。

标本04HBⅠT0403③：68，残长32.4、宽17.2、高8.6、胎厚1.8、瓦舌长5.6，一端微残，最宽处12.2厘米（图一九二，2；图版五二，3）。

标本04HBⅠT0503③：282，残长27.2、宽16.8、高8.4、胎厚1.9、瓦舌长5.8、宽7.8～12.2厘米（图一九二，1）。

标本04HBⅠT0403③：131，残长22、最宽处13.6、残高6.4～7.6、胎厚1.5、瓦舌长4、宽8～10厘米（图一九三，1）。

标本04HBⅠT0503③：49，残长22、宽12.4、高5.2、胎厚1.5、瓦舌长3.6、宽10.2厘米（图一九四，1）。

标本04HBⅠT0503③：229，瓦舌中部有一戳印文字"素"，残长21.2、宽12.4、高6.6、胎厚1.2、瓦舌长5.4、宽9厘米（图一九三，2）。

标本05HBⅠT0503②：7，残长21.2、宽13.2、高6.4、胎厚1.5、瓦舌长4.8、宽8.4～10厘米（图一九四，2）。

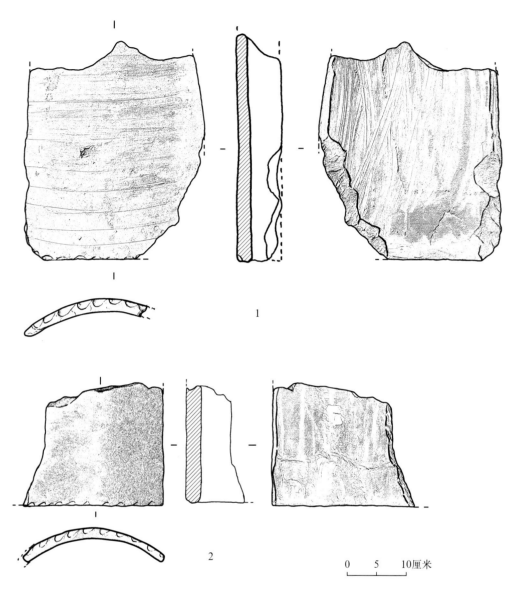

0　5　10厘米

图一八六　第一、二号建筑址之间廊道出土板瓦（二）

1.05HBⅠT0403③：63　2.04HBⅠT0504③：210

　　檐头筒瓦　多为夹砂灰色陶质，模制，瓦身平面大多呈长方形，瓦舌中部有一圆形钉孔，瓦身另一端与瓦当相接，接近瓦当处筒身两侧切边棱角被抹成圆弧状。

　　标本04HBT0404②：112，曲节形瓦舌，残长14、宽14.4、高6.4、胎厚1.3、瓦舌长4.7、残宽11.2厘米（图一九五，2）。

　　标本04HBⅠT0503③：48，残长18.2、残宽9.5、高6、胎厚0.9、瓦舌长5厘米（图一九五，1）。

　　（3）瓦当

　　均为夹砂陶，以深灰色和浅灰色为主，少量呈黄褐色，模制，圆形，边缘有高出当面的边轮，当面饰莲纹、花草纹等纹饰。背面抹光，边缘与筒瓦相接处常常戳凿出半圈不规则形坑点，以便更好地用泥浆或泥坯与筒瓦接合。

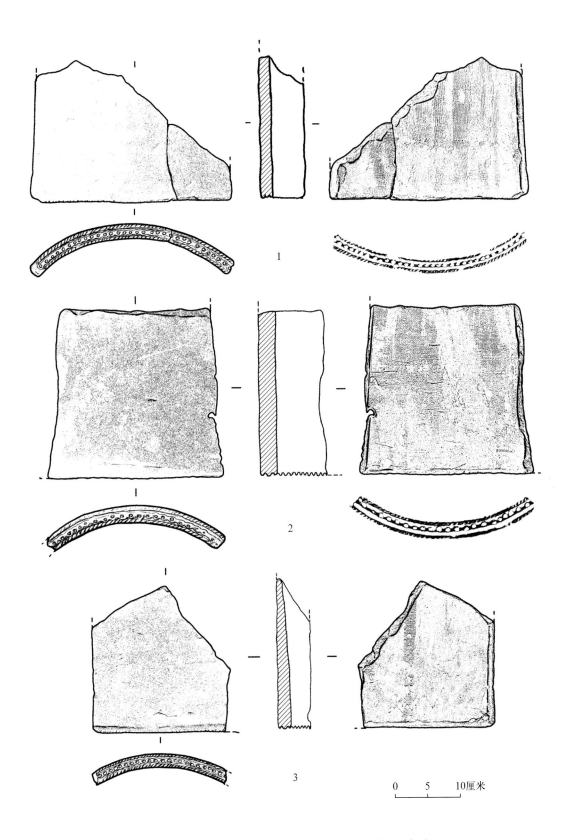

图一八七　第一、二号建筑址之间廊道出土檐头板瓦（一）

1.04HBIT0506②∶1　2.04HBIT0503③∶283　3.04HBIT0505③∶43

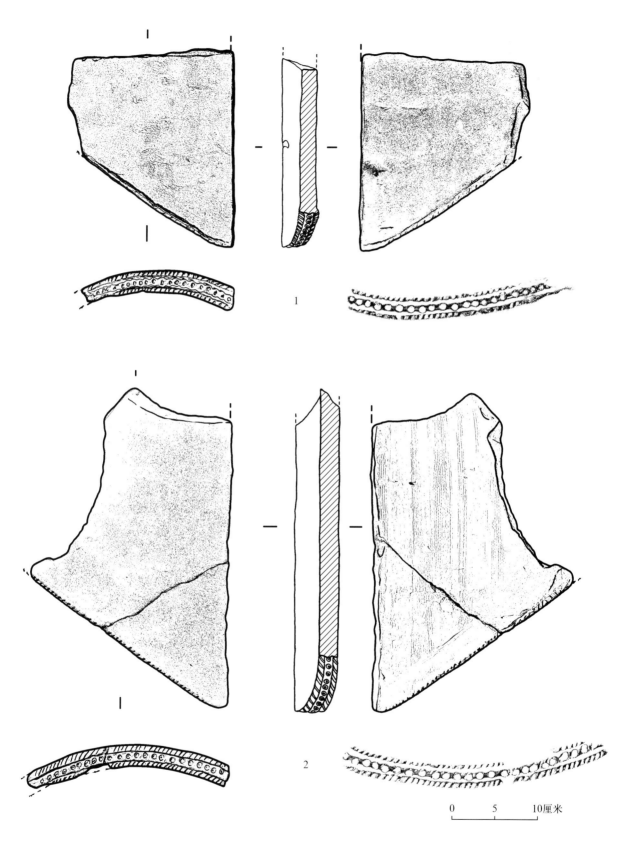

图一八八　第一、二号建筑址之间廊道出土檐头板瓦（二）

1.04HBIT0504③：62　2.04HBIT0404②：106

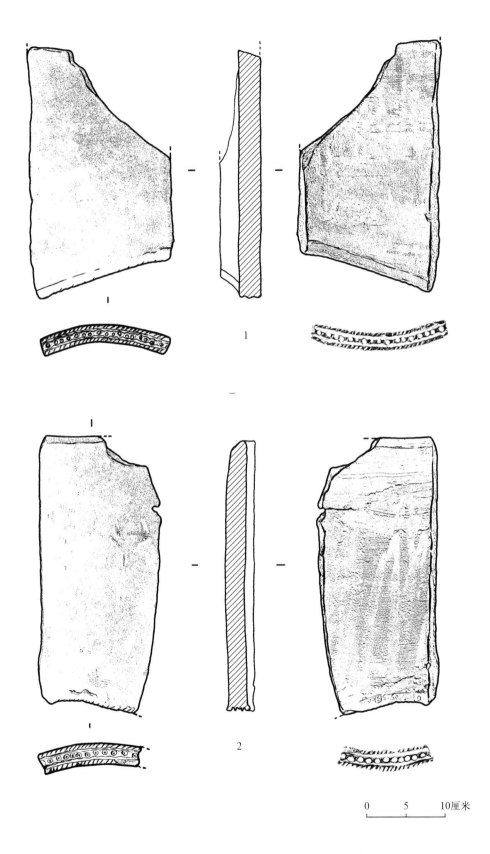

图一八九　第一、二号建筑址之间廊道出土檐头板瓦（三）

1.04HBIT0504③：63　2.04HBIT0505③：45

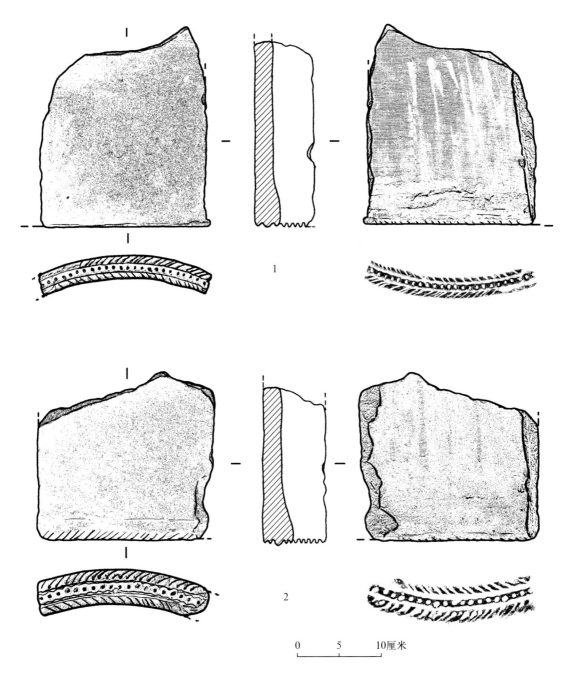

图一九○　第一、二号建筑址之间廊道出土檐头板瓦（四）

1.04HBⅠT0403③：61　2.04HBⅠT0504③：43

　　六瓣仰莲纹瓦当　当面内区中部有一圆形乳突，周围等距分布六个或小型乳突，外区饰六个等距分布的桃形双瓣莲瓣，两莲瓣间饰萼形纹饰。

　　标本04HBⅠT0405③：4，为异形檐头筒瓦，当身左右弯折呈115度钝角，使得当面纹饰挤压变形，直径13、轮宽1、轮厚1.35、当心厚0.9、筒身残长4.2厘米（图一九七，3；图版五八，6）。

　　标本04HBⅠT0406①：2，为异形檐头筒瓦，筒身向上微鼓，当身下部边轮微残，直径13.4、轮宽1、轮厚1、当心厚0.7、筒身残长7厘米（图一九七，2；图版五八，3）。

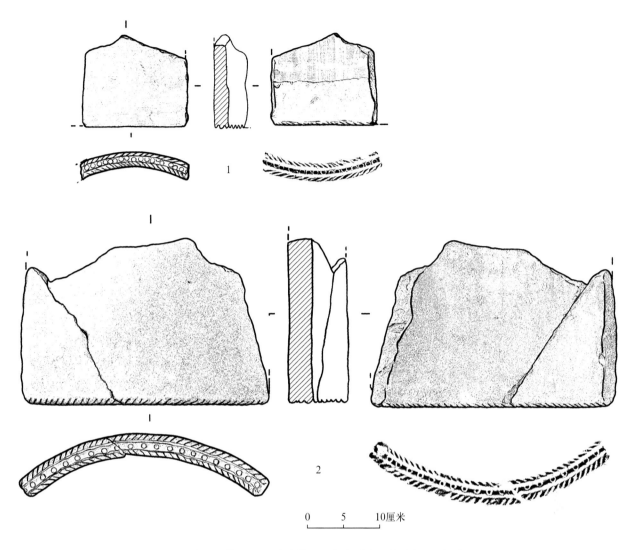

图一九一　第一、二号建筑址之间廊道出土檐头板瓦（五）
1.04HBⅠT0404②：108　2.04HBⅠT0504③：215

标本04HBⅠT0406③：6，当面完整，直径14、轮宽0.8～1.2、轮厚1.8、当心厚1.35、筒身残长3.1厘米（图一九六，2；图版五八，1）。

标本04HBⅠT0503③：213，当身左侧残，直径14、轮宽1.2、轮厚1.5、当心厚1、筒身残长4.75厘米（图一九六，1；图版五八，5）。

标本04HBⅠT0504③：216，当身完整，直径14、轮宽0.9、轮厚1.55、当心厚1.05、筒身残长7.5厘米（图一九六，3；图版五八，4）。

标本04HBⅠT0505③：74，当身边轮略有残缺且不甚规整，直径14～14.5、轮宽1～1.2、轮厚0.9、当心厚0.6厘米（图一九六，4）。

标本04HBⅠT0403③：71，当身左右两侧边轮微残，直径13.4、轮宽0.9、轮厚1.25、当心厚0.85、筒身残长1.7厘米（图一九七，1）。

标本04HBⅠT0403③：69，当身左侧边轮微残，直径14、轮宽0.9、轮厚1.5、当心厚1、筒身残

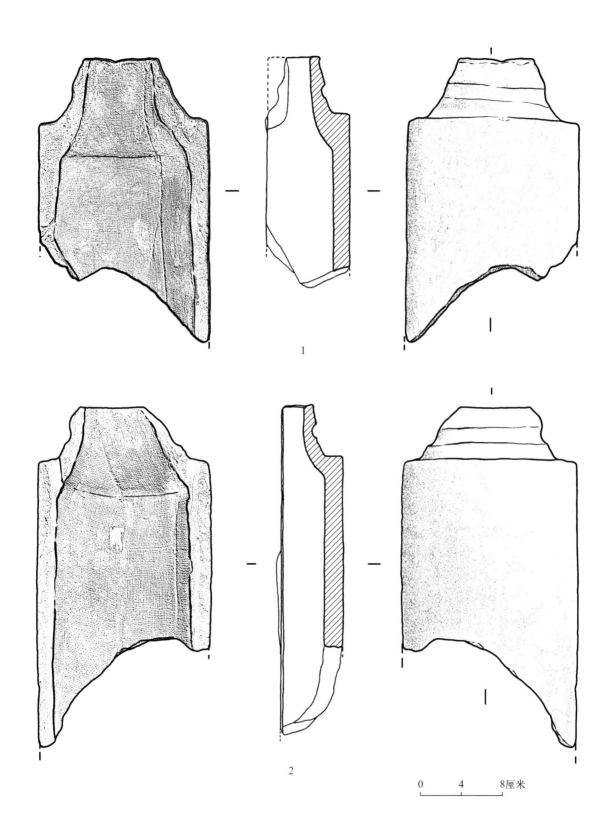

图一九二　第一、二号建筑址之间廊道出土普通筒瓦（一）

1.04HBIT0503③：282　2.04HBIT0403③：68

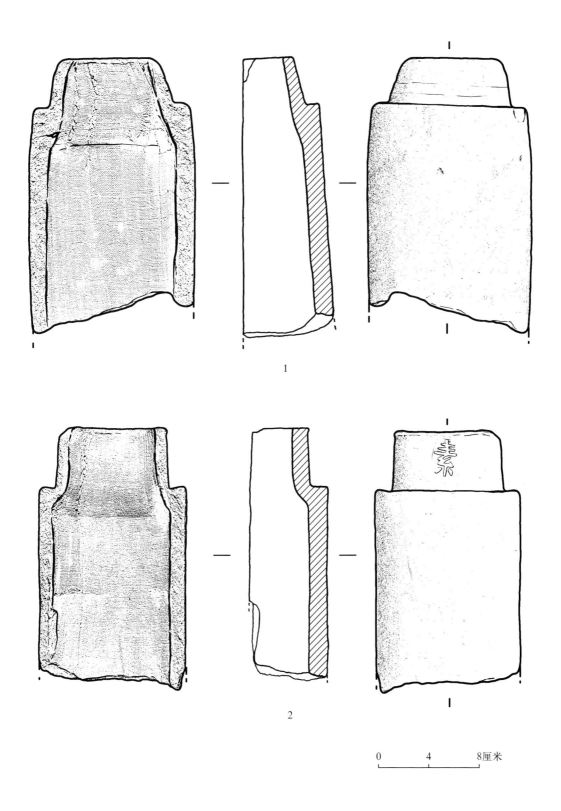

图一九三　第一、二号建筑址之间廊道出土普通筒瓦（二）

1.04HBIT0403③：131　2.04HBIT0503③：229

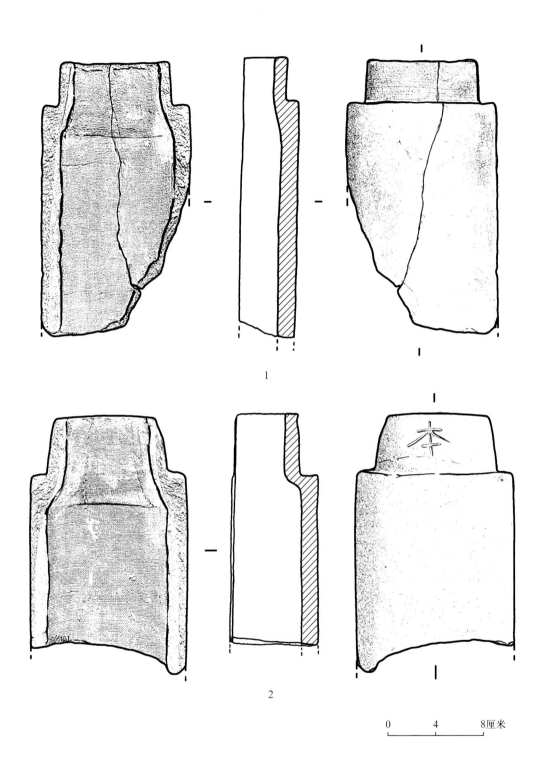

0　　　4　　　8厘米

图一九四　第一、二号建筑址之间廊道出土普通筒瓦（三）

1.04HBIT0503③：49　2.05HBIT0503②：7

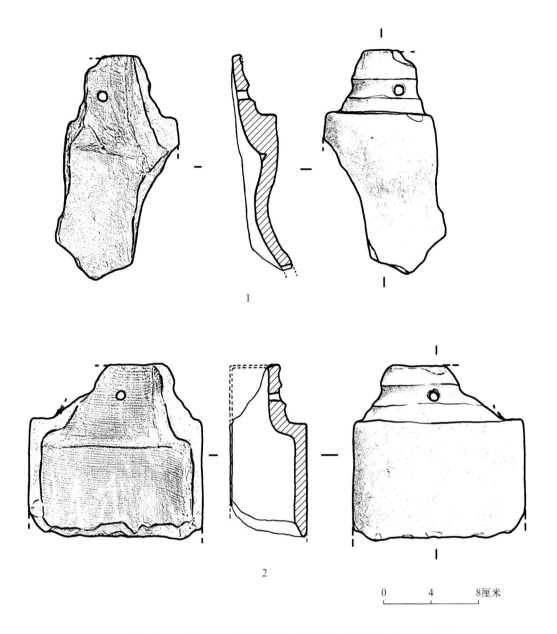

图一九五　第一、二号建筑址之间廊道出土檐头筒瓦
1.04HBⅠT0503③：48　2.04HBT0404②：112

长5.5厘米（图一九八，1；图版五九，3）。

八瓣仰莲纹瓦当　内区中部饰一圆形乳突，外饰两圈凸弦纹，其外饰十二个等距分布的小乳丁，乳丁外饰一圈凸弦纹，外区饰八组双瓣莲纹，每组莲瓣之上有圆弧形装饰，两组莲瓣之间有三角形装饰。

标本04HBⅠT0404②：95，当身上部残，直径12、轮宽1、轮厚2、当心厚1.1厘米（图一九八，2；图版六一，1）。

标本04HBⅠT0405③：3，当身上端及左右端均残，直径13、轮宽0.9、轮厚1.4、当心厚0.9厘米（图一九八，3；图版六一，2）。

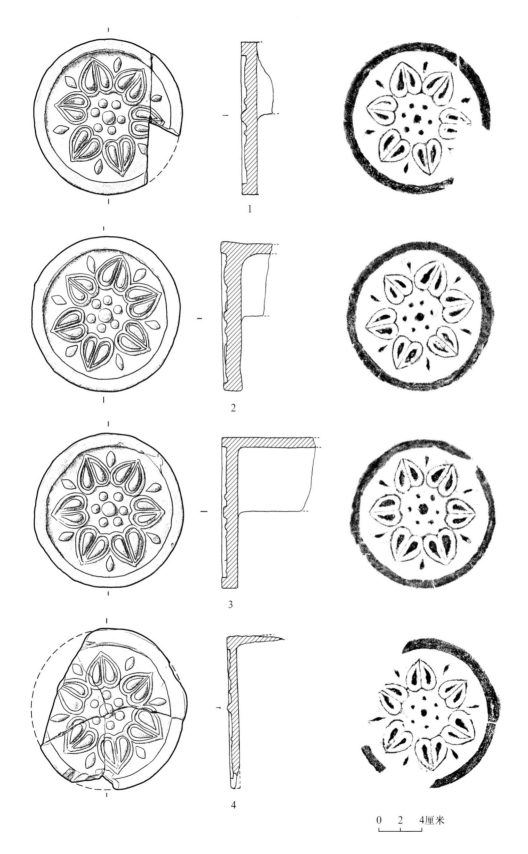

图一九六　第一、二号建筑址之间廊道出土瓦当（一）

1.04HBⅠT0503③：213　2.04HBⅠT0406③：6　3.04HBⅠT0504③：216　4.04HBⅠT0505③：74

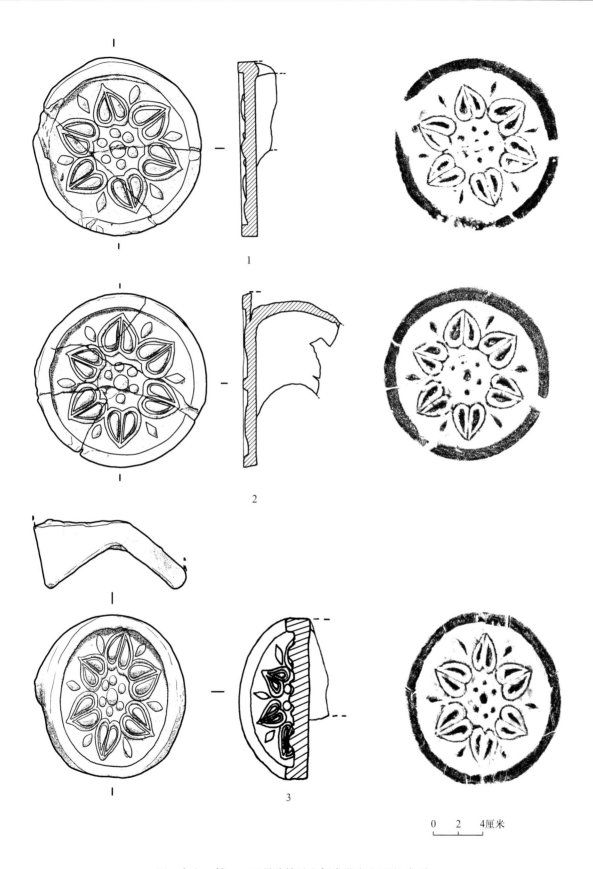

图一九七　第一、二号建筑址之间廊道出土瓦当（二）

1.04HBⅠT0403③：71　2.04HBⅠT0406①：2　3.04HBⅠT0405③：4

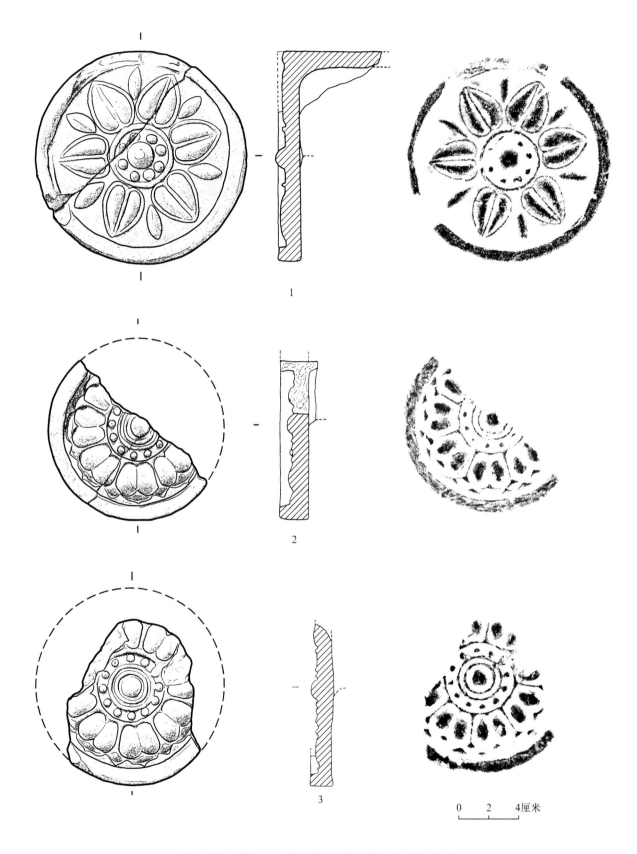

图一九八　第一、二号建筑址之间廊道出土瓦当（三）

1.六瓣仰莲纹瓦当（04HBIT0403③：69）　2、3.八瓣仰莲纹瓦当　（04HBIT0404②：95　04HBIT0405③：3）

八瓣侧莲纹瓦当 内区中部饰一个半球形乳突，其外饰两圈凸弦纹，两圈凸弦纹间饰八个等距分布的小乳丁，外区等距分布八朵缠枝侧莲纹饰，位置与小乳丁对应。

标本04HB I T0404②：89，当身下端残，直径14.2、轮宽1.2、轮厚1.4、当心厚0.9、筒身残长5厘米（图一九九，1；图版六三，3）。

标本04HB I T0403③：96，当身下部残，直径13.6、轮宽0.8、轮厚2.2、当心厚1.7、筒身残长3.8厘米（图一九九，2）。

花草纹瓦当 当面中部饰一个半球形乳突，其外饰一圈凸弦纹，凸弦纹外侧与八个等距分布的圆形乳丁直线相接，乳丁纹外饰一圈凸弦纹，凸弦纹外侧与六株等距分布的侧视花草纹饰相接，每两株花草纹间饰心形纹饰。

标本04HB I T0504③：219，残长7.6、残宽7.5、胎厚1.6厘米（图一九九，4）。

标本04HB I T0504③：227，残长10.2、残宽4、轮宽1.1、胎厚1.8厘米（图一九九，3；图版六五，4）。

（4）当沟

均为夹砂青灰陶，模制，凸面素面，凹面印有布纹。部分当沟存在使用时修整弧边的情况。

标本04HB I T0305③：22，残长7、残宽8.5、胎厚1.5厘米（图二〇〇；图版六七，6）。

（5）压当条

均为夹砂灰陶，模制，平面多呈长方形，有的呈梯形，凸面素面，凹面在制坯时被模具印上了布纹。其形制可分为板瓦形压当条和筒瓦形压当条两类。

板瓦形压当条 瓦身弧度较小或基本没有弧度。此类压当条均为夹细砂陶质，少量凸面有模印文字，个别有横向平行条纹，部分瓦沿处饰有指压纹饰。

标本04HB I T0403③：64，瓦身两端均残，凸面有四条横向平行线纹，残长30、宽8～10.4、高2.6、胎厚0.8～1.8厘米（图二〇一，1）。

标本04HB I T0403③：65，瓦沿内、外侧均抹斜，残长27.2、宽8、高2.6、胎厚2厘米（图二〇一，3）。

标本04HB I T0505③：38，瓦沿微翘，内侧抹斜，残长24、宽11～14、高3、胎厚1.6厘米（图二〇一，4）。

标本04HB I T0404②：103，残长23.2、宽12.6、高3、胎厚2厘米（图二〇一，2）。

标本04HB I T0404②：104，瓦身凸面密布横向平行线纹，应为轮修的痕迹，瓦沿处饰四个竖向指压纹，残长22、宽12.5、高2.7、胎厚1.6厘米（图二〇二，1）。

标本04HB I T0505③：39，瓦沿处饰左斜向指压纹，残长2.4、宽13.6、高4、胎厚2厘米（图二〇二，2）。

筒瓦形压当条 瓦身弧度较大。此类压当条大多为深灰色，表面不甚光滑。

标本04HB I T0404②：105，瓦身凸面密布横向平行线纹，应为轮修的痕迹，残长22、宽11.6、高3.2、胎厚1.5厘米（图二〇二，3）。

标本04HB I T0505③：46，残长18、宽11.6、高3.6、胎厚1.5厘米（图二〇二，4）。

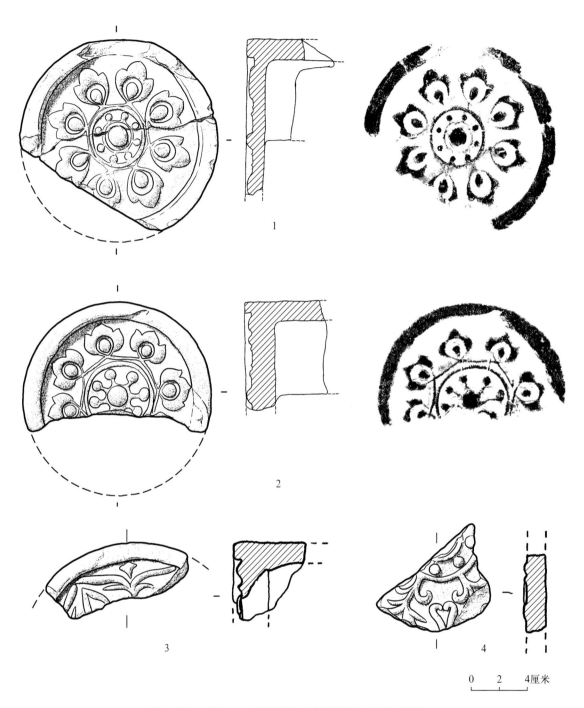

0 2 4厘米

图一九九　第一、二号建筑址之间廊道出土瓦当（四）

1、2.八瓣侧莲纹瓦当(04HBⅠT0404②：89　04HBⅠT0403③：96)　3、4.花草纹瓦当（04HBⅠT0504③：227　04HBⅠT0504③：219）

（6）兽头残块

胎体泛红，器表均施绿釉。

标本04HBⅠT0403③：129，残长16.2、截面直径3厘米，为兽头犄角，残长16.2、截面长径3厘米（图版七六，2）。

标本04HBⅠT0403③：127，残长12，截面直径3.6厘米（图版七六，3）。

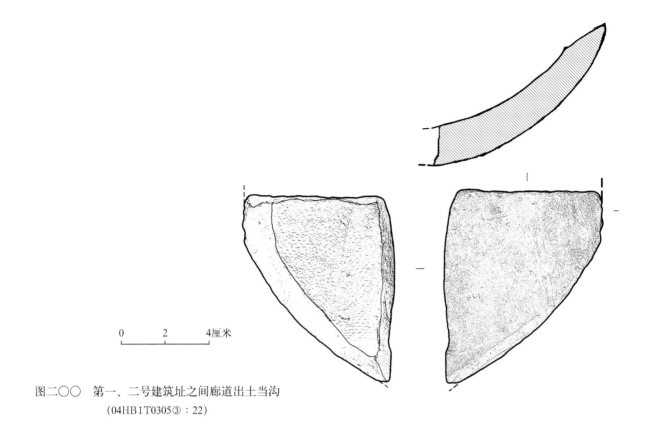

0　　2　　4厘米

图二〇〇　第一、二号建筑址之间廊道出土当沟
　　　　　（04HBⅠT0305③∶22）

标本04HBⅠT0403③∶124，残长18、截面直径4厘米（图版七六，1）。

标本04HBⅠT0504③∶6，残长7.4、残宽4.8厘米（图版七五，5）。

标本04HBⅠT0403③∶123，残长7.2、残宽5.2厘米（图版七五，6）。

标本04HBⅠT0404③∶88，残长5.4、残宽4.4厘米（图版七五，4）。

（7）柱围

均残，泥质红胎，表施白色化妆土，外表面施绿釉，内表面不施釉。

标本04HBⅠT0504③∶254，残长24、高8.8厘米（图二〇三，3；图版七七，4）。

标本04HBⅠT0403③∶117，残长26.8、高8.8厘米（图二〇三，5；图版七七，1）。

标本04HBⅠT0504③∶249，残长23、高8.4厘米（图二〇三，4；图版七七，5）。

标本04HBⅠT0504③∶247，残长30.4、高8.4厘米（图二〇三，1；图版七七，3）。

标本04HBⅠT0504③∶253，残长15.2、高7.6厘米（图二〇三，2；图版七七，6）。

标本04HBⅠT0505③∶64，残长17.2、残高4.2厘米（图二〇三，6；图版七八，5）。

2．陶器

均为轮制泥质陶器，器形普遍较大。此外还出土黄绿釉三彩器腹片1件。

（1）陶盆口沿

2件。

标本04HBⅠT0605①∶3，泥质灰陶，圆唇，直口，折沿，残高2.8厘米（图二〇四，6）。

标本04HBⅠT0505采∶10，泥质灰陶，卷沿，圆唇，敞口，残高5.2、胎厚0.8厘米（图二〇

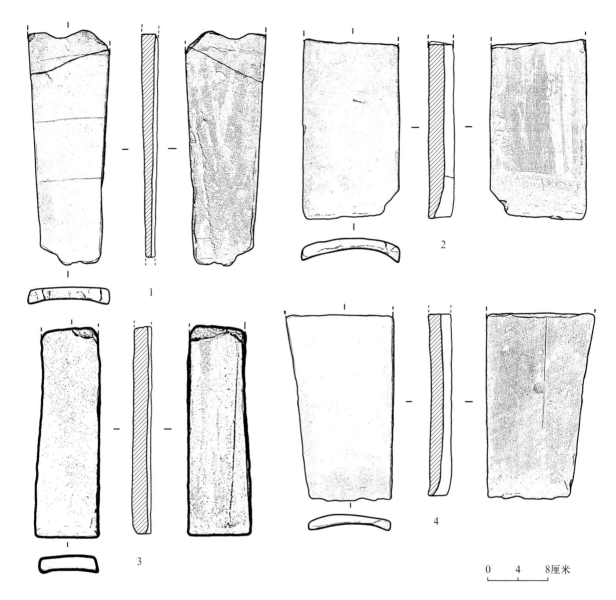

图二○一　第一、二号建筑址之间廊道出土压当条（一）

1.04HBⅠT0403③：64　2.04HBⅠT0404②：103　3.04HBⅠT0403③：65　4.04HBⅠT0505③：38

四，1）。

（2）陶缸残片

1件。

标本04HBⅠT0304②：5，泥质红褐陶，唇部残，直口，折沿，器壁饰一圈带状纹饰，残高4.8厘米（图二○四，2）。

（3）陶器耳

1件。

标本04HBⅠT0304①：1，横桥耳，泥质灰陶，残高11.2、胎厚0.4厘米（图二○四，4）。

（4）陶器底

2件。

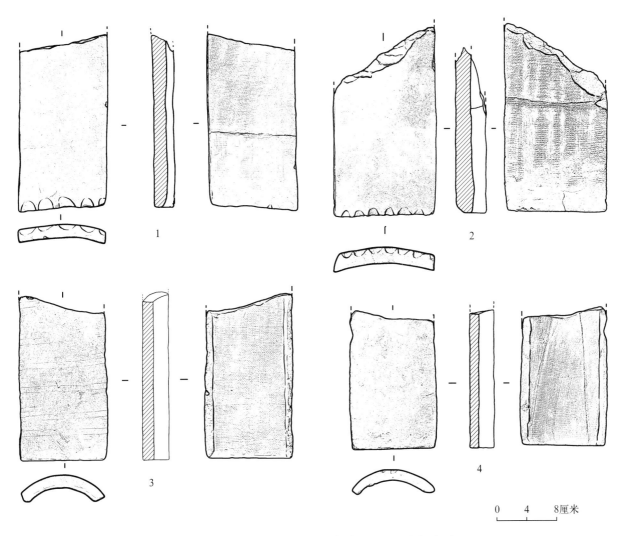

图二〇二　第一、二号建筑址之间廊道出土压当条（二）

1、2.板瓦形压当条标本（04HBⅠT0404②：104　04HBⅠT0505③：39）
3、4.筒瓦形压当条（04HBⅠT0404②：105　04HBⅠT0505③：46）

标本04HBⅠT0505③：75，泥质灰陶，平底，残高1.6、底厚0.5厘米（图二〇四，5）。

标本04HBⅠT0505③：76，泥质灰陶，大平底，残高2.4、底厚0.7厘米（图二〇四，3）。

3. 石权

标本04HBⅠT0305③：27，圆形，平底，上端有钮，最大径6、底径3.2、通高6.45厘米（图二〇五；图版八二，4）。

4. 瓦上文字及符号

一、二号殿址间的廊道出土各类文字瓦共计305件。有板瓦、板瓦形压当条、筒瓦等。

模印文字

出土286件，共计47种文字。

"河"：1件，板瓦，阳文，有印框，无字框。

标本04HBⅠT0404③：18（图二〇六，19）。

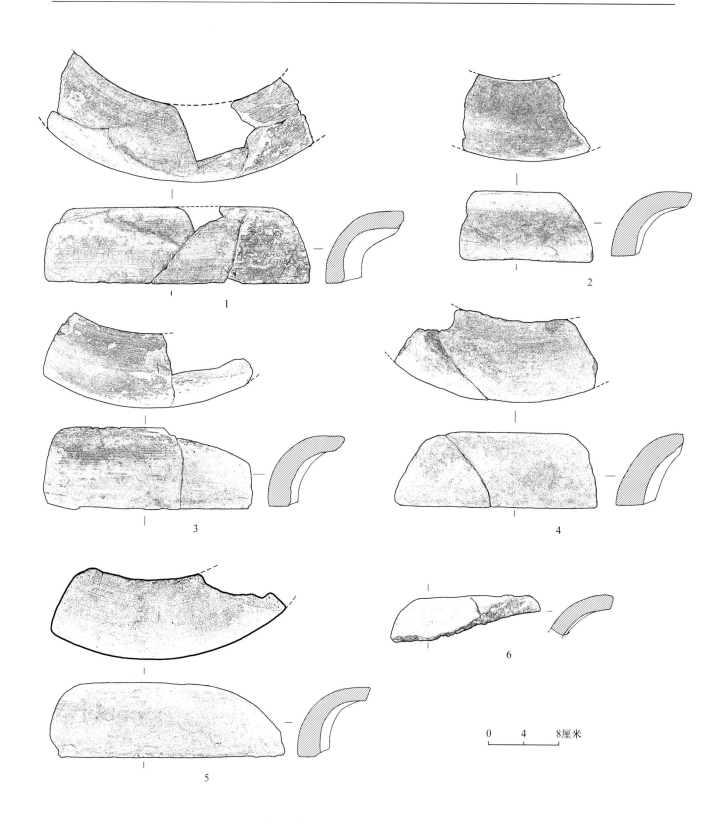

图二〇三　第一、二号建筑址之间廊道出土柱围
1.04HBIT0504③：247　2.04HBIT0504③：253　3.04HBIT0504③：254
4.04HBIT0504③：249　5.04HBIT0403③：117　6.04HBIT0505③：64

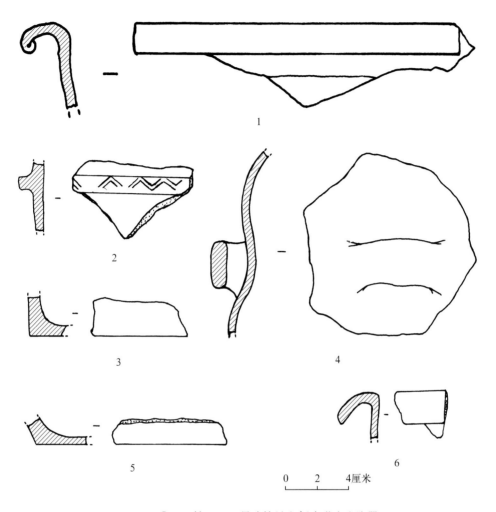

图二〇四　第一、二号建筑址之间廊道出土陶器

1、6.陶盆口沿（04HBⅠT0505采：10　6.04HBⅠT0605①：3）2.陶缸残片(04HBⅠT0304②：5)

3、5.陶器底（04HBⅠT0505③：76　04HBⅠT0505③：75）4.陶器耳(04HBⅠT0304①：1)

"隆"1件，压当条，阳文，有印框，无字框。

标本04HBⅠT0403②：5（图二〇六，15）。

"䧲"：3件，曲节形瓦舌筒瓦，阳文，有印框，无字框。

标本04HBⅠT0504③：2（图二〇六，1）。

"顺"：13件，有板瓦和压当条二类，其中板瓦11件，压当条2件，阳文，有印框、字框。

标本04HBⅠT0404②：6（图二〇六，2）。

"下"：3件，板瓦，阳文，有印框，无字框。有二种字体。

标本04HBⅠT0404②：17（图二〇六，3）。

标本04HBⅠT0404②：18（图二〇六，4），此类字体共2件。

"士"：16件，阴文，无印框、字框，有六种字体。

标本04HBⅠT0403③：29（图二〇六，7），此类字体共5件，均为板瓦。

标本04HBⅠT0403③：28（图二〇六，8），此类字体共3件，均为板瓦。

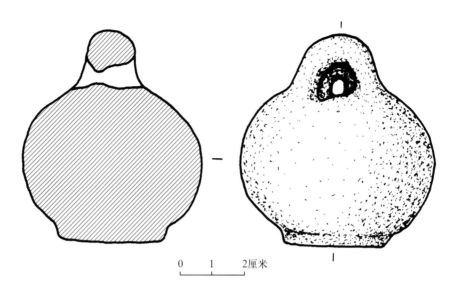

图二〇五　第一、二号建筑址之间廊道出土石权
(04HBIT0305③：27)

标本04HBⅠT0404②：72（图二〇六，9），此类字体共7件，均为直节形瓦舌筒瓦。

标本04HBⅠT0504③：33，板瓦（图二〇六，10）。

标本04HBⅠT0505③：33，板瓦（图二〇六，11）。

标本04HBⅠT0404②：40，板瓦（图二〇六，12）。

"美"：1件，板瓦，阴文，有印框，无字框。

标本04HBⅠT0505②：7（图二〇六，13）。

"美"：1件，板瓦，阴文，无印框、字框。

标本04HBⅠT0403③：51（图二〇六，14）。

"戍"：5件，直节形瓦舌筒瓦，阳文，有印框、字框。

标本04HBⅠT0404②：64（图二〇六，5）。

"乁"：4件，阳文，有印框，无字框，板瓦。

标本04HBⅠT0404②：25（图二〇六，17）。

"〜"：1件，板瓦，位于ⅠT0404内，阳文，有印框、字框，残损严重。

"昌"：2件，板瓦，阳文，有印框，无字框。

标本04HBⅠT0404②：21（图二〇六，16）。

"勂"：3件，板瓦，均位于ⅠT0405内，阳文，有印框，无字框。

"目"：3件，板瓦，阳文，有印框，无字框。

标本04HBⅠT0503③：8（图二〇六，21）。

"目"：2件，板瓦，阳文，有印框，无字框。

标本04HBⅠT0505③：1（图二〇六，18）。

"帀"：7件，板瓦，阴文，有印框，无字框。有三种字体。

标本04HBⅠT0404②：33（图二〇六，22），此类字体共2件。

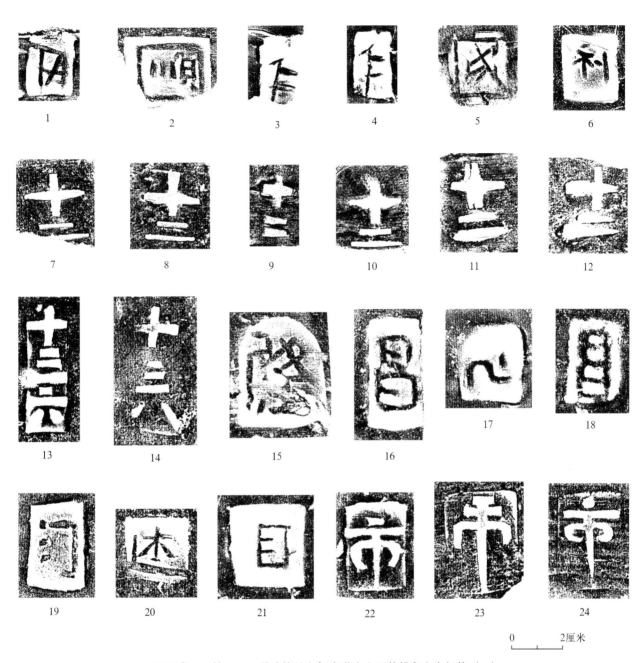

图二〇六　第一、二号建筑址之间廊道出土瓦件模印文字拓片（一）

1.04HBIT0504③：2　2.04HBIT0404②：6　3.04HBIT0404②：17　4.04HBIT0404②：18
5.04HBIT0404②：64　6.04HBIT0505③：19　7.04HBIT0403③：29　8.04HBIT0403③：28
9.04HBIT0404②：72　10.04HBIT0504③：33　11.04HBIT0505③：33　12.04HBIT0404②：40
13.04HBIT0505②：7　14.04HBIT0403③：51　15.04HBIT0403②：5　16.04HBIT0404②：21
17.04HBIT0404②：25　18.04HBIT0505③：1　19.04HBIT0404③：18　20.04HBIT0505③：14
21.04HBIT0503③：8　22.04HBIT0404②：33　23.04HBIT0505②：5　24.04HBIT0504③：15

标本04HBⅠT0505②：5（图二〇六，23），此类字体共3件。

标本04HBⅠT0504③：15（图二〇六，24），此类字体共2件。

"利"：2件，板瓦，阳文，有印框，无字框。

标本04HBⅠT0505③：19（图二〇六，6）。

"述"：1件，板瓦，阳文，有印框，无字框。

标本04HBⅠT0505③：14（图二〇六，20）。

"貞"：10件，曲节形瓦舌筒瓦，阳文，有印框，无字框。有两种字体。

标本04HBⅠT0403③：254（图二〇七，1）。

标本04HBⅠT0404②：20（图二〇七，2），此类字体共9件。

"德"：7件，板瓦，阳文，有印框，无字框。

标本04HBⅠT0504③：8（图二〇七，3）。

"亿"：6件，曲节形瓦舌筒瓦，阳文，有印框，有两种字体。

标本04HBⅠT0503③：13（图二〇七，4），此类字体共5件。

标本04HBⅠT0404②：22，有上下二条横框（图二〇七，5）。

"赤"：8件，阳文，有印框，无字框。有板瓦和直节形筒瓦二类，其中板瓦4件，直节形筒瓦4件。有五种字体。

标本04HBⅠT0404③：61，右侧残（图二〇七，11），此类字体共3件，均为直节形瓦舌筒瓦。

标本04HBⅠT0503③：271，板瓦，左下部残（图二〇七，8）。

标本04HBⅠT0403③：49，板瓦（图二〇七，9）。

标本04HBⅠT0503③：274（图二〇七，10），此类字体共2件，均为板瓦。

标本04HBⅠT0503③：288，直节形瓦舌筒瓦（图二〇七，7）。

"素"：23件，阴文，有七种字体。

标本04HBⅠT0403③：43，无印框或有不清晰的印框，无字框（图二〇七，12），此类字体共2件，均为直节形瓦舌筒瓦。

标本04HBⅠT0404②：63，无印框或有不清晰的印框，无字框（图二〇七，13），此类字体共2件，均为直节形瓦舌筒瓦。

标本04HBⅠT0505②：31，无印框或有不清晰的印框，无字框（图二〇七，14），此类字体共3件，均为直节形瓦舌筒瓦。

标本04HBⅠT0404②：54，有印框，无字框（图二〇七，15），此类字体共9件，均为板瓦。

标本04HBⅠT0504③：275，有印框，无字框（图二〇七，16），此类字体共2件，均为板瓦。

标本04HBⅠT0503③：32，有印框，无字框（图二〇七，17），此类字体共5件，均为板瓦。

标本04HBⅠT0404②：53，有印框，无字框（图二〇七，18），此类字体共2件，均为板瓦。

"渴"：10件，有板瓦和直节形筒瓦二类，阳文，有印框，无字框。有四种字体。

标本04HBⅠT0504③：20，印框为长方形（图二〇七，6），此类字体共3件，均为板瓦。

标本04HBⅠT0503③：202，印框呈"凸"字形（图二〇七，19），此类字体共4件，均为板瓦。

标本04HBⅠT0503③：22，印框为长方形（图二〇七，20），此类字体共2件，均为直节形瓦舌筒瓦。

标本04HBⅠT0505③：27，板瓦，印框呈弧边长方形（图二〇七，21）。

"計"：31件，板瓦，阳文，有印框，无字框。有三种字体。

标本04HBⅠT0404②：8，印框为长方形（图二〇七，22），此类字体共7件。

图二〇七　第一、二号建筑址之间廊道出土瓦件模印文字拓片（二）

1.04HBIT0403③：254　2.04HBIT0404②：20　3.04HBIT0504③：8　4.04HBIT0503②：13
5.04HBIT0404②：22　6.04HBIT0504③：20　7.04HBIT0503③：288　8.04HBIT0503③：271
9.04HBIT0403③：49　10.04HBIT0503③：274　11.04HBIT0404③：61　12.04HBIT0403③：43
13.04HBIT0404②：63　14.04HBIT0505②：31　15.04HBIT0404②：54　16.04HBIT0504③：275
17.04HBIT0503③：32　18.04HBIT0404②：53　19.04HBIT0503③：202　20.04HBIT0503③：22
21.04HBIT0505③：27　22.04HBIT0404②：8　23.04HBIT0404③：2　24.04HBIT0404②：10

标本04HBⅠT0404③：2，印框呈不规则形（图二〇七，23）。

标本04HBⅠT0404②：10，印框为方形（图二〇七，24），此类字体共2件。

"㠯"：9件，板瓦，阳文，有印框，无字框。

标本04HBⅠT0403③：34（图二〇八，1）。

"九"：6件，有板瓦和压当条二类，其中板瓦5件，压当条1件，阳文，有印框，无字框。

标本04HBⅠT0503③：7（图二〇八，2）。

"朋"：2件，曲节形瓦舌筒瓦，阳文，有印框，无字框。

标本04HBⅠT0404②：121（图二〇八，7）。

"甫"：2件，曲节形瓦舌筒瓦，阳文，有印框，无字框。

标本04HBⅠT0403③：41（图二〇八，8）。

"音"：11件，有板瓦和压当条二类，其中板瓦2件，压当条9件，阳文，有印框，无字框。有两种字体。

标本04HBⅠT0504③：22（图二〇八，9），此类字体共10件。

标本04HBⅠT0403③：20，压当条（图二〇八，10）。

"马"：7件，板瓦，阳文，有印框，有字框。

标本04HBⅠT0403③：27（图二〇八，11）。

"则"：8件，有板瓦和压当条二类，其中板瓦3件，压当条5件，阳文，有印框，无字框。

标本04HBⅠT0505③：7（图二〇八，12）。

"石"：11件，阳文，有印框、字框。有板瓦和直节形瓦舌筒瓦两类，其中板瓦10件，压当条1件。有四种字体。

标本04HBⅠT0404②：24（图二〇八，21），此类字体共3件，均为板瓦。

标本04HBⅠT0404②：13，左上部残（图二〇八，22），此类字体共2件，分别为板瓦和直节形瓦舌筒瓦。

标本04HBⅠT0504③：12，板瓦（图二〇八，23）。

标本04HBⅠT0305②：14（图二〇八，24），此类字体共5件，均为板瓦。

"夕"：出土3件，阳文。有两种字体。

标本04HBⅠT0404②：10，无印框、字框（图二〇八，13），此类字体共2件，分别为板瓦和直节形瓦舌筒瓦。

标本04HBⅠT0304②：33，直节形瓦舌筒瓦，有印框、字框（图二〇八，14）。

"女"：4件，阳文。有二种形态。

标本04HBⅠT0404②：120，曲节形瓦舌筒瓦，有印框、字框（图二〇八，15）。

另二种字体均为板瓦，分别位于T0403和T0504内，有印框，无字框，残损严重。

"秋"：13件，曲节形瓦舌筒瓦，阳文，有印框，无字框。

标本04HBⅠT0404②：4（图二〇八，16）。

"水"：1件，板瓦，阳文，有印框，无字框。

标本04HBⅠT0503③：234（图二〇八，3）。

"盖"：3件，曲节形瓦舌筒瓦，阳文，有印框，无字框。有两种字体。

标本04HBⅠT0405③：9（图二〇八，20），此类字体共2件。

标本04HBⅠT0505③：27（图二〇八，19）。

"土"：17件，阳文，有印框，无字框，板瓦。有两种字形。

标本04HBⅠT0503③：225（图二〇八，27），此类字体共3件。

图二〇八　第一、二号建筑址之间廊道出土瓦件模印文字拓片（三）

1.04HBIT0403③：34　2.04HBIT0503③：7　3.04HBIT0503③：234　4.04HBIT0404②：24　5.04HBIT0404②：5
6.04HBIT0404②：28　7.04HBIT0404②：121　8.04HBIT0403③：41　9.04HBIT0504③：22　10.04HBIT0403③：20
11.04HBIT0403③：27　12.04HBIT0505③：7　13.04HBIT0404②：10　14.04HBIT0304②：33　15.04HBIT0404②：120
16.04HBIT0404②：4　17.04HBIT0404②：22　18.04HBIT0605采：1　19.04HBIT0505③：27　20.04HBIT0405③：9
21.04HBIT0404②：24　22.04HBIT0404②：13　23.04HBIT0504③：12　24.04HBIT0305②：14　25.04HBIT0404②：1
26.04HBIT0404②：15　27.04HBIT0503③：225　28.04HBIT0504③：279　29.04HBIT0504③：64　30.04HBIT0404②：23

标本04HBⅠT0404②：28，印框呈上大下小的等腰梯形（图二〇八，6），此类字体共14件。

"殊"：1件，曲节形瓦舌筒瓦，阳文，有印框，无字框。

标本04HBⅠT0404②：15（图二〇八，26）。

"省"：4件，曲节形瓦舌筒瓦，阳文，有印框，无字框。有两种字体。

标本04HBⅠT0404②：24（图二〇八，4）。

标本04HBⅠT0404②：5（图二〇八，5），此类字体共3件。

"文"：1件，板瓦，阳文，有印框、字框。

标本04HBⅠT0404②：1（图二〇八，25）。

"下刀"：4件，板瓦，阳文，有印框、字框。

标本04HBⅠT0404②：23（图二〇八，30）。

"询"：1件，曲节形瓦舌筒瓦，阳文，有印框，无字框。

标本04HBⅠT0404②：22（图二〇八，17）。

"典"：2件，压当条，阳文，有印框，无字框。

标本04HBⅠT0605采：1（图二〇八，18）。

"業"：11件，板瓦，阳文，有印框、字框。

标本04HBⅠT0504③：279（图二〇八，28）。

"北"：1件，直节形瓦舌筒瓦，阳文，有印框，无字框。

标本04HBⅠT0504③：64（图二〇八，29）。

（2）刻划文字

出土18件，共有5种文字。

"吉"：3件，直节形瓦舌筒瓦。

标本04HBⅠT0504③：256（图二〇九，14）。

标本04HBⅠT0403③：9（图二〇九，7）。

"川"：3件，板瓦。

标本04HBⅠT0404②：14（图二〇九，6）。

标本04HBⅠT0403③：21（图二〇九，15）。

"本"：3件，有板瓦和直节形瓦舌筒瓦二类。

标本04HBⅠT0505③：28，直节形瓦舌筒瓦，左下部残（图二〇九，2）。

标本04HBⅠT0505③：29，直节形瓦舌筒瓦（图二〇九，1）。

"本"：8件，板瓦。

标本04HBⅠT0404②：36（图二〇九，8）。

标本04HBⅠT0504③：273，左上端残（图二〇九，12）。

标本04HBⅠT0403③：1，左半部残（图二〇九，4）。

标本04HBⅠT0304②：3，右下部残（图二〇九，3）。

标本04HBⅠT0504③：26（图二〇九，9）。

标本04HBⅠT0404②：47，下端残（图二〇九，10）。

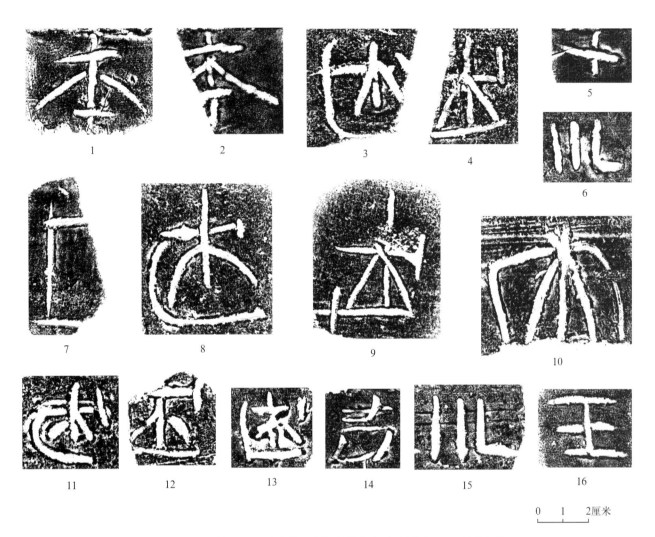

图二〇九　第一、二号建筑址之间廊道出土瓦件刻划文字及符号拓片

1～4、6～16.刻划文字(1.04HBⅠT0505③：29　2.04HBⅠT0505③：28　3.04HBⅠT0304②：3　4.04HBⅠT0403③：1
6.04HBⅠT0404②：14　7.04HBⅠT0403③：9　8.04HBⅠT0404②：36　9.04HBⅠT0504③：26　10.04HBⅠT0404②：47
11.04HBⅠT0505③：13　12.04HBⅠT0504③：273　13.04HBⅠT0504③：17　14.04HBⅠT0504③：256　15.04HBⅠT0403③：21
16.04HBⅠT0404②：27)　5.刻划符号(04HBⅠT0404②：67)

标本04HBⅠT0505③：13（图二〇九，11）。

标本04HBⅠT0504③：17（图二〇九，13）。

"王"：1件，直节形瓦舌筒瓦。

标本04HBⅠT0404②：27（图二〇九，16）。

（3）刻划符号

1件。

标本04HBⅠT0404②：67，直节形瓦舌筒瓦（图二〇九，5）。

第五节　第一号建筑址东西两侧廊庑

廊庑位于第一号建筑址的东西两侧，南北向，距离第一号建筑址殿基台基约17.6米。廊庑的北端分别与第二号建筑址东西廊道连接，向南至第一号建筑址东西行廊处与之垂直连接并继续向南延伸。第一号建筑址南面的内城范围已开垦成水田，水田的北缘有一条东西向水渠将廊庑切断，水渠以南未实施发掘。东西廊庑形制、结构相同，在第一、二号建筑址之间左右对称布置（参见图四○；图版四○）。

一、保存状况与地层堆积

发掘前东西廊庑所处地段，已开垦成农田，地表平坦，清除表土层即露出廊庑台基夯土。因长期农耕等活动，台基顶部已被破坏，础石基本无存。

二、形制与结构

东西廊庑台基，黄土夯筑。在西廊庑西壁南部外侧，开南北2、东西0.8米的解剖沟进行发掘。台基夯土分为二层，上层为黄色土，厚约40厘米。下层为灰黄色土，厚约20厘米。台基夯土在当时地面以下的部分，厚约15厘米，范围大于台明。台基只在柱础位置直径约1～2.5米的范围内，采用河卵石层与黄土层交替叠筑。

（一）东侧廊庑

廊庑台基从北端至第一号建筑址东侧行廊南壁，南北长约64米，东西宽约12米，残高约0.30米。由第一号建筑址东侧行廊南壁向南延伸约9.4米处被水渠切断（图二一○）。

由于两侧廊庑在第一号建筑址行廊以南部分的发掘长度不同，为了便于两侧廊庑柱网排列的对应，东西廊庑均以第一号建筑址行廊南壁延长线为界，分为南北两段描述。

北段台基顶面，共探出南北14排、东西3列柱础遗迹。除了第2排第2列柱础础石尚存以外，其他仅存柱础基础。残存础石平面近长方形，西南角已被凿掉，长约90、宽约70、厚约25厘米。柱础基础与第二号建筑址朵殿及廊道柱础结构相同，河卵石垫层直径1.4～1.8米。以柱础基础中心点计算，第1列柱础距台基西壁、第3列柱础距台基东壁约1.5米，两列柱础间距约4.6米。第1排和第2排柱础间距约5米，第2～14排柱础间距4.3～4.6米。此外，北段台基还在第1、2排的第1列和第2列柱础之间各增加了一个柱础。

南段台基发掘长度约9米，台基顶面发现南北2排、东西2列柱础遗迹。北排柱础北距廊道北部第1排柱础约4.6米，南北两排柱础间距约4.4米。东西两列柱础间距约9.5米，分别与台基北部的第1、3列柱础处在同一条南北方向线上。北排第1列柱础础石尚存。础石近似椭圆形，顶面平整，长宽约0.9～1.4米。其他柱础仅存柱础基础（图版四一，1）。

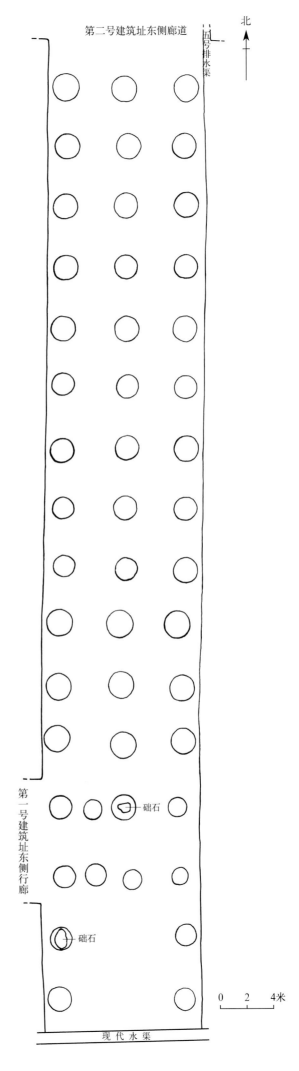

第二号建筑址东侧廊道

北

五号排水渠

第一号建筑址东侧行廊

砧石

砧石

图二一○　第一号建筑址东侧廊庑平面图

0　2　4米

现代水渠

（二）西侧廊庑

廊庑台基从北端至第一号建筑址西漫道及行廊南壁，南北长约64米，东西宽约12米，残高约0.3米。由第一号建筑址西漫道及行廊南壁向南延伸约1.5米处被水渠切断（图二一一；图版四一，2）。

北段台基东壁南段保留有南北长约17.3米的包壁砌石，仅存土衬石一层，共42块。石材外侧面和顶面加工平整，每块长20～60厘米不等。在北部台基东壁偏北处，残存2块方砖和1块长方砖。铺砖紧靠东壁，下层铺1块方砖和1块长方砖，上层铺1块方砖。由台基北端向南约27.8米处，台基的西壁与一座建筑台基（二号建筑遗迹）连接，该建筑遗迹与台基西壁连接处有一条南北向的排水渠（G3）通过。水渠长约8.4米，北口距台基北端约27.8米。台基顶面，共探出南北14排、东西3列柱础遗迹，柱网布局与东侧廊庑北部基本相同，第1、2排的第2列和第3列柱础之间各增加了一个柱础。础石全部遗失，仅存柱础基础。柱础基础与东侧廊庑柱础结构相同，河卵石垫层直径1.6～2米。以柱础基础中心点计算，第1列、第3列柱础分别距台基西壁和东壁1.3～1.5米，两列柱础间距约4.6米。第1排和第2排柱础间距约4.9米，第2～14排柱础间距4.2～4.5米。此外，在第2列第2～6排柱础之间各分布2块、第6排柱础北侧分布1块小型石板。石板近似长方形，宽约20厘米，长约30～50厘米，顶面平整。小型石板呈长边南北向排列，与第2列柱础基础中心点在一条南北方向线上。两排柱础之间的小型石板距离约1.2米，与柱础基础中心点的距离约1.5米（图版四二）。

南段台基因发掘长度较小，未见柱础等遗迹。

三、出土遗物

（一）东侧廊庑出土遗物

1. 陶质建筑构件

（1）瓦当

夹砂陶质，以深灰色和浅灰色为主，少量呈黄褐色，模制，圆形，边缘有高出当面的边轮。背面抹光，边缘与筒瓦相接处常常戳凿出半圈不规则形坑点，以便更好地用泥浆或泥坯与筒瓦接合。纹饰主题有二类。

六瓣仰莲纹瓦当　　内区中部有一圆形乳突，周围等距分布六个小型乳突，外区饰六个等距分布的桃形双瓣莲瓣，两莲瓣间饰萼形纹饰。

八瓣仰莲纹瓦当　　内区中部饰一圆形乳突，外饰两圈凸弦纹，其外饰一圈等距分布的小乳丁，共十四个，乳丁外饰一圈凸弦纹，外区饰八组双瓣莲纹，每组莲瓣之上有圆弧形装饰，两组莲瓣之间有三角形装饰。

标本06HBⅠT1004③：1，当身下部残，筒身完整，当面直径11.8、轮宽1、轮厚1.7、当心厚1、筒身长37.8厘米（图二一二；图版六一，5）。

（2）压当条

标本05HBⅡT0902②：6，板瓦形，瓦沿饰指压纹，残长30、宽14.5、胎厚2厘米（图二一三；图版六八，3）。

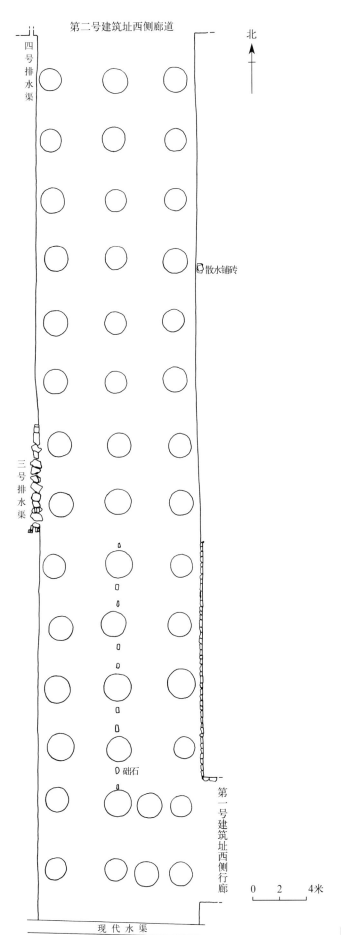

第二号建筑址西侧廊道

北

四号排水渠

三号排水渠

散水铺砖

础石

第一号建筑址西侧行廊

0   2   4米

现代水渠

图二一一　第一号建筑址西侧廊庑平面图

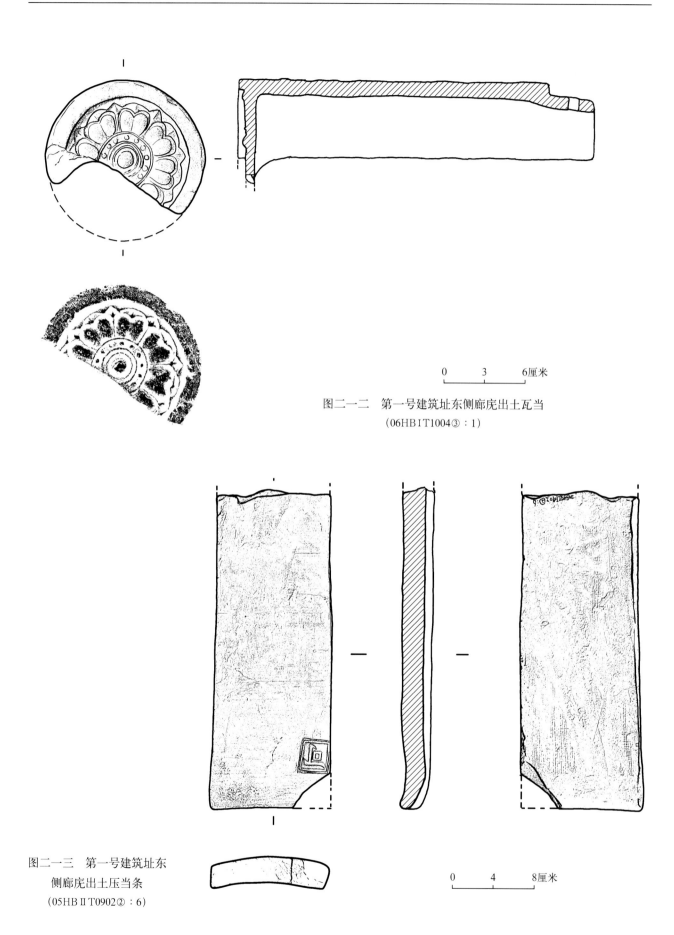

0　　3　　6厘米

图二一二　第一号建筑址东侧廊庑出土瓦当
（06HBⅠT1004③：1）

图二一三　第一号建筑址东
侧廊庑出土压当条
（05HBⅡT0902②：6）

0　　4　　8厘米

（3）柱围

标本06HB I T0803③：13，残长15.8、残高5.5厘米（图二一四，1；图版七八，2）。

标本06HB I T0803③：14，残长6、残高7厘米（图二一四，2）。

（4）砖

夹砂青灰色，模制，多为素面，少数印有花纹装饰。

标本05HB I T0901③：1，长方砖，一长侧边有忍冬纹饰，残长17.8、宽14.8、厚6.5厘米（图二一五；图版七九，5）。

2. 陶器

罐

1件。

标本05HB Ⅱ T0901②：10，泥质黑陶，轮制，素面，器形较大，圆唇，展沿，敛口，鼓肩，斜直腹，平底，肩部两侧有两个横桥耳，口径32、底径20.8、最大径36.8厘米（图二一六）。

3. 瓦上文字

东廊出土各类文字瓦共计72件。有板瓦、板瓦形压当条、筒瓦等。

（1）模印文字

出土67件，共计24种文字。

"⋯岈"：3件，压当条，阳文，有印框、字框。

标本04HB I T0902②：2（图二一七，1）。

"叿"：2件，板瓦，阳文，有印框、字框。

标本05HB Ⅱ T0902②：6（图二一七，2）。

"圡"：8件，板瓦，阴文，无印框、字框。有三种字体。

标本06HB I T0903③：6（图二一七，3），此类字体共4件。

标本05HB Ⅱ T0901②：3（图二一七，4），此类字体共2件。

标本05HB Ⅱ T0901②：5（图二一七，5），此类字体共2件。

"戌"：1件，直节形瓦舌筒瓦，位于T0903内，阳文，有印框、字框，残损严重。

"直"：2件，曲节形瓦舌筒瓦，阳文，有印框，无字框。

标本06HB I T0803③：6（图二一七，6）。

"帝"：4件，板瓦，阴文，有印框，无字框。有三种字体。

标本06HB I T0903③：4（图二一七，9），此类字体共2件。

标本05HB Ⅱ T0901②：6（图二一七，7）。

标本05HB Ⅱ T0901②：9（图二一七，8）。

"利"：3件，板瓦，均位于 I T0803内，阳文，有印框，无字框，残损严重。

"本"：1件，板瓦，阳文，有印框，无字框。

标本06HB I T0903③：1（图二一七，20）。

"贞"：1件，曲节形筒瓦，位于 I T0803内，阳文，有印框，无字框，残损严重。

"赤"：2件，板瓦，均位于 I T0901内，阳文，有印框，无字框，残损严重。

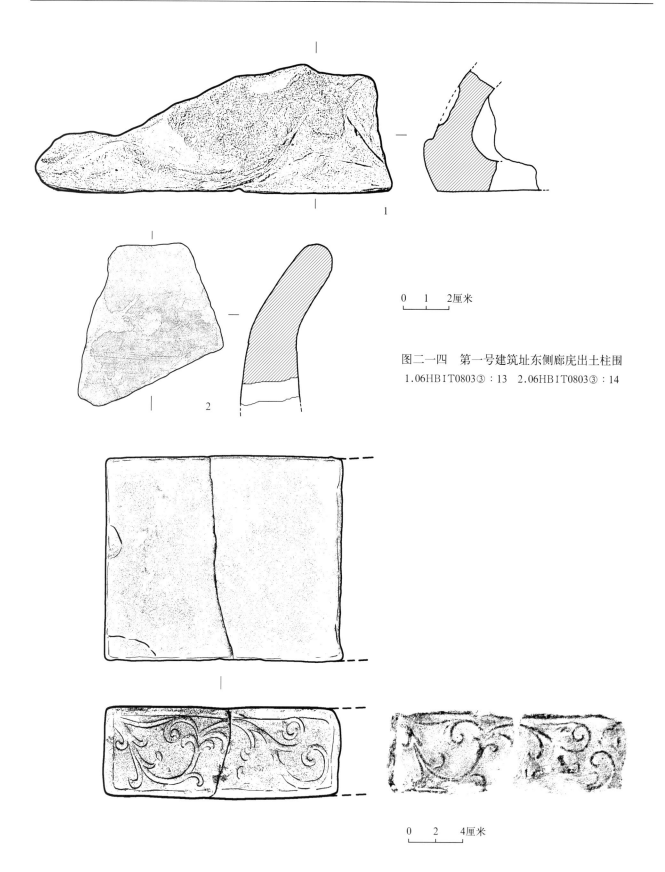

0　1　2厘米

图二一四　第一号建筑址东侧廊庑出土柱围
1.06HBIT0803③：13　2.06HBIT0803③：14

0　2　4厘米

图二一五　第一号建筑址东侧廊庑出土方砖
（05HBIT0901③：1）

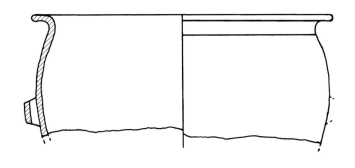

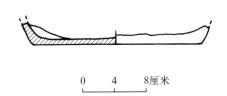

图二一六　第一号建筑址东侧廊庑出土陶罐
(05HBⅡT0901②：10)

"**素**"：11件，有板瓦和直节形瓦舌筒瓦二类，阴文，有三种字体。

标本06HBⅠT1004③：2，直节形瓦舌筒瓦，有不甚清晰的椭圆形印框，无字框（图二一七，10）。

标本05HBⅡT0901②：4，有长方形印框，无字框（图二一七，11），此类字体共3件，均为板瓦。

标本05HBⅠT0801③：14，有长方形印框，无字框（图二一七，12），此类字体共7件，均为板瓦。

"**羿**"：4件，有板瓦和直节形瓦舌筒瓦二类，其中板瓦3件，直节形瓦舌筒瓦1件，阳文，有印框，无字框。有二种字体。

标本06HBⅠT0802③：7，印框为长方形，左侧残（图二一七，14），此类字体共7件，板瓦和直节形瓦舌筒瓦均有。

标本06HBⅠT1004②：4，板瓦，印框呈"凸"字形（图二一七，15）。

"**计**"：4件，板瓦，阳文，有印框，无字框。

标本05HBⅡT0901②：2（图二一七，19）。

"**石**"：1件，板瓦，阳文，有印框、字框。

标本06HBⅠT0803②：1（图二一七，23）。

"**李**"：4件，板瓦，阳文，有印框、字框。

标本05HBⅡT0902②：5（图二一七，18）。

"**夕**"：1件，直节形瓦舌筒瓦，位于ⅠT0803内，阳文，有印框、字框，残损严重。

"**圡**"：4件，曲节形瓦舌筒瓦，阳文，有印框、字框。有两种字体。

标本06HBⅠT0803③：16（图二一七，21），此类字体共2件。

另一种字体共2件，均位于ⅠT0802内，残损严重。

"**盖**"：1件，曲节形瓦舌筒瓦，位于ⅠT0803内，阳文，有印框，无字框，残损严重。

图二一七 第一号建筑址东侧廊庑出土瓦件模印文字拓片

1.04HBIT0902②：2 2.05HBⅡT0902②：6 3.06HBIT0903③：6 4.05HBⅡT0901②：3
5.05HBⅡT0901②：5 6.06HBIT0803③：6 7.05HBⅡT0901②：6 8.05HBⅡT0901②：9
9.06HBIT0903③：4 10.06HBIT1004③：2 11.05HBⅡT0901②：4 12.05HBIT0801③：14
13.06HBIT0803③：2 14.06HBIT0802③：7 15.06HBIT1004②：4 16.05HBⅡT0901②：1
17.06HBIT0803③：12 18.05HBⅡT0902②：5 19.05HBⅡT0901②：2 20.06HBIT0903③：1
21.06HBIT0803③：16 22.06HBIT0802③：6 23.06HBIT0803②：1

"士"：1件，板瓦，阳文，有印框，无字框。

标本05HBⅡT0901②：1（图二一七，16）。

"文"：1件，板瓦，阳文，有印框，无字框。

标本06HBⅠT0803③：12（图二一七，17）。

"洵"：1件，曲节形瓦舌筒瓦，位于IT0803内，阳文，有印框，无字框，残损严重。

"目"：2件，压当条，均位于IT1002内，阳文，有印框，无字框，残损严重。

"**興**"：1件，压当条，阳文，有印框，无字框。

标本06HBⅠT0803③：2（图二一七，13）。

"**丝**"：4件，板瓦，阳文，有印框、有字框。

标本06HBⅠT0802③：6（图二一七，22）。

（2）刻划文字

出土5件。

"**川**"：1件，板瓦，位于ⅠT0903内，残损严重。

"**吉**"：2件，板瓦，文字上部均残。

标本05HBⅡT0901②：8（图二一八，3）。

标本05HBⅡT0901②：7（图二一八，4）。

"**本**"：2件。

标本05HBⅡT0902②：1，板瓦（图二一八，1）。

标本06HBⅠT0903③：8，直节形瓦舌筒瓦（图二一八，2）。

图二一八　第一号建筑址东侧廊庑出土瓦件刻划文字拓片

1.05HBⅡT0902②：1　2.06HBⅠT0903③：8　3.05HBⅡT0901②：8　4.05HBⅡT0901②：7

（二）西侧廊庑出土遗物

1．陶质建筑构件

（1）板瓦

均为夹砂灰陶，模制，多数平面呈等腰梯形，少数为长方形，凸面素面，少数有戳印或刻划文字，凹面在制坯时被模具印上了断续布纹。依据其在建筑上的使用部位可分为普通板瓦和檐头板瓦两类。

普通板瓦　平面呈梯形或长方形，素面较多，部分沿面饰指压纹。

檐头板瓦　用于建筑物房檐处，通常在瓦的宽端瓦沿处加厚，并施加纹饰，既具有板瓦自身的功能，又起到装饰作用。沿面纹饰种类较多。

标本05HBⅣT0204③：14，平面呈等腰梯形，用于建筑物中部房檐处，残长11、宽35、厚2厘米（图二一九；图版五〇，1）。

（2）筒瓦

均为夹砂陶，模制，瓦身多数平面呈长方形，个别呈等腰梯形，凸面素面，少数在瓦舌处有模印文字，凹面在制坯时被模具印上了细密的布纹，瓦舌内侧还可见多道麻布褶皱。依据陶色、制作工艺可分为普通筒瓦和绿釉筒瓦二类。

普通筒瓦　均为夹砂灰陶，模制，瓦身平面呈长方形，瓦舌形制显现曲节和直节两种形制。曲节形瓦舌普通筒瓦陶质夹细砂，深灰色，瓦舌平面呈等腰梯形，其上压出一条横向凹槽。直节形瓦舌普通筒瓦陶质夹粗砂，浅灰色，瓦舌平面呈长方形或等腰梯形。

标本06HBⅣT0207③：12，残长24.8、宽16、高8.6、胎厚1.6、瓦舌长4.6、宽10～12.4厘米（图二二〇，1）。

标本06HBⅣT0105③：1，瓦舌中部有半个戳印文字，通长34、宽17.2、高9、胎厚2、瓦舌长5.4、宽8.4～13.8厘米（图二二〇，2；图版五二，4）。

标本06HBⅣT0205③：41，残长13.2、宽14.8、高7、胎厚1.2、瓦舌长4.8、宽9.6厘米（图二二一，2）。

标本06HBⅣT0205③：43，残长22.4、宽12.8、高6.2、胎厚1.2、瓦舌长3.6、宽8.6～10.4厘米（图二二一，1）。

绿釉筒瓦　均为夹砂红陶，火候较低，模制，瓦身平面呈长方形，瓦舌平面呈等腰梯形，其上有一条横向凹槽，瓦身先施一层白色化妆土，再在其上施釉，化妆土有的施至瓦舌处，釉未在瓦舌处施。

标本05HBⅣT0203③：26，残长12.8、宽22、高11.8、胎厚2.2、瓦舌长6.8厘米（图二二二，1）。

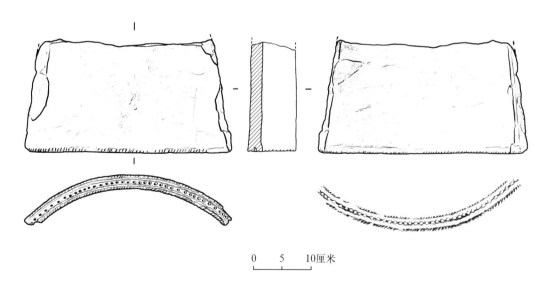

0　　5　　10厘米

图二一九　第一号建筑址西侧廊庑出土檐头板瓦
（05HBⅣT0204③：14）

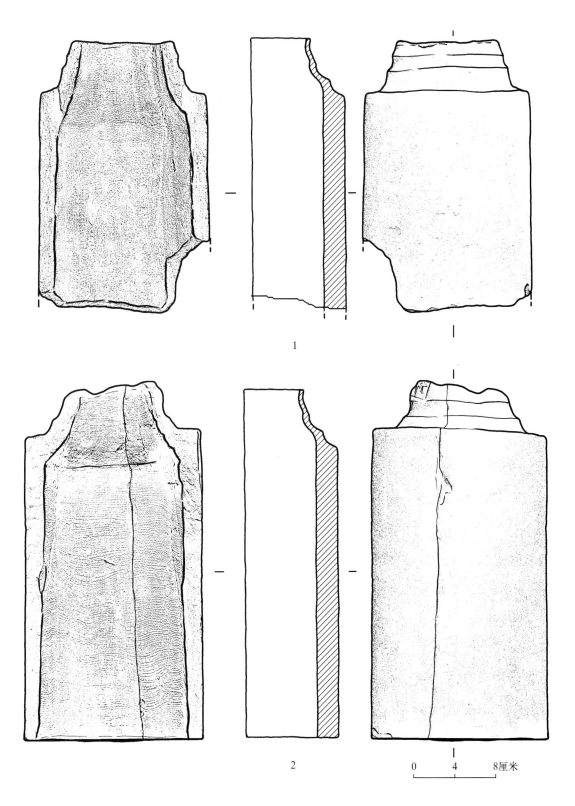

图二二〇 第一号建筑址西侧廊庑出土普通筒瓦（一）

1.06HB IVT0207③：12 2.06HB IVT0105③：1

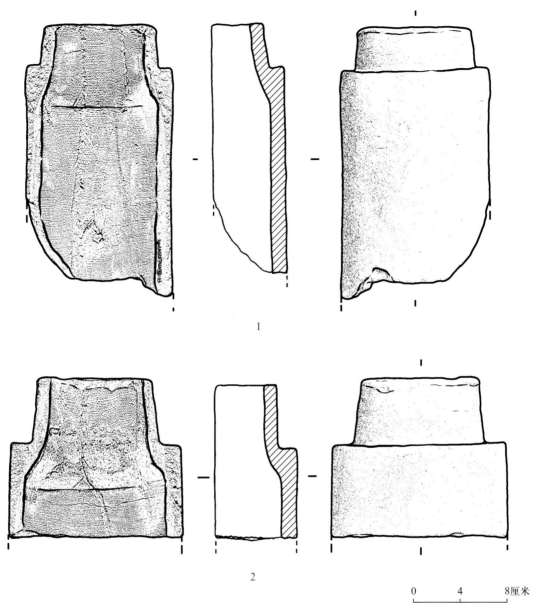

图二二一   第一号建筑址西侧廊庑出土普通筒瓦（二）
1.06HBⅣT0205③：43   2.06HBⅣT0205③：41

标本06HBⅠT0106③：8，残长12.6、残宽10、残高10、胎厚1.9、瓦舌长5.8厘米（图二二二，2）。

（3）瓦当

均为夹砂陶，以深灰色和浅灰色为主，少量呈黄褐色，模制，圆形，边缘有高出当面的边轮，当面饰莲纹、花草纹等纹饰。背面抹光，边缘与筒瓦相接处常常戳凿出半圈不规则形坑点，以便更好地用泥浆或泥坯与筒瓦接合。当面纹饰主题有四种类型。

六瓣仰莲纹瓦当   内区有一圆形乳突和等距分布的六个小型乳突，外区饰六个等距分布的桃形双瓣莲瓣，两莲瓣间饰萼形纹饰。

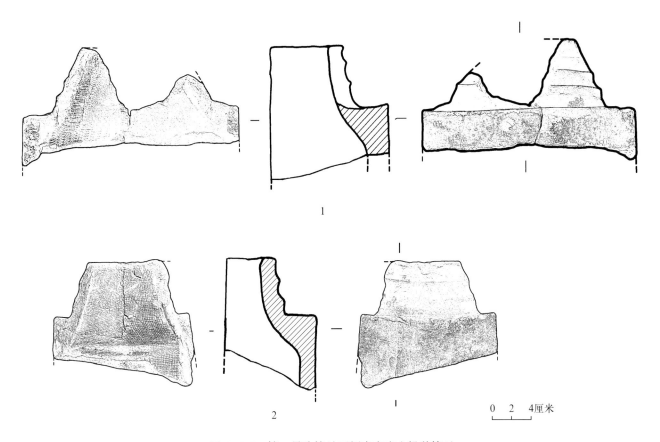

图二二二　第一号建筑址西侧廊庑出土绿釉筒瓦
1.05HBⅣT0203③：26　2.06HBⅠT0106③：8

标本05HBⅣT0201③：1，为异形檐头筒瓦，筒身与当身呈右斜75度锐角相接，当身下端残，直径16.8、轮宽1.1、轮厚1.7、当心厚1.2、筒身残长7.2厘米（图二二三，1；图版五七，5）。

标本06HBⅣT0205③：33，当身下部残，直径17、轮宽1.1、轮厚2、当心厚1.3、筒身残长4.6厘米（图二二三，2）。

标本06HBⅣT0205③：35，残长7、残宽4、轮宽0.9厘米（图二二三，4）。

标本06HBⅣT0106①：5，当身残存右下部分，残长11.4、残宽7、轮宽1、轮厚1.8、当心厚1.2厘米（图二二三，3）。

标本05HBⅣT0203③：1，当身左上端及下部残，直径16.8、轮宽1.1、轮厚2、当心厚1.5厘米（图二二四，2；图版六〇，4）。

标本05HBⅣT0204③：1，当身及筒身均完整，当面直径18、轮宽1.2、轮厚1.8、当心厚1.2、筒身长39.8厘米（图二二五，2；图版六〇，2）。

标本05HBⅣT0204③：2，当身上部残，直径18、轮宽1.3、轮厚2.1、当心厚1.3厘米（图二二四，1；图版六〇，3）。

标本05HBⅣT0204③：3，当身左上端及右下端残，直径17、轮宽1、轮厚1.8、当心厚1.2、筒身残长24.6厘米（图二二四，3）。

标本05HBⅣT0204③：4，当身右下端残，直径17.5、轮宽1.2、轮厚1.8、当心厚1.2、筒身残

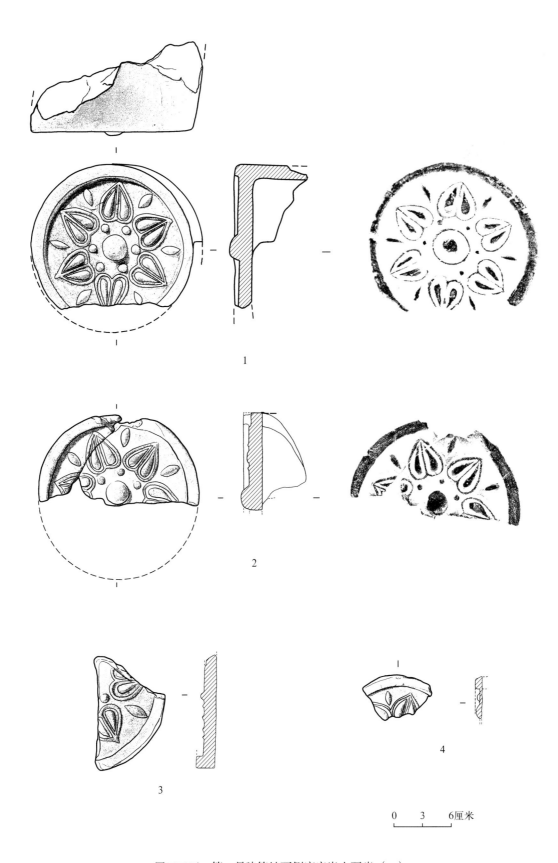

图二二三　第一号建筑址西侧廊庑出土瓦当（一）

1.05HBⅣT0201③：1　2.06HBⅣT0205③：33　3.06HBⅣT0106①：5　4.06HBⅣT0205③：35

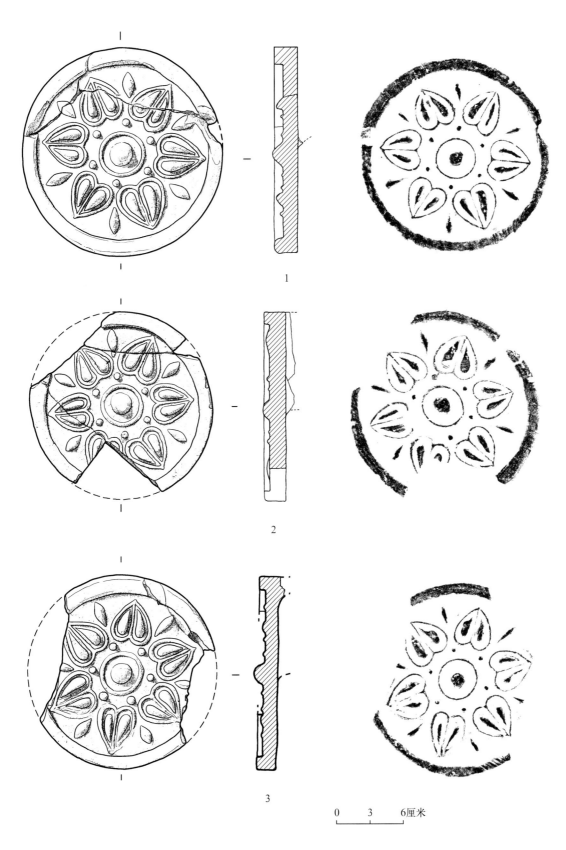

图二二四　第一号建筑址西侧廊庑出土瓦当（二）

1.05HBⅣT0204③：2　2.05HBⅣT0203③：1　3.05HBⅣT0204③：3

长24.8厘米（图二二五，1；图版六○，1）。

八瓣侧莲纹瓦当　内区中部饰一个半球形乳突，其外与八个等距分布的圆形乳丁弧线相接，乳丁外饰一圈凸弦纹，外区等距分布八朵缠枝侧莲纹饰，位置与小乳丁对应，莲瓣轮廓较尖锐。

标本06HB I T0106③：1，当身上端边轮微残，直径13、轮宽1、轮厚2、当心厚1.5、筒身残长11.3厘米（图二二五，3；图版六三，6）。

花草纹瓦当　内区中部饰一个半球形乳突，其外饰两圈凸弦纹，两圈凸弦纹间等距分布八个圆形乳丁，外区等距分布六株侧视花草纹饰，有的花草纹间饰心形纹饰。

标本05HBⅣT0203③：3，当身残存左上部分，残长9.6、残宽3.6、轮宽1.1、当心厚1.5、筒身残长4.5厘米（图二二五，4）。

标本06HBⅣT0206③：14，当身大部分残，直径14.8、轮宽1、轮厚1.9、当心厚1.5厘米（图二二五，5）。

（4）当沟

均为夹砂青灰色陶质，模制，凸面素面，凹面在制坯时被模具印上了布纹。有的当沟在烧制完成后，可能因使用中弧度与所放置的位置规格不符，而被重新打凿了弧边。

标本05HBⅣT0204③：17，残长36、宽16.4、高7.8、胎厚1.4～1.7厘米（图二二六，1；图版六七，1）。

标本05HBⅣT0204③：15，残长15.6、残宽12.5、胎厚1.6厘米（图二二六，2）。

（5）兽头残块

胎色泛红，器表施绿釉。

标本06HB I T0106②：4，残长10.5、残宽7.4厘米（图版七六，5）。

标本05HBⅣT0205③：18，残长6.5、残宽5.2厘米（图版七六，4）。

（6）柱围

标本05HBⅣT0206③：32，残长9.6、残高6.2厘米（图二二七，1）。

标本05HBⅣT0204③：1，残长6.2、残高5.5厘米（图二二七，2）。

（7）方砖

夹砂青灰色，模制，素面。

标本05HBⅣT0204③：18，长32.8、宽27、厚6厘米，一侧边被人为凿出宽8，厚2厘米的低台面，砖体中部钻一孔，孔径1.2厘米（图二二八；图版八○，2）。

2．铁钉

多为建筑物檐头处固定筒瓦之用，锻打而成，截面方形或长方形。

标本05HBⅣT0204③：19，头端弯折，钉身截面长方形，通高18.7、截面长边0.8、短边0.65厘米（图二二九）。

3．瓦上文字及符号

西廊庑出土各类文字瓦共计205件。有板瓦、板瓦形压当条、筒瓦等。

（1）模印文字

出土180件，共计42种文字。

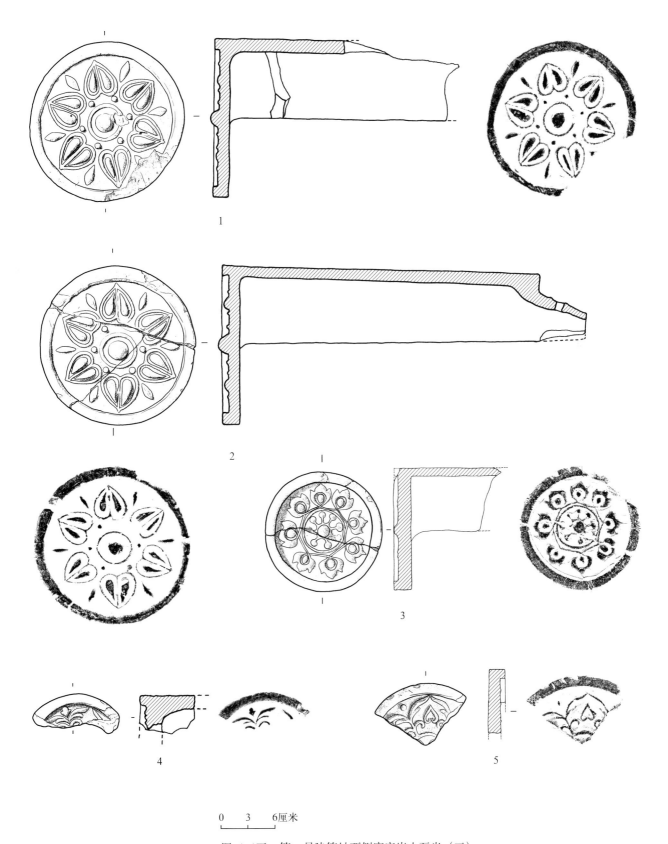

0　　3　　6厘米

图二二五　第一号建筑址西侧廊庑出土瓦当（三）

1、2.六瓣仰莲纹瓦当（05HBⅣT0204③：4　05HBⅣT0204③：1）

3.八瓣侧莲纹瓦当（06HBⅠT0106③：1）　4、5.花草纹瓦当（05HBⅣT0203③：3　06HBⅣT0206③：14）

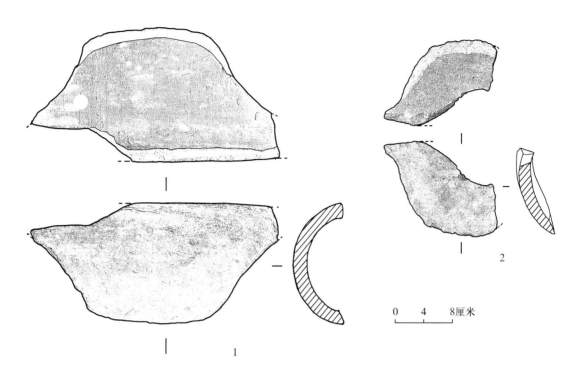

图二二六　第一号建筑址西侧廊庑出土当沟
1.05HBⅣT0204③：17　2.05HBⅣT0204③：15

"徐"：3件，板瓦，阳文。有两种形态。

标本06HBⅣT0206③：31，有印框，无字框（图二三〇，1），此类字体共2件。

标本06HBⅣT0206③：11，有印框、字框（图二三〇，2）。

"𠧪"：1件，板瓦，位于ⅣT0206内，阳文，有印框、字框，残损严重。

"下"：5件，有板瓦和压当条二类，阳文。有三种字体。

标本06HBⅣT0205③：8，有印框，无字框（图二三〇，3），此类字体共2件，均为板瓦。

标本05HBⅣT0204③：12，有印框、字框（图二三〇，4），此类字体共3件，均为板瓦。

标本06HBⅣT0206③：2，有印框、字框（图二三〇，5），此类字体共3件，均为压当条。

"艮"：4件，有板瓦和直节形瓦舌筒瓦二类，其中板瓦3件，直节形瓦舌筒瓦1件，阳文，有印框，无字框。有两种字形。

标本05HBⅣT0104③：2（图二三〇，6），此类字体共2件。

标本06HBⅣT0206③：43（图二三〇，7），此类字体共2件，均为板瓦。

"可"：3件，有板瓦和压当条二类，其中板瓦2件，压当条1件，阳文，有印框、字框。

标本06HBⅣT0206③：3（图二三〇，8）。

"土"：23件，阴文，多数无印框，个别有不甚清晰的长方形印框，均无字框。有四种字体。

标本06HBⅣT0206③：29（图二三〇，9），此类字体共14件，其中板瓦12件，直节形瓦舌筒瓦1件。

标本05HBⅣT0203③：18（图二三〇，10），此类字体共6件，均为板瓦。

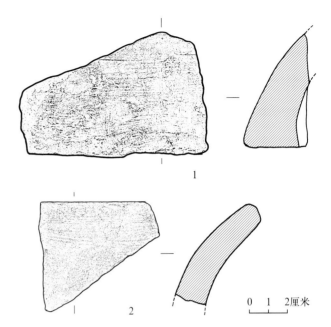

图二二七　第一号建筑址西侧廊庑出土柱围
1.05HBⅣT0206③：32　2.05HBⅣT0204③：1

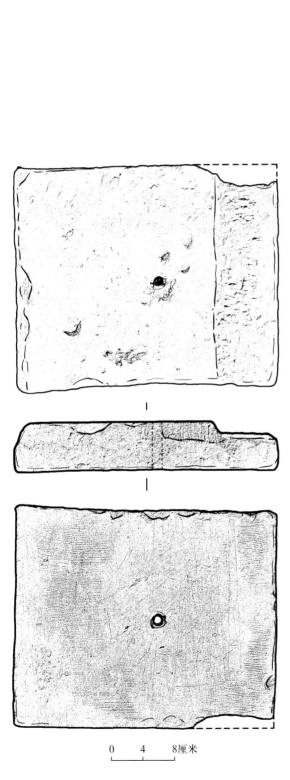

图二二八　第一号建筑址西侧廊庑出土方砖
(05HBⅣT0204③：18)

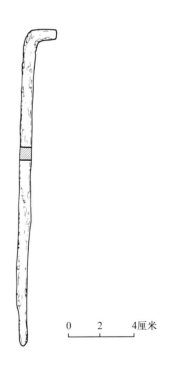

图二二九　第一号建筑址西侧廊庑出土铁钉
(05HBⅣT0204③：19)

标本06HBⅠT0105①∶1（图二三〇，11），此类字体共2件，均为板瓦。

标本06HBⅣT0204②∶5，板瓦（图二三〇，12）。

"〖匜〗"：4件，戳印阳文，有两种形态。

标本06HBⅣT0206②∶40，有印框，无字框（图二三〇，13），此类字体共3件，均为曲节形瓦舌筒瓦。

图二三〇　第一号建筑址西侧廊庑出土瓦件模印文字拓片（一）

1.06HBⅣT0206③∶31　2.06HBⅣT0206③∶11　3.06HBⅣT0205③∶8　4.05HBⅣT0204③∶12
5.06HBⅣT0206③∶2　6.05HBⅣT0104③∶2　7.06HBⅣT0206③∶43　8.06HBⅣT0206③∶3
9.06HBⅣT0206③∶29　10.05HBⅣT0203③∶18　11.06HBⅠT0105①∶1　12.06HBⅣT0204②∶5
13.06HBⅣT0206②∶40　14.06HBⅣT0207③∶3　15.06HBⅣT0205③∶39　16.05HBⅣT0204③∶6
17.05HBⅣT0205②∶14　18.06HBⅣT0206③∶4　19.06HBⅣT0205②∶2　20.06HBⅣT0204②∶8
21.06HBⅣT0205③∶21　22.05HBⅣT0203③∶6　23.06HBⅣT0205②∶10

标本06HBⅣT0207③：3，板瓦，有印框，无字框，字体反向（图二三〇，14）。

"天"：1件，曲节形瓦舌筒瓦，阳文，有方形印框，有字框。

标本05HBⅣT0205③：39（图二三〇，15）。

"十"：2件，板瓦，阳文，有方形印框，无字框。

标本05HBⅣT0204③：6（图二三〇，16）。

"君"：1件，板瓦，阴文，无印框，无字框。

标本06HBⅣT0205③：21（图二三〇，21）。

"尖"：4件，板瓦，阳文，有两种字体。

标本05HBⅣT0205②：14，有印框、字框（图二三〇，17）。

标本06HBⅣT0206③：4，有印框，无字框（图二三〇，18），此类字体共3件。

"戌"：13件，有板瓦和直节形瓦舌筒瓦二类，阳文，有印框、字框，有三种字体。

标本06HBⅣT0205②：2（图二三〇，19），此类字体共6件，均为，板瓦。

标本06HBⅣT0204②：8（图二三〇，20），此类字体共5件，均为，板瓦。

另一类共2件，直节形瓦舌筒瓦，均位于ⅣT0206内，残损严重。

"巴"：2件，板瓦，阳文，有印框，无字框。

标本05HBⅣT0205②：5（图二三一，13）。

"乙"：3件，板瓦，阳文，有印框，无字框。

标本06HBⅣT0206③：38（图二三一，1）。

"干"：6件，板瓦，阴文，有印框，无字框。有三种字体。

标本05HBⅣT0203③：6（图二三〇，22），此类字体共3件。

标本06HBⅣT0205②：10（图二三〇，23），此类字体共3件。

标本06HBⅣT0207②：2（图二三一，18）。

"利"：2件，板瓦，阳文，有印框，无字框。

标本06HBⅣT0207③：2（图二三一，2）。

"达"：3件，板瓦，有三种字体。

标本05HBⅣT0203③：4，阳文，有方形印框，无字框，左上角残（图二三一，3）。

标本05HBⅣT0201③：6，阳文，有不规则形印框，无字框，右端残（图二三一，4）。

标本05HBⅣT0201③：10，阴文，有不甚清晰的椭圆形印框，无字框，左端残（图二三一，5）。

"赤"：6件，有板瓦和直节形筒瓦二类，阳文，有印框，无字框。有两种字体。

标本06HB　T0106③：1（图二三一，7），此类字体共3件，均为直节形瓦舌筒瓦。

标本05HB　T0202③：9（图二三一，8），此类字体共3件，均为板瓦。

"素"：15件，阴文，有五种字体。

标本06HBⅣT0206③：12，直节形瓦舌筒瓦，阴文，有不甚清晰的椭圆形印框，无字框（图二三一，15）。

标本06HBⅣT0105③：2，阴文，有长方形印框，无字框（图二三一，16），此类字体共2件，均为板瓦。

标本05HBⅣT0203③：15，阴文，有长方形印框，无字框（图二三一，17），此类字体共2件，均为板瓦。

标本05HBⅣT0203③：8，字外有大面积单线条刻划纹饰（图二三一，14；图版84，1），此类字体共9件。

标本06HBⅣT0107②：2，板瓦，阳文，有长方形印框，有字框，左下角残（图二三一，10）。

"冯"：3件，板瓦，阳文，有印框，无字框。

标本06HBⅣT0205③：6（图二三二，3）。

"計"：3件，板瓦，阳文，有印框，无字框。

标本06HBⅣT0205③：26（图二三一，9）。

"六"：2件，板瓦，分别位于T0106和ⅣT0106内，阳文，有印框，无字框，残损严重。

"下"：2件，曲节形瓦舌筒瓦，阳文，有印框，无字框。有两种字体。

标本05HBⅣT0203③：25（图二三一，11）。

标本06HBⅣT0205③：14（图二三一，12）。

"伙"：13件，板瓦，阳文，有印框、字框。有两种字体。

标本06HBⅣT0207③：4（图二三一，19），此类字体共11件。

标本05HBⅣT0202③：10（图二三一，20），此类字体共2件。

"化"：5件，曲节形瓦舌筒瓦，阳文，有印框，无字框。

标本06HBⅣT0203③：23（图二三一，21）。

"音"：4件，有板瓦和压当条二类，阳文，有两种字体。

标本06HBⅣT0207②：62，有印框，无字框（图二三一，22），此类字体共2件，其中板瓦2件，压当条1件。

标本06HBⅣT0106③：1，板瓦，有印框、字框（图二三一，23）。

"弖"：2件，板瓦，阳文，有印框，有字框。

标本06HBⅣT0206③：18（图二三二，12）。

"羊"：2件，板瓦，阳文，有印框，有字框。

标本06HBⅣT0206③：22（图二三二，8）。

"石"：8件，阳文，有板瓦和直节形筒瓦二类。有三种字体。

标本06HBⅣT0206③：19，有印框、字框（图二三二，9）。此类字体共5件，均为板瓦。

标本06HBⅠT0106②：5，直节形瓦舌筒瓦，有印框、字框（图二三二，10）。

标本06HBⅣT0206③：52，有印框、字框（图二三二，11）。此类字体共2件，均为板瓦。

"李"：3件，板瓦，阳文，有印框、字框。

标本06HBⅣT0204②：6（图二三二，7）。

"寸"：2件，曲节形瓦舌筒瓦，阳文，有印框、字框。有两种字体。

标本06HBⅠT0106②：2（图二三二，1）。

标本06HBⅣT0206③：25（图二三二，2）。

标本06HBⅣT0206③：26，板瓦，无字框（图二三二，4）。

图二三一　第一号建筑址西侧廊庑出土瓦件模印文字拓片（二）

1.06HBIVT0206③：38　2.06HBIVT0207③：2　3.05HBIVT0203③：4　4.05HBIVT0201③：6
5.05HBIVT0201③：10　6.05HBIVT0203③：13　7.06HBIVT0106①：1　8.05HBIVT0202③：9
9.06HBIVT0205③：26　10.06HBIVT0107②：2　11.05HBIVT0203③：25　12.06HBIVT0205③：14
13.05HBIVT0205②：5　14.05HBIVT0203③：8　15.06HBIVT0206③：12　16.06HBIVT0105③：2
17.05HBIVT0203③：15　18.06HBIVT0207②：2　19.06HBIVT0207③：4　20.05HBIVT0202③：10
21.06HBIVT0203③：23　22.06HBIVT0207②：62　23.06HBIVT0106③：1

标本06HBIVT0206③：1，板瓦，无字框（图二三二，5）。

标本06HBIVT0205②：24，板瓦，无字框（图二三二，6）。

标本06HBIVT0205③：23，无字框（图二三二，13），此类字体共3件，均为板瓦。

标本06HBIVT0206③：9，无字框（图二三二，14），此类字体共2件，均为板瓦。

"首"：3件，曲节形瓦舌筒瓦，阳文，有印框，无字框。有两种字体。

标本05HBⅣT0204③：11（图二三二，15），此类字体共2件。

"𠃌"：2件，板瓦，阳文，有印框，无字框，有两种字体。

标本06HBⅣT0206③：48，右侧残（图二三二，19）；另一件位于ⅣT0205内，残损严重。

"青"：4件，板瓦，阳文，有印框、字框。

标本05HBⅣT0203③：13（图二三一，6）。

"土"：8件，阳文，有印框，有五种字体。

标本05HBⅣT0203③：22（图二三二，16）。

"𠂇"：2件，板瓦，阳文。有两种形态。

图二三二　第一号建筑址西侧廊庑出土瓦件模印文字拓片（三）

1.06HBⅠT0106②：2　2.06HBⅣT0206③：25　3.06HBⅣT0205③：6　4.06HBⅣT0206③：26
5.06HBⅣT0206③：1　6.06HBⅣT0205②：24　7.06HBⅣT0204②：6　8.06HBⅣT0206③：22
9.06HBⅣT0206③：19　10.06HBⅠT0106②：5　11.06HBⅣT0206③：52　12.06HBⅣT0206③：18
13.06HBⅣT0205③：23　14.06HBⅣT0206③：9　15.05HBⅣT0204③：11　16.05HBⅣT0203③：22
17.06HBⅣT0106①：8　18.06HBⅣT0206③：46　19.06HBⅣT0206③：48　20.05HBⅣT0201③：12
21.06HBⅣT0205①：1　22.06HBⅣT0204②：2　23.06HBⅣT0104②：1

标本06HBⅣT0106①：8，有印框，无字框（图二三二，17）。

另一类字体1件，位于ⅣT0203内，有印框、字框，残损严重。

"**下刀**"：2件，板瓦，阳文，有印框、字框。

标本06HBⅣT0206③：46（图二三二，18）。

"**美**"：1件，直节形瓦舌筒瓦，阴文，无印框、字框。

标本05HBⅣT0201③：12（图二三二，20）。

"**宫**"：2件，板瓦，阳文，有印框、字框。

标本06HBⅣT0205①：1（图二三二，21）。

"**夆**"：4件，板瓦，阳文，有印框、字框。

标本06HBⅣT0204②：2（图二三二，22）。

"**屈**"：2件，直节形瓦舌筒瓦，阴文，有印框，无字框。

标本06HBⅣT0104②：1（图二三二，23）。

（2）刻划文字

出土16件，共有7种文字。均为板瓦。

"**吉**"：2件，文字均残。

标本06HBⅣT0206③：63（图二三三，1）。

标本05HBⅣT0201③：9（图二三三，2）。

"**川レ**"：3件。

标本06HBⅣT0205③：32（图二三三，3）。

标本05HBⅣT0203③：21（图二三三，4）。

标本05HBⅣT0202③：4（图二三三，5）。

"**大**"：1件。

标本05HBⅣT0204③：5（图二三三，10）。

"**天**"：1件。

标本05HBⅣT0203③：12（图二三三，6）。

"**本**"：2件。

标本05HBⅣT0203③：9（图二三三，7）。

"**ⴱ**"：5件。

标本05HBⅣT0203③：11（图二三三，9）。

标本05HBⅣT0204③：5（图二三三，11）。

"**才**"：2件。

标本05HBⅣT0201③：13（图二三三，16）。

标本05HBⅣT0205③：11（图二三三，15）。

（3）刻划符号

9件。

标本05HBⅣT0202③：6，板瓦（图二三三，8）。

图二三三　第一号建筑址西侧廊庑出土瓦件刻划文字及符号拓片

1～7、9～11、15、16.刻划文字（1.06HBⅣT0206③：63　2.05HBⅣT0201③：9　3.06HBⅣT0205③：32
4.05HBⅣT0203③：21　5.05HBⅣT0202③：4　6.05HBⅣT0203③：12　7.05HBⅣT0203③：9
9.05HBⅣT0203③：11　10.05HBⅣT0204③：5　11.05HBⅣT0204③：5　15.05HBⅣT0205③：11
16.05HBⅣT0201③：13）　8、12～14、17～22.刻划符号（8.05HBⅣT0202③：6　12.06HBⅣT0205③：31
13.05HBⅣT0202③：5　14.06HBⅣT0104③：4　17.06HBⅣT0206③：64　18.06HBⅣT0106③：6
19.06HBⅣT0207③：7　20.06HBⅣT0206②：60　21.06HBⅣT0205②：40　22.05HBⅣT0201③：2）

标本05HBⅣT0202③：5，板瓦（图二三三，13）。

标本06HBⅣT0207③：7，板瓦（图二三三，19）。

标本06HBⅣT0205③：31，板瓦（图二三三，12）。

标本06HBⅣT0205②：40，直节形瓦舌筒瓦（图二三三，21）。

标本06HBⅣT0206③∶64，板瓦（图二三三，17）。

标本06HBⅣT0104②∶4，直节形瓦舌筒瓦（图二三三，14）。

标本05HBⅣT0201③∶2，板瓦（图二三三，22）。

标本06HBⅣT0206②∶60，板瓦（图二三三，20）。

标本06HBⅣT0106③∶6，板瓦（图二三三，18）。

第六节　排水渠

内城发掘区共发现5条排水渠，分别位于第一号建筑址东西行廊的中部、第二号建筑址东西廊道的两端、第一号建筑址西侧廊庑北段与二号建筑遗迹之间（参见图四〇）。排水渠均呈南北向，与廊道台基同时建筑，结构基本相同。

一、一号排水渠

一号排水渠（G1）位于第一号建筑址西侧行廊中部，东距第一号建筑址西壁约13米。渠体纵贯行廊台基，使用小块石板和砖构筑，建筑结构与四号排水渠基本相同，但南侧渠口部位底部铺一块方砖，两壁各立一块方砖。水渠的南北两端受到破坏，南端缺失2块盖顶石板，北端长约0.6米的部分盖顶石板缺失，现存16块盖顶石板。

盖顶石板粗加工成多边形，大小不一，长宽约40~80不等、厚约15厘米。水渠南口内侧宽约0.3、高约0.4米（图二三四；图版四三）。因考虑遗址本体保护等因素，未对一号排水渠进行解剖。

二、二号排水渠

二号排水渠（G2）位于第一号建筑址东侧行廊中部，西距第一号建筑址东壁约12.5米。渠体纵贯行廊台基，使用小块石板构筑，建筑结构与四号排水渠基本相同。水渠南端受到破坏，一块盖顶石板已被推移到行廊台基之下，现存18块盖顶石板。

盖顶石板粗加工成多边形，大小不一，长宽约30~90厘米不等，厚约15~20厘米。两壁石板长40~65、高约40、厚约15厘米。南口内侧宽约0.4、高约0.4米（图二三五；图版四四）。未对二号排水渠进行解剖。

三、三号排水渠

三号排水渠（G3）位于第一号建筑址西侧廊庑与二号建筑遗迹之间，南北全长约8.5米。渠体纵贯二号建筑遗迹台基，使用小块石板和砖构筑，建筑结构与四号排水渠基本相同，但在南北渠口

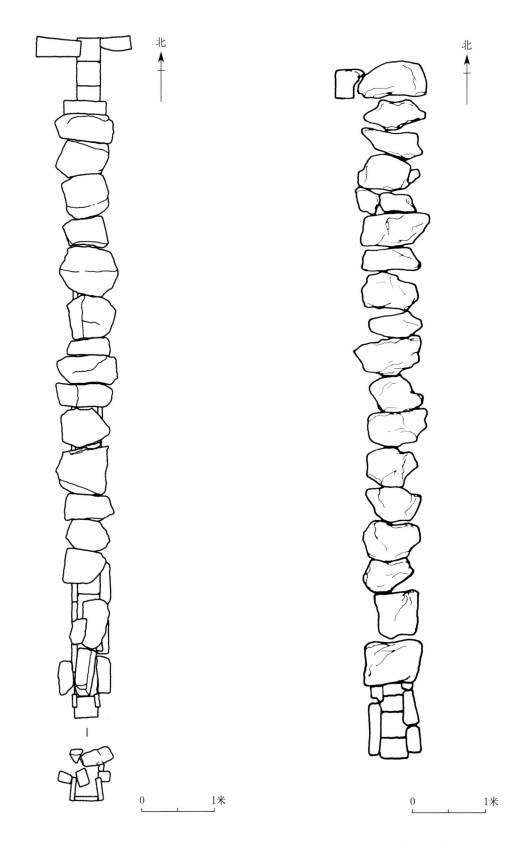

图二三四　一号排水渠顶部平面及南侧渠口立面图　　　　图二三五　二号排水渠顶部平面图

部位有砖砌结构。水渠南口底面纵向铺2块方砖，两壁用长方砖平砖丁砌4～5层，砖壁自渠口向两侧铺砌，包砌二号建筑遗迹台基南壁，盖顶石板缺失。水渠北口底面铺一块半长方砖，两壁竖立长方砖。南北两端渠口部位都受到一定程度的破坏，盖顶石板缺失，现存12块盖顶石板。

盖顶石板粗加工成多边形，大小不一，长宽约30～90厘米不等，厚约15厘米。水渠南口内侧宽约0.2、高约0.28米，北口内侧宽约0.3、高约0.32米（图二三六；图版四五）。未对三号排水渠进行解剖。

四、四号排水渠

四号排水渠（G4）位于第二号建筑址西廊的西部，东距第二号建筑址西朵殿西壁约16米。渠体纵贯廊道台基，使用小块石板构筑。为了详细了解排水渠的建筑结构，选择四号排水渠南段进行解剖发掘。其建筑方法为：当廊道台基夯筑至与当时地面水平时，在水渠位置铺砌渠底石板，渠底石板两侧并立石板为渠壁。廊道台基夯筑至渠壁高度时，在渠顶加盖石板并于盖顶石两侧外缘填充小石块封堵，其上继续覆土夯筑形成暗渠。

排水渠南北两端渠口部分受到一定程度破坏，南端缺失1～2块盖顶石板，西壁最南端的1块石板缺失，水渠南口东侧有一块残砖，推测渠口使用长方砖包壁。水渠北端缺失1块盖顶石板，渠口最北端的石板与西廊台基北壁约有0.2米的距离，推测北侧渠口也可能使用长方砖包壁（图二三七）。

渠底石板长方形，加工规整，均纵向铺砌，保存长度约5.2米。石板宽约24、厚约10、长30～50厘米不等。两壁石板长方形，加工规整，立砌在渠底石板的外侧。石板高约58、厚约5～8、宽22～45厘米不等。渠顶部残存9块盖顶石板，长方形或多边形，大小不一，下面加工规整。石板厚约15、长宽30～80厘米不等。四号排水渠全长约6米，内部宽约0.24、高0.45～0.5米（图版四六，1～3）。

五、五号排水渠

五号排水渠（G5）位于第二号建筑址东廊的东部，西距第二号建筑址东朵殿东壁约16米。渠体已被破坏，除了水渠南端和中部各残存一块渠底铺石以外，其他石材均已缺失，遗迹为一条宽约0.5米，纵贯廊道台基的沟。渠底铺石近方形，长宽约25～50、厚约10厘米（图版四六，4）。

内城宫殿区共发现5条排水渠，均呈南北向，为使用石板搭建的暗渠，贯穿廊道台基。

八连城遗址及其周边地势平坦，城址内容易积水。城址西方的图们江和东方的珲春河由北向南流淌，城址内外灌溉渠网的干渠水流亦是由北向南。因此，内城排水系统是将庭院内积水向南排放，从排水渠均呈南北向这一现象也可以得到认证。

第二号建筑址南侧庭院的积水，从纵贯第一号建筑址东西行廊台基的排水渠（G1、G2）排出。内城北部的积水，通过第二号建筑址东西廊道两端的排水渠（G4、G5）排出。二号建筑遗迹东侧的排水渠（G3），承担第四号建筑址南侧院落的排水。

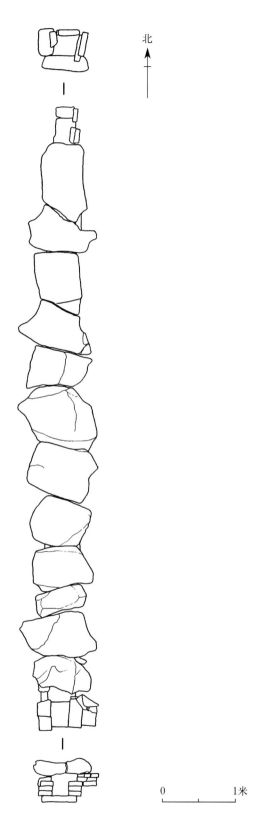

北

0　　　　1米

图二三六　三号排水渠顶部平面及两端渠口立面图

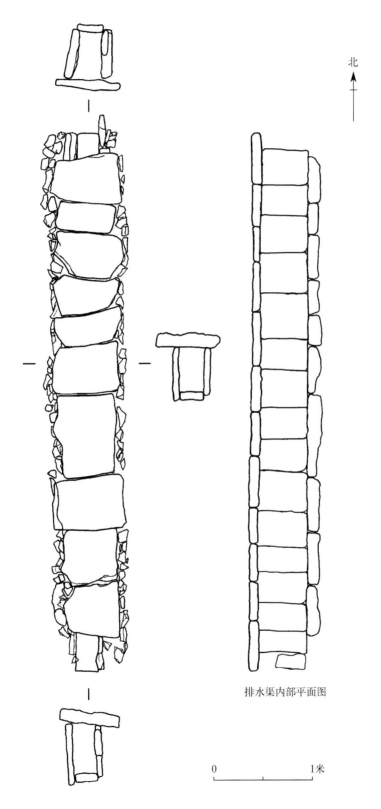

北

排水渠内部平面图

0　　　　　　　1米

图二三七　四号排水渠平、剖面及两端渠口立面图

第七节　其他建筑遗迹

对内城北部中轴线上主要建筑遗迹实施发掘的同时，在第二号建筑址的东西两侧和第一号建筑址的西北，还发现有建筑遗迹分布（参见图二三九）。由于这几处建筑遗迹所处位置未纳入本次发掘规划范围，因此只对其进行了小面积清理。

一、第二号建筑址东侧建筑遗迹

第二号建筑址东侧发现两处建筑遗迹。一处位于第二号建筑址东朵殿东约19米，所处位置与和龙西古城三号宫殿址、渤海上京城第4-1号宫殿址相当，暂编号为：第三号建筑址[1]。另一处位于第二号建筑址东朵殿与第三号建筑址之间偏北处，暂编号为：一号建筑遗迹。

第三号建筑址清理了建筑台基西部约1～3米的范围。台基黄土夯筑，残高约0.5米。西壁长约18.6米，中部设东西长约1米，南北宽约1.3米的石砌台阶，南部连接第二号建筑址东侧廊道。南壁比东侧廊道南壁偏南约0.4米，与第二号建筑址主殿南壁处在同一条东西方向线上，清理长度约3米。北壁与第二号建筑址主殿北壁处在同一条东西方向线上，清理长度约1米。

在台基顶部西南角发现两个南北向排列的柱础遗迹，南排柱础中心点距离南壁约1.9米，距离西壁约1.3米，两个柱础分别与第二号建筑址东侧廊道的南北两排柱础处在同一条东西方向线上。柱础仅存基础部分，结构与第二号建筑址朵殿柱础基础相同。

第三号建筑址台基的南北两壁，分别与第二号建筑址主殿台基南北两壁处于同一条东西方向线上，建筑进深大于第二号建筑址朵殿，建筑规模可能与第二号建筑址主殿相当。

一号建筑遗迹清理了建筑台基南部约5米的范围。台基黄土夯筑，残高约0.5米。南壁长约14.5米，与第二号建筑址朵殿北壁处于一条东西方向线上，中央略偏西位置散落一块条石，台基南壁似使用石材包壁。西壁距离第二号建筑址东朵殿约2.2米，东壁距离第三号建筑址约2.7米，东西两壁清理长度约5米。在西壁东约5米、南壁北约4米的位置，台基顶部残存一块础石。据台基顶部础石位置等迹象推测，一号建筑遗迹可能为一座面阔3间的小型房址。

二、第二号建筑址西侧建筑遗迹

第二号建筑址西侧发现的建筑遗迹位于西朵殿西约18.8米，所处位置与和龙西古城四号宫殿址、渤海上京城第4号宫殿址西侧殿址相当，暂编号为：第四号建筑址。

第四号建筑址清理了建筑台基东部约1.5米的范围。台基黄土夯筑，残高约0.5米。东壁南部连接第二号建筑址西侧廊道，从廊道北壁向北揭露约1米，东壁继续向北延伸。在东壁与廊道南壁形成

---

[1]　吉林省文物考古研究所、延边朝鲜族自治州文化局、延边朝鲜族自治州博物馆、和龙市博物馆编著：《西古城——2000～2005年度渤海国中京显德府故址田野考古报告》，文物出版社，2007年，北京；黑龙江省文物考古研究所编著：《渤海上京城——1998～2007年度考古发掘调查报告》上册，文物出版社，2009年，北京。

的转角处，残存2块包壁条石（图版四七，1）。南壁比廊道南壁偏南约0.5米，与第二号建筑址台基南壁处于同一条东西方向线上。

第四号建筑址与第三号建筑址东西对称布置在第二号建筑址的左右两翼，虽然发掘范围有限，建筑形制还不甚明确，但从渤海宫殿建筑布局特点等方面考虑，第四号建筑址建筑结构及规模应与第三号建筑址大体相同。

三、第一号建筑址西北建筑遗迹

位于第一号建筑址西侧廊庑北部第7、8排柱础西侧，北距第四号建筑址约27.8米，遗迹的南缘与第一号建筑址殿基台基的北缘处于同一条东西方向线上，暂编号为：二号建筑遗迹。

二号建筑遗迹清理了建筑台基东部约3.5米的范围，遗迹受到过扰动，顶面坑洼不平，部分包壁石已散落于地表。

二号建筑遗迹的台基为黄土夯筑，南北约8.5米，残高约0.5米。台基东端与第一号建筑址西侧廊庑西壁连接，连接处有一条南北向的排水渠（G3）通过。北壁揭露长度约3米，东端为排水渠（G3）的北口，自渠口以西使用石材包壁，残存1~2层包壁石。南壁揭露长度约3.5米，东端为排水渠（G3）的南口，自渠口以西使用长方砖包壁，残存1层包壁砖，平砖丁砌。南壁距第一号建筑址西侧廊庑西壁约1.6米处，设砖砌台阶。台阶南北长约1米，清理宽度约1.5米。台阶底面铺一层方砖，东、南两侧外缘用长方砖错缝侧砖顺铺台阶牙子，接缝处外侧用砖钉加固。台阶东南角存一块斜铺方砖，为"垂带"铺饰（图版四七，2~4）。

台基顶部南北两侧各有一条东西向分布宽约1.5米的河卵石垫层，南北两条河卵石垫层中分线相距约4.5米，距台基南北两壁约2米，与第一、二号建筑址之间廊道北段结构相同，应是为设置柱础采取的加固措施。

第四章　城址形制考察

第一节　内外二重城规划设计

八连城有内、外二重城墙，迄今为止的考古调查并未发现存在更大规模城郭的明确迹象（图二三八）。

外城平面接近方形，东西707.4米，南北744.6米。根据20世纪前半期八连城考古调查资料推测，八连城外城存在环壕的可能性较大[1]。

通过2009年的发掘了解到，外城南墙中央设置城门。外城南门为单门道，东西宽约3.2米，南北长约5.2米。门址东西两端直接利用城墙作为门道墩台，门道两壁立排叉柱，顶部应建有木结构过梁式门楼。现存外城墙体已不能确认其他城门的位置，但据斋藤优1942年发掘调查报告记录，外城四面城墙中央位置墙体都有凹陷，可能是城门址所在[2]。此外，在外城南门的西侧，南墙墙体有一处豁口，位置与和龙西古城外城南门西侧城墙豁口相同[3]。西古城与八连城形制接近性质相同，两城址城墙相同位置均存在豁口这一现象提示，八连城外城南门西侧可能还设有偏门。

外城之内由隔墙划分出若干区划。距外城北墙约133米，有一条东西向隔墙将外城北部区分出一处南北约130米，东西贯穿外城的区划。外城南部中央由隔墙划分出南北相连的二区划，在内城南侧至外城南墙之间形成两处封闭区域。外城的东部和西部亦存在多条纵横交错的隔墙，将外城东西两侧区域分隔出若干区划和院落[4]。

内城位于外城中央略偏北，平面长方形，东西216.4米，南北317.6米。内城南墙的中部向北折入13.5米，中央设城门。内城南门台基平面长方形，南北约16米，东西约28米。台基的南北两面各设左中右三个台阶，根据柱网布局推断，内城南门为面阔5间、进深2间的木构建筑。1942年，斋藤优发掘调查八连城时确认，内城东西两墙中央位置，墙体凹陷。并在西墙凹陷处内侧进行了发掘，清理出南北两处排列整齐的素面方砖，采集到绿釉脊兽残片、瓦片等遗物[5]。推测内城存在东、西城门的可能性较大。

八连城内、外城南门处在同一条南北方向线上，构成全城中轴线。

---

[1] 王培新：《20世纪前半期珲春八连城考古述评》，《边疆考古研究》第11辑，科学出版社，2012年，北京。

[2] 斋藤优：《半拉城と他の史蹟》，半拉城址刊行会，1978年。

[3] 吉林省文物考古研究所、延边朝鲜族自治州文化局、延边朝鲜族自治州博物馆、和龙市博物馆编著：《西古城——2000～2005年度渤海国中京显德府故址田野考古报告》，文物出版社，2007年，北京。

[4] 王培新：《20世纪前半期珲春八连城考古述评》，《边疆考古研究》第11辑，科学出版社，2012年，北京。

[5] 斋藤优：《半拉城と他の史蹟》，半拉城址刊行会，1978年。

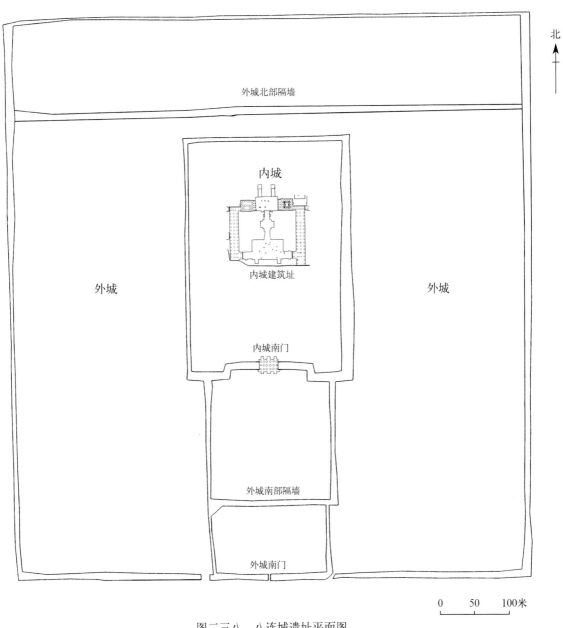

图二三八　八连城遗址平面图

第二节　中轴对称的院落式宫殿建筑布局

　　八连城的建筑遗址集中分布在内城的北部（图二三九）。其中，第一、二号建筑址规模宏大，布置在全城中轴线上，为八连城的主要宫殿建筑。

　　第一号建筑址是内城第一重宫殿建筑，布置在内城的几何中心，单体规模最大。第一号建筑址

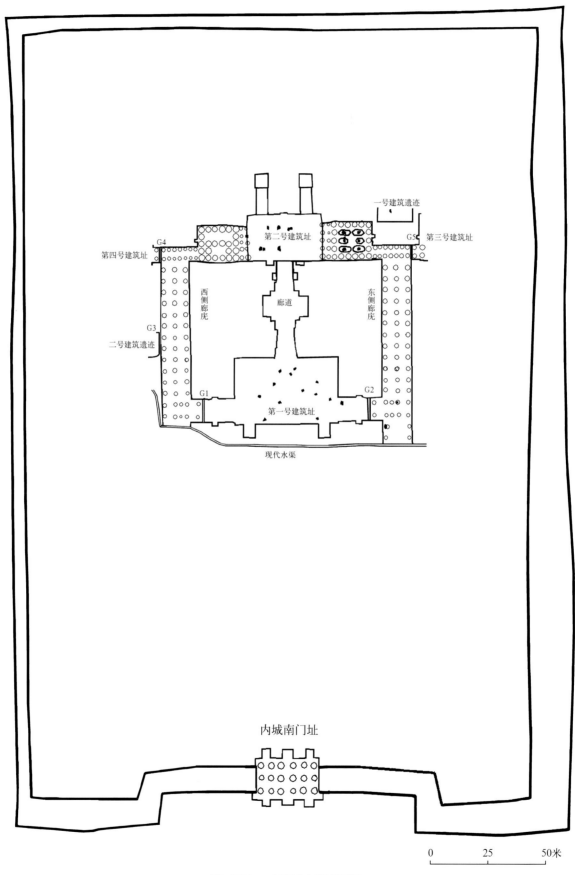

图二三九　八连城内城平面图

殿基台基高大，两掖连接漫道及行廊，南壁设左右上殿台阶。

第二号建筑址位于第一号建筑址的北侧，是由主殿和左右朵殿组成的复合建筑。第二号建筑址台基较第一号建筑址低矮，中央台基为主殿，东西两侧对称布置朵殿。根据2004年发掘确认的柱础布局推测，第二号建筑址主殿为面阔5间、进深2间、四面周廊的木构建筑，其明间为穿堂，左右为面阔、进深均2间中央减柱的二室。第二号建筑址主殿台基中央有廊道连接第一号建筑址，两者组合形成工字殿。

此外，在第二号建筑址的东西两侧，各布置一座大型建筑址（第三、四号建筑址），三座宫殿东西一线，横贯于内城的北部。

内城建筑以第一、二号建筑址为核心，由廊道、廊庑规划建筑之间的通道，并合围形成庭院。

第一号建筑址是八连城内城南起第一重宫殿建筑，其东西两侧廊庑延伸至内城南墙附近[1]。因此，在第一号建筑址南面由东西廊庑的南段与内城南墙中段合围，规划出东西约78米，南北约136米的殿前广场，东西廊庑南段也是殿前广场的南北向通道。

第二号建筑址南面，由东西廊庑的北段与第一号建筑址东西漫道及行廊合围形成中庭，其范围东西约78米、南北约54米。在西廊庑第2列第2～6排柱础之间发现有小型石板分布，推测东西廊庑可能为里外廊或庑廊的建筑形式。庭院的中间纵贯连接第一、二号建筑址的穿廊，廊道中部加宽，应有亭一类建筑。第一、二号建筑址之间穿廊正对第二号建筑址主殿明间。穿廊的北段设东西侧阶，第二号建筑址主殿则设左右二阶，由穿廊可直接通往主殿东西二室。此外，通过第一号建筑址东西行廊的南北台阶，第二号建筑址南侧庭院与第一号建筑址南侧殿前广场也可直接通行。

第二、三、四号建筑址呈东西一线并列布置在内城的北部，通过第二号建筑址东西廊道使这三座宫殿联系紧密。位于第二号建筑址东西两侧的第三、四号建筑址已接近内城的东西城墙，以此三座宫殿及廊道为屏障，在内城北部形成一处东西横贯内城、南北约72米相对封闭的区域。第二号建筑址主殿北壁中央台阶、东西朵殿侧阶、第三号建筑址西阶是连接内城北部院落与各宫殿的通道。

---

[1]　王培新：《20世纪前半期珲春八连城考古述评》，《边疆考古研究》第11辑，科学出版社，2012年，北京。

第五章　出土遗物分析

第一节　建筑构件类型

　　八连城遗址出土遗物绝大多数为各类陶质建筑构件，主要有铺设屋顶的板瓦、筒瓦，以及立于屋脊之上具有装饰作用的釉陶套兽、兽头、鸱尾等建筑饰件（参见附表1）。此外，还有部分用于地面铺装的建筑材料，如釉陶柱围、方砖、长方砖、砖钉、散水铺石、石钉等。用于屋顶的各类建筑瓦件、饰件大多出土于建筑台基周围的倒塌堆积之中，由于建筑物废弃后并非是一次性倒塌，造成此类遗物埋藏于不同层位的塌堆积层。用于地面铺装的建筑材料由于埋于地表以下，出土时多保留在原位。

一、板瓦

（一）普通板瓦

　　用于屋顶大面积铺设的区域，通常凹面向上，两排板瓦之间扣合一排筒瓦。倒塌堆积中见有使用板瓦相互扣合铺设屋顶的迹象。普通板瓦可分二型：

　　A型，瓦沿处无纹饰，如标本05HBⅡT0601③：30（图二四〇，1）。

　　B型，一端瓦沿施指压纹、压切纹等纹饰。施纹部位绝大多数在凸面，仅见一件凸凹两面均有指压纹，使得沿面形似波浪，如标本05HBⅠT0202③：77（图二四〇，2）。

　　从出土的位置和数量统计结果来看，A型普通板瓦与B型普通板瓦在内城各建筑址中均有出土，且掺杂使用，数量上指压纹板瓦稍多，但相差不大。

（二）檐头板瓦

　　用于建筑的屋檐位置，凹面向上，与檐头筒瓦扣合使用。檐头板瓦在一端瓦沿的沿面饰压印、刻划纹饰。根据瓦沿纹饰的不同可分为四型：

　　A型，沿面中央有两道凹槽，凹槽上下两侧饰左斜向栉齿纹，两道凹槽之间饰一排圆形戳点纹。根据平面形状可分为二个亚型：

　　Aa型，数量较多，平面呈等腰梯形，形制相对一致，如标本05HBⅠT0202③：26（图二四〇，3）。

　　Ab型，数量较少，瓦沿的一端与瓦身呈斜角，如标本05HBⅣT0102③：25（图二四〇，4）。

B型，平面呈等腰梯形，沿面中央有两道凹槽，凹槽上下两侧饰方向相反的斜向栉齿纹，两道凹槽之间饰一排圆形戳点纹，如标本05HBⅡT0201③：44（图二四〇，5）。

C型，平面呈等腰梯形，沿面中央有两道凹槽，凹槽上侧饰左斜向栉齿纹下侧不施纹，两道凹槽之间饰一排圆形戳点纹饰，如标本05HBⅠT0601③：37（图二四〇，6）。

D型，平面呈等腰梯形，沿面中央有两道凹槽，凹槽上下两侧饰方向相反的斜向栉齿纹，两道凹槽之间饰一排圆圈纹饰，如标本05HBⅣT0102③：18（图二四〇，7）。

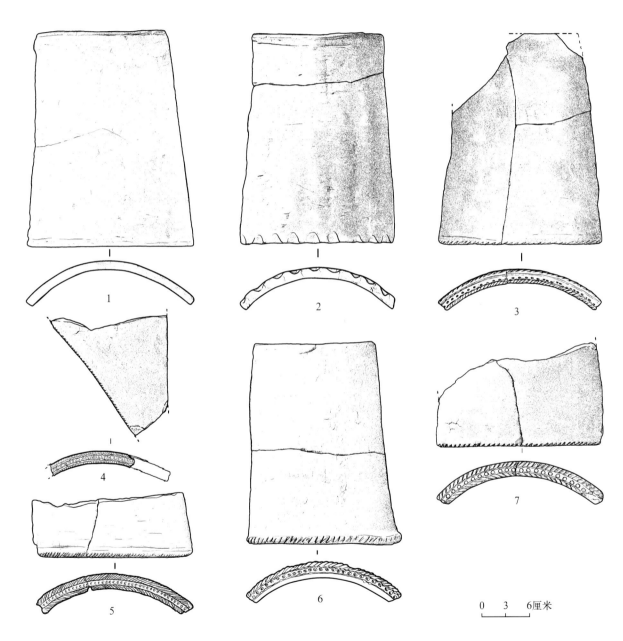

图二四〇　板瓦

1.A型普通板瓦（05HBⅠT0601③：30）　2.B型普通板瓦（05HBⅠT0202③：77）
3.Aa型檐头板瓦（05HBⅠT0202③：26）　4.Ab型檐头板瓦（05HBⅣT0102③：25）
5.B型檐头板瓦（05HBⅡT0201③：44）　6.C型檐头板瓦（05HBⅠT0601③：37）
7.D型檐头板瓦（05HBⅣT0102③：18）

根据各型檐头板瓦出土数量统计数据总体上看，A型檐头板瓦数量最多，出土范围最广；B型檐头板瓦数量相对较少，主要出土于第一号建筑址、第二号建筑址南侧和内城南门址等处；C型檐头板瓦数量最少，仅在第一号建筑址殿基东南部有出土；D型檐头板瓦出土数量亦较少，主要见于第一号建筑址殿基南北两侧及西侧廊庑的东侧。其中除A型檐头板瓦外，其他檐头板瓦均仅见瓦身平面呈等腰梯形者。各型檐头板瓦均不见模印、刻划文字或符号。

板瓦的陶质，大体上可区分为夹细砂深灰陶和夹粗砂浅灰陶两类。其中，普通板瓦前者数量占绝对多数，檐头板瓦中A型和C型均为夹细砂深灰陶，B型和D型为夹粗砂浅灰陶。

二、筒瓦

（一）普通筒瓦

凸面向上，与普通板瓦相互扣合使用。根据瓦舌形制的不同可分二型：

A型，曲节形瓦舌，如标本06HBⅠT0806③：30（图二四一，1）。

B型，直节形瓦舌，如标本05HBⅡT0601③：29（图二四一，3）。

（二）檐头筒瓦

形制与普通筒瓦相同，瓦舌中部有圆形钉孔，瓦身的另一端镶接瓦当。根据瓦舌形制的不同可分二型：

A型，曲节形瓦舌。

根据瓦身侧边与当面的夹角以及瓦身形状，可分为三个亚型：

Aa型，瓦身侧边与当面呈直角，如标本05HBⅣT0204③：1（图二四一，5）。

Ab型，瓦身侧边与瓦当呈锐角，如标本05HBⅣT0201③：1（图二四一，4）。

Ac型，瓦身弯曲，近瓦当处瓦身两侧有半圆形凹缺，如标本04HBⅠT0509②：17（图二四一，2）。

B型，直节形瓦舌，如标本06HBⅣT0108③：11（图二四一，7）。

C型，仅出土1件，无瓦舌，平面呈上窄下宽的等腰梯形，钉孔位于瓦身窄端中部，如标本06HBⅠT0108③：1（图二四一，6）。该类型筒瓦以往还见于蛟河七道河建筑址[1]等渤海遗址。

A型筒瓦形体较大，瓦壁较厚，细砂陶质，深灰色，凸面磨光。瓦舌平面呈等腰梯形，中部有一道横向凹槽；B型筒瓦形体稍小，瓦壁较A型薄，粗砂陶质，浅灰色，部分为细砂陶质，黄褐色。瓦舌平面长方形或等腰梯形；C型筒瓦瓦壁较薄，为夹细砂黄褐胎。

从出土位置和数量来看，A型筒瓦使用较多且分布广泛，B型筒瓦数量稍逊，出土相对集中，C型筒瓦仅在第二号建筑址西朵殿的西侧出土一例。

（三）绿釉筒瓦

八连城遗址出土的绿釉筒瓦形体较一般的筒瓦大，胎体厚重，红色，均有突出的曲节形瓦舌。釉色以浅绿、深绿为主。从出土位置来看，宫殿建筑和廊道都有，出土较为集中的地点是第一号建

---

[1]　吉林市博物馆：《吉林省蛟河市七道河村渤海建筑遗址清理简报》，《考古》1993年2期。

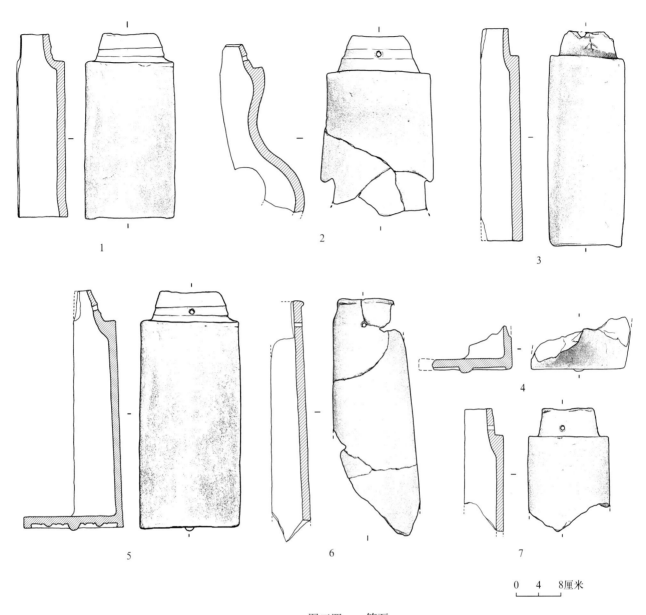

图二四一　筒瓦

普通筒瓦：1.A型(06HBⅠT0806③：30　3.B型(05HBⅡT0601③：29)
檐头筒瓦：2.Ac型(04HBⅠT0509②：17)　4.Ab型(05HBⅣT0201③：1)
5.Aa型(05HBⅣT0204③：1)　6.C型(06HBⅠT0108③：1)　7.B型(06HBⅣT0108③：11)

筑址、第二号建筑址和两座建筑址之间廊道。绿釉筒瓦数量较普通筒瓦要少得多，应为仅用于屋脊并起装饰作用的建筑材料。

　　从出土施釉筒瓦胎体薄厚及釉色不统一的情况看，可能与用于建筑物的不同部位有关，因而推测其不仅仅只用于正脊。在发掘过程中，虽未见到施釉檐头筒瓦，但在第二号建筑址北部东侧的取暖设施附近出土的一件绿釉瓦当证明了施釉檐头筒瓦的存在。绿釉筒瓦目前在渤海遗址中仅见于都城，釉陶瓦件可能与建筑等级关系密切。

三、瓦当

八连城出土瓦当均为圆形，模制。当面有模印纹饰，内区中央为一大的乳突，周围环以小乳丁和凸弦纹圆圈，构成莲蓬图案。外区为莲瓣、侧视莲花或花草纹，背面常留有与筒瓦粘接时按压抹平的痕迹。

八连城出土瓦当依据纹饰的差异可分为五型：

A型，六瓣莲花纹瓦当，根据纹饰细部的不同可分五个亚型：

Aa型，内区中部有一圆形乳突，周围等距分布六个小型乳丁，外区饰六个等距分布心形莲瓣，莲瓣之间饰萼形间瓣，如标本04HBⅠT0410②：19（图二四二，1），标本06HBⅠT0907②：19（图二四二，2）。

Ab型，当面纹饰布局与Aa型同，但形体较小，如标本04HBⅠT0406③：6（图二四二，3），标本04HBⅠT0405③：4（图二四二，6）。

Ac型，当面纹饰布局与Aa型同，但中心乳突较大，莲瓣较宽扁，轮廓线偏肥厚且棱角分明，如标本05HBⅠT0202③：56（图二四二，4）。

Ad型，内区中部圆形乳突外饰一圈凸弦纹，其外周等距分布六个小乳丁，外区纹饰布局与Aa型同，如标本05HBⅣT0204③：1（图二四二，5），标本08HBⅢT0114②：4（图二四二，7）。

Ae型，内区中部圆形乳突外饰八个等距分布的小乳丁，其外饰一圈凸弦纹，外区饰六个等距分布的心形莲瓣，造型偏圆，轮廓圆润，两莲瓣之间饰萼形间瓣，如标本05HBⅡT0201③：27（图二四二，8），标本04HBⅠT0403③：69（图二四二，9）。

B型，八瓣莲花纹瓦当，根据纹饰细部的不同可分五个亚型：

Ba型，内区中部饰一圆形乳突，外饰两圈凸弦纹，其外饰十二个等距分布的小乳丁，乳丁外饰一圈凸弦纹。外区饰八瓣复瓣莲瓣，莲瓣之间有三角形或荷叶形间饰，如标本04HBⅠT0606③：25（图二四三，1），04HBⅠT0405③：3（图二四三，2）。

Bb型，内区小乳丁为十四个，其余部分纹饰造型与Ba型同，如标本06HBⅠT1004③：1（图二四三，3），标本06HBⅠT1007③：62（图二四三，4）。

Bc型，内区小乳丁为十六个，其余部分纹饰造型与Ba型同，如标本06HBⅠT1007③：63（图二四三，5）。

Bd型，内区小乳丁为十六个，外区莲瓣间饰为荷叶形，如标本05HBⅠT0403③：14（图二四三，6），标本06HBⅠT0108②：17（图二四三，7）。

Be型，内区中部乳突外饰一圈凸弦纹，小乳丁数量为十六个，莲瓣形态相对简化，如标本06HBⅠT0107②：28（图二四三，8），标本06HBⅠT0108③：1（图二四三，9）。

C型，八朵侧视莲花纹瓦当，根据纹饰细部的不同可分三个亚型：

Ca型，内区中部饰一个半球形乳突，其外饰两圈凸弦纹，两圈凸弦纹间饰八个等距分布的小乳丁。外区等距分布八朵缠枝侧视莲花纹，位置与小乳丁对应，莲花轮廓圆润，如标本04HBⅠT0606③：27（图二四四，1），标本06HBⅠT0108②：8（图二四四，2）。

Cb型，内区中部饰一个半球形乳突，其外与八个等距分布的圆形乳丁弧线相接，乳丁外饰一圈

图二四二　A型瓦当

1、2.Aa型（04HBIT0410②：19　06HBIT0907②：19）　　3、6.Ab型（04HBIT0406③：6　04HBIT0405③：4）

4.Ac型（05HBIT0202③：56）　　5、7.Ad型（05HBIVT0204③：1　08HBⅢT0114②：4）

8、9.Ae型（05HBⅡT0201③：27　04HBIT0403③：69）

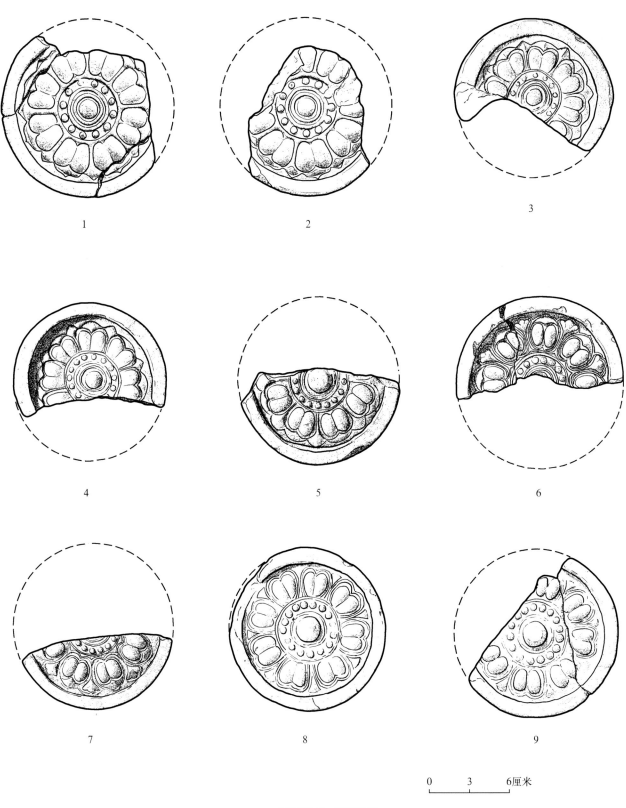

图二四三　B型瓦当

1、2.Ba型（04HBIT0606③：25　04HBIT0405③：3）　3、4.Bb型（06HBIT1004③：1　06HBIT1007③：62）
5.Bc型（06HBIT1007③：63）　6、7.Bd（05HBIT0403③：14　06HBIT0108②：17）
8、9.Be型（06HBIT0107②：28　06HBIT0108③：1）

凸弦纹。外区等距分布八朵缠枝侧视莲花纹，位置与小乳丁对应，莲花轮廓较尖锐，如标本06HBⅠT0106③：1（图二四四，3）。

Cc型，内区中部饰一个半球形乳突，其外与八个等距分布的圆形乳丁直线相接，乳丁外饰一圈凸弦纹。外区等距分布八朵缠枝侧视莲花纹，位置与小乳丁对应，莲花轮廓较尖锐，如标本06HBⅠT0108②：40（图二四四，4）。

D型，花草纹瓦当，根据纹饰细部的不同可分三个亚型：

Da型，内区中部饰一个半球形乳突，其外饰两圈凸弦纹，两圈凸弦纹间等距分布八个圆形乳丁，外区等距分布六株侧视花草纹，如标本04HBⅠT0606③：20（图二四四，5），标本06HBⅠT0806③：41（图二四四，6）。

Db型，中部饰一个半球形乳突，其外饰一圈凸弦纹，凸弦纹外侧与八个等距分布的圆形乳丁直线相接，乳丁纹外饰一圈凸弦纹，凸弦纹外侧与六株等距分布的侧视花草纹相接，每两株花草纹之间饰心形纹饰，如标本06HBⅣT0108③：13（图二四四，7）。

Dc型，内区中部饰一个半球形乳突，其外饰一圈凸弦纹，凸弦纹外饰十二个等距分布的圆形乳丁纹，外区饰六株等距分布的侧视花草纹，纹饰风格简化，如标本05HBⅡT0601③：35（图二四四，8）。

E型，乳丁纹瓦当，仅出土1件。内区中部饰一个半球形乳突，其外分布六个圆形乳丁纹，每两个乳丁之间饰放射状条形纹饰。外区饰十二个等距分布的圆形乳丁纹，其间也间饰放射状条形纹饰，靠近边轮处饰一圈半圆形凸弦纹，如标本06HBⅠT0108②：85（图二四四，9）。

A型、Bc型、Be型、C型、Da型和Db型瓦当均见于和龙西古城遗址[1]。此外，Aa型和Ad型见于渤海上京城遗址[2]；Ca型瓦当见于延吉龙河南山遗址[3]、台岩遗址[4]；Da型瓦当见于和龙河南屯古城[5]、长仁遗址[6]，Dc型瓦当在和龙龙头山墓地[7]曾有出土。

从各类型瓦当的出土数量上来看，Aa型瓦当数量占绝对多数，其次为Ad型、C型和Da型，其他类型瓦当数量相对较少。瓦当规格大体可分为大型、中型、小型三种。其中大型瓦当直径在17.6厘米左右，包括Aa型、Ac型、Ad型、Db型；中型瓦当直径在14厘米左右，包括Ab型、Ae型、Bd型、C型；小型瓦当直径在12厘米左右，包括Ba型、Bb型、Bc型、Be型、Dc型、E型。

根据瓦当规格结合质地判断，瓦当与筒瓦的结合情况如下：大型瓦当即Aa型、Ac型、Ad型和Db型瓦当应与曲节形檐头筒瓦相接，与A、C型檐头板瓦配合使用；大部分中、小型瓦当如Ab型、Ae型和B型、C型、Da型瓦当应与直节形檐头筒瓦相接，其中Ab型和Ae型瓦当可能与A、C型檐头板瓦配合使用，B型、C型、Da型瓦当可能与B、D型檐头板瓦配合使用；Dc型和E型瓦当可能与夹细

[1] 吉林省文物考古研究所、延边朝鲜族自治州文化局、延边朝鲜族自治州博物馆、和龙市博物馆编著：《西古城——2000～2005年度渤海国中京显德府故址田野考古报告》，文物出版社，2007年，北京。

[2] 黑龙江省文物考古研究所编著：《渤海上京城——1998～2007年度考古发掘调查报告》上册，文物出版社，2009年，北京。

[3] 吉林省文物志编委会：《延吉市文物志》，1984年。

[4] 吉林省文物志编委会：《延吉市文物志》，1984年。

[5] 郭文魁：《和龙渤海古墓出土的几件金饰》，《文物》1973年8期。

[6] 吉林省文物志编委会：《和龙县文物志》，1984年。

[7] 吉林省文物考古研究所等：《吉林和龙市龙海渤海王室墓葬发掘简报》，《考古》2009年6期。

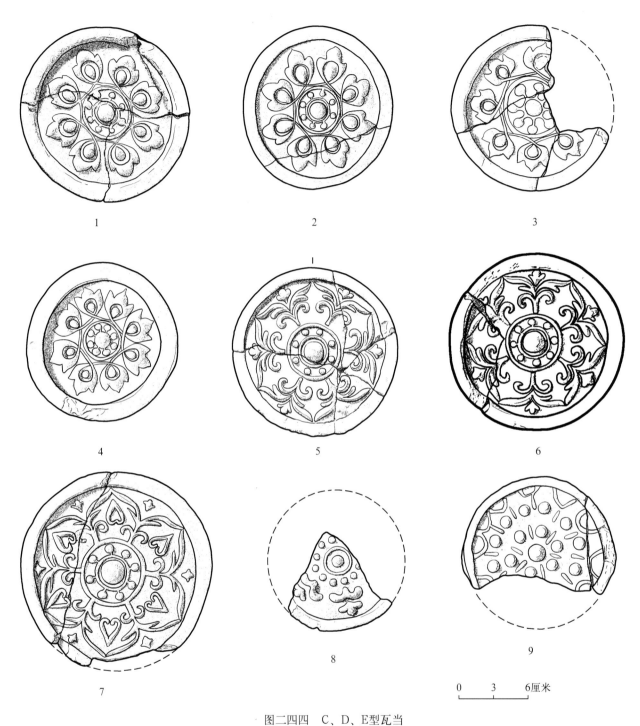

图二四四　C、D、E型瓦当

1、2.Ca型（04HBIT0606③：27　06HBIT0108②：8）3.Cb型（06HBIT0106③：1）4.Cc型（06HBIT0108②：40）
5、6.Da型（04HBIT0606③：20　06HBIT0806③：41）7.Db型（06HBIVT0108③：13）8.Dc型（05HBⅡT0601③：35）
9.E型（06HBIT0108②：85）

砂黄褐陶的直节形檐头筒瓦或无瓦舌的檐头筒瓦相接。质地不同的二类瓦件存在明显不同的工艺特征，推测可能出自不同的制瓦作坊，或者用于不同的建筑物或同一建筑的不同部位，或者存在年代早晚的差别。

　　从瓦当的出土位置来看，Aa型瓦当分布极广，除第一、二号建筑之间廊道处未见出土外，其他各个建筑址周边均有出土；Ab型瓦当则绝大多数出土于第一、二号建筑之间廊道，个别出土于第一号建筑址南侧的中部和东南角；Ac型瓦当出土数量极少，仅见于第一号建筑址西北角和第二号建筑址主殿北部西侧建筑基址周边；Ad型瓦当见于西侧廊庑以及内城南门址；Ae型瓦当见于第一号建筑址殿基西北角和西南角以及第二号建筑址西朵殿南侧；Ba型瓦当出土于第一、二号建筑之间廊道；Bb型瓦当出土于东侧廊庑以及第二号建筑址东朵殿的东北角；Bc型瓦当出土于第二号建筑址东朵殿的东北角以及西朵殿的西北角；Bd型瓦当出土于第一、二号建筑之间廊道东南角以及第二号建筑址西朵殿的西北角；Be型瓦当出土于西侧廊庑；Ca型瓦当出土于第一、二号建筑之间廊道和第一号建筑址西南角，以及第二号建筑址东西朵殿；Cb型瓦当出土于第一号建筑址南北两侧以及东西两侧廊庑的北端；Cc型瓦当出土于西侧廊庑西北角和第二号建筑址西朵殿南侧；Da型瓦当出土于第一号建筑址东侧以及第二号建筑址东西朵殿的南北两侧；Db型瓦当出土于第一、二号建筑之间廊道以及西侧廊庑；Dc型瓦当仅出土一件，位于第一号建筑址东南角；E型瓦当也仅出土一件，位于第二号建筑址西朵殿西侧（参见附表2）。

　　从各建筑址出土瓦当的类型来看，第一号建筑址大、中、小型瓦当均有使用，其中大型瓦当见有Aa型和Ac型，中小型瓦当见有Ab型、Ae型、C型、Da型和Dc型；第一、二号建筑之间廊道较为统一地使用中小型瓦当，以Ab型居多，另见少量B型、C型和Db型瓦当；第二号建筑址殿址使用Aa型和Ac型两种大型瓦当，以及Ae型、B型、C型、Da型等中小型瓦当；东西两侧廊庑内侧及北端以使用B型、C型、Da型、E型等中小型瓦当为主，亦见有少量Aa型、Db型等大型瓦当，外侧则多使用Aa型、Ad型、Db型等大型瓦当；内城南门址则较为统一地使用Ad型瓦当。

　　从瓦当出土状况与建筑址的关系来看，第一号建筑址及内城建筑群的外围大都使用大型瓦当，建筑群内侧则较多使用中小型瓦当，尤其第一、二号建筑之间廊道出土的瓦当基本都为中小型。

四、当沟

　　当沟用于屋脊之下，作用是遮挡筒瓦与板瓦扣合处产生的空缺，因而其宽度应与两排筒瓦的间距相同，前端弧体宽度应与板瓦被筒瓦压住后暴露在外的部分的宽度一致。多数当沟使用时不做修整，少数在弧体部分的两侧可见打磨痕迹。八连城出土当沟均为正当沟，主要出土于第二号建筑址、西侧廊庑、内城南门址等处。

五、压当条

　　压当条为安装在屋脊之上，用以增高屋脊的瓦件。可分为二型：分为A形和B型：

　　A型，板瓦形，胎体较厚，形态窄而长，弧度较小，可分两个亚型：

　　Aa型，瓦沿处无纹饰，如标本05HBⅠT0601③：45（图二四五，1）。

　　Ab型，瓦沿处施指压纹、压切纹，如标本05HBⅠT0303③：38（图二四五，2），标本05HBⅡT0501③：48（图二四五，3）。

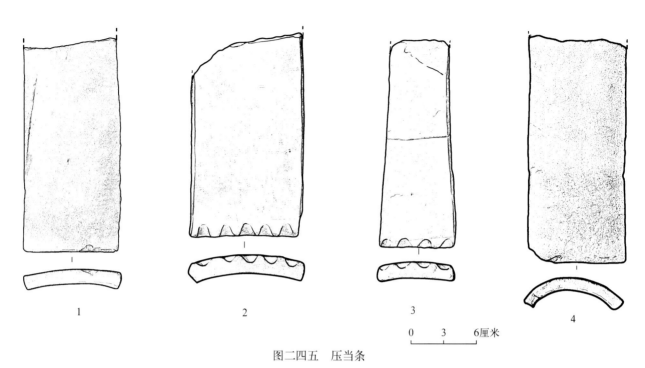

图二四五　压当条

1. Aa型（05HBⅠT0601③：45）　2、3.Ab型（05HBⅠT0303③：38　05HBⅡT0501③：48）　4.B型（05HBⅡT0201③：41）

B型，筒瓦形，胎体较薄，长度稍短于前者，弧度较大，如标本05HBⅡT0201③：41（图二四五，4）。

压当条出土范围较广，见于第一、二号建筑址、第一、二号建筑址之间廊道以及内城南门址。

六、釉陶建筑饰件

釉陶饰件包括鸱尾、套兽、兽头等表面施釉的建筑饰件。鸱尾出土数量极少，仅于第一号建筑址出土一件残块。其他建筑饰件也都为残块，很难分辨其类别及整体形状。釉陶建筑饰件普遍见于内城建筑址，出土较为集中的地点有第一号建筑址南侧、第二号建筑址主殿及朵殿、第一和第二号建筑址之间廊道，以及内城南门址台基的东、西两侧。

七、柱围

柱围普遍见于内城建筑址，出土较为集中的位置是第一、二建筑址和二建筑址之间廊道。出土的柱围均为残片，其整体形态不甚清楚。据残片形态可分二型：

A型，泥质红陶，表面施釉，釉色翠绿间有白色或黄褐色横向纹理，如标本2004HBⅠT0403③：117（参见图二〇三，5）。

此型柱围内口径约在35厘米左右，第一、二号建筑址周围出土数量较多。

B型，高岭土质地，胎色白中略带浅灰，表面有一周浅浮雕莲瓣形纹饰，釉色较纯，呈浅绿色，如标本2006HBⅠT0803③：13（参见图二一四，1）。

此型柱围口径较大，约为45厘米左右，数量较前者少，出土于第一号建筑址与东侧廊庑相接处。

八、砖

除了第一号建筑址南部出有宝相花纹砖、东侧廊庑外侧出土一块侧边饰忍冬纹花纹砖外，其余均为素面砖。部分砖面上有模压的平行条纹，有的砖面整面或部分被打凿成凸凹不平的粗糙面，以增强粘接牢固性。可分三型：

A型　方砖，有素面砖和宝相花纹砖两种，如标本2005HBⅣT0204③：18（参见图二二八）。

B型　长方砖，有素面砖、条纹砖和忍冬纹砖三种，如标本2005HBⅡT0601③：66（参见图七四，2），标本2005HBⅠT0901③：1（参见图二一五）。

C型　条形砖，系由长方砖或方砖去掉一部分加工而成，如标本2005HBⅡT0301③：48（图七三，2）。

砖的出土位置多在建筑台基的边缘、转角、台阶及排水渠两端渠口。按建筑用途划分，则有包壁砖、散水铺砖、散水牙子、排水渠渠口砌砖、台阶铺砖等。

包壁砖多采用在长32、宽17、厚6厘米左右的长方砖，包砌在夯土台基的外侧。八连城内城建筑址发掘，发现两处明确的砖壁包砌迹象。一处位于内城南门址，另一处见于第一号建筑址西北部的二号建筑遗迹。在内城南门台基西壁与城内南墙连接处，保留了较大面积的砖壁倒塌堆积。堆积中虽未出土壁砖，但从当时台基表面脱落的大片成块的白灰面的形状可以看出，白灰原先都是涂抹于由长方砖砌筑的墙体表面之上，砖壁倒塌时外侧的白灰层得以保留，壁砖被后人移走用作它用，白灰面里侧尚可清晰看到与砖壁黏合的痕迹，这也表明砖壁外表涂抹白灰以起到装饰作用。此外，在内城南门台基北壁中央台阶的左右两侧均散布有大量长方砖，从出土迹象分析，应当是台基侧壁的包壁砖。台阶侧壁用砖包砌的做法，在二号建筑遗迹南壁东端台阶的东壁处也有迹象发现。

散水铺砖多采用边长32、厚6厘米左右的方砖，并配合使用少量长方砖。散水铺砖多在台阶边缘及建筑台基与廊道形成的内转角处得以保存，其他位置仅见个别几块散水铺砖。散水牙子使用长32、宽17、厚6厘米左右的长方砖，侧砖顺铺于散水铺砖的外缘，内城各建筑址及廊道的台阶处保存了散水牙子的铺砌迹象。此外，在第二号建筑址主殿西侧台阶还使用加工石材铺砌散水牙子。

排水渠存在使用方砖或长方砖侧立于渠口两壁的现象，有的排水渠渠口部位还以方砖代替石板铺底。在一条排水渠的入水口处出土了有孔方砖，推测可能用于封堵入水口，起到过滤杂物防止排水渠淤塞的作用。

台阶的表面用砖铺砌，踏跺使用方砖和长方砖配合铺砌，垂带和御路铺饰使用单块方砖顺铺。在第一号建筑址东侧台阶附近出土一块完整的宝相花纹方砖，推测可能用于垂带和御路铺饰。第一号建筑址东侧台阶存留了两层较为完整的踏跺铺砖，各阶均以方砖和长方砖混合铺砌。

此外，在第一号建筑址西侧台阶附近及内城南门址均出土有条形砖，长33、宽9.5、厚6厘米左右，系用长方砖打掉一部分而成，推测用于填补建筑铺砖空隙。

九、砖钉、石钉

砖钉与石钉多发现于内城建筑址及廊道台阶散水牙子接缝处的外缘，起到固定的作用。出土的砖钉有的加工规整，有的只作粗略加工。其中，内城南门址出土的砖钉加工规整，顶端研磨成尖圆形。其他位置的砖钉均为利用砖的一个直角作为顶端，钉体大致加工成长方体。除了使用砖钉固定散水牙子之外，在第二号建筑址主殿东西两侧台阶及第一、二号建筑址之间廊道东西两侧台阶等处还发现了石钉。石钉加工规整，顶端呈圆弧形，钉体截面为方形。

第二节　制瓦工艺

八连城出土的建筑址构件当中，板瓦和筒瓦的数量最多，并有一定数量保存相对完整的标本。通过对板瓦、筒瓦制作痕迹的观察，可以帮助分析瓦的制作工艺。

一、板瓦

板瓦的制作工序是先将泥坯铺在表面覆盖麻布的弧形模具之上，泥坯分成两端瓦沿部分和瓦身部分三块，有的瓦身凹面可看到三块泥坯的粘接痕迹，两端瓦沿泥坯长度约为6～8厘米。

瓦坯成型后与模具剥离，使用刀具在凹面沿两侧边缘直线切割。切割时只切透瓦壁厚度的一半左右，然后掰断，去除多余的泥坯。宽端沿面切成平面，窄端沿面抹成圆弧形，并微向凸面翘起。两端瓦沿用刀具刮去凹面的直角形成斜面。

瓦身凸面采用横向刮削、抹平方式进行修整，表面形成横向刮痕和抹痕。刮削时使用工具，往往在瓦身凸面留下若干平行的细线条凹痕。瓦身凹面普遍印有布纹，因模具表面存在凹凸而形成数条宽约2～3厘米的纵向凹凸条带。凹面采用纵向刮削、压磨的方法进行修整，有的板瓦修整后凹面布纹已基本被抹平。

二、筒瓦

筒瓦的制作工序是先将泥坯铺在表面覆盖麻布的半圆形模具之上，泥坯分为瓦身部分和瓦舌两块。从接合部位凹面痕迹观察，瓦舌与瓦身布纹纹理是连续的，瓦舌部分凸出于瓦身，因此模具的瓦舌一端应有凹缺，瓦舌泥坯放在凹缺位置，其上覆盖瓦身泥坯一次性擀压成型。

瓦坯成型后与模具剥离，使用刀具在凹面沿两侧边缘从瓦身的一端向瓦舌直线切割。切割时只切透瓦壁厚度的大半，然后掰断，去掉多余的泥坯。瓦沿的沿面切成平面，有的还用刀具刮去瓦沿凹面的直角。

瓦身凸面采用纵向刮削、抹平方式进行修整，刮痕、抹痕多呈弧线。瓦身凹面普遍印有布纹，纹理清晰，少见修整痕迹。

檐头筒瓦的瓦沿与瓦当粘接，瓦当背面与筒瓦接合部位有多道刻划凹槽和成排的戳点，以加强与瓦沿的粘接。此外，在瓦当背面与筒瓦接合部位还涂抹陶泥加固。

第三节　文字瓦分类

八连城遗址出土瓦件当中，有相当数量是瓦身模印、刻写文字或符号的文字瓦。此次发掘共出文字瓦2332件，约占同类瓦件总量的40％。文字瓦上模印、刻写的文字均是汉字，有的字形可能为当时使用的异体字或简化字（参见附表3、4）。文字瓦多为板瓦和筒瓦以及少量的板瓦形压当条。

一、文字符号形式

瓦上文字或符号有模印和刻写两种形式。板瓦上的模印文字或符号多压印在距窄端瓦沿2～3厘米的凸面上，少数压印在靠近宽端瓦沿的凸面。一块板瓦通常只有一个印记，少数板瓦在瓦身的两端各压印一个相同的印记，两个印记分别位于瓦身两侧的边缘。板瓦及板瓦形压当条上的模印文字大多以其靠近的瓦沿为上方施印，少数以瓦沿为下方或侧方施印，个别斜向压印。

筒瓦上的模印文字或符号多在瓦舌凸面中央，少数筒瓦在瓦舌两侧边缘各有一个印记，并且大都只保留了半个印模，字迹完整的极少。通过对筒瓦边缘切割痕迹的观察，这种只有保留半个印记的现象应是在瓦坯成型后切割两侧边缘时造成的。筒瓦上的模印文字以瓦舌前端为上方施印。

模印文字均为汉字，有阳文和阴文。阳文的字体多为楷体，一个印模多为一字，一模二字者文字竖排。印模的边框呈方形或长方形，部分印模文字的四周还有字框。印框较小者边长1.2厘米左右，较大者边长在3.5～4厘米之间。阴文的字体皆为楷体，无印框和字框，一个印模一字或二、三字，多字印模文字竖排。

有刻写文字或符号的瓦件数量极少，刻写文字一般笔画较为简单，多为一字，形体较大，字体随意。此外，还出土了两件在瓦身凸面刻写多字的板瓦，刻写文字分成两行，有"寸"字和"二、四、五、六、七、十、百"等数字（参见图七〇，1、3；图版八三，4～6）。

二、类别统计

模印文字或符号共计2202件，92种。只见于板瓦及板瓦形压当条上的文字或符号共44种，只见于筒瓦上的文字或符号共24种，同见于板瓦和筒瓦上的文字或符号共24种。文字相同的印记，有的字体不同，即使字体相同，有的有字框，有的则无字框。文字相同而字体为两种或两种以上的印记有48种，字体相同的有45种。

只见于板瓦及板瓦形压当条上的文字或符号包括：

河、珎、十、第、心、巳、昌、目、美、利、写、计、马、羕、信、孝、水、青、尹、文、袤、隆、宜、德、顺、可、财、元、阳、兴、音、关、利、睭、灵、目、卡、心、乙、土、已、省、述、主。

只见于筒瓦上的文字或符号包括：

高、里、秋、碓、朋、天、迹、员、壼、闲、化、朗、罗、元、主、占、寸、盖、殊、省、湏、关、虬、仆。

同见于板瓦和筒瓦上的文字或符号包括：

橪、卡、良、士、夕、素、菁、石、成、勒、市、赤、湯、羙、屈、土、弐、仏、音、能、保、失、目、大。

刻写文字或符号共计112件、11种，字体各异。

只见于板瓦及板瓦形压当条上的文字或符号有：

川、大、天、土、十。

只见于筒瓦上的文字或符号有：

王、不。

同见于板瓦和筒瓦的文字或符号有：

本、吉、述。

三、出土状态

对各类文字瓦出土位置的统计显示，各建筑遗迹出土文字瓦的种类有所差别。

某些种类的文字瓦出土范围较广，如模印利、计、文、袤、卡、兰、素、石、市、赤、湯、土、述、目、仏等文字或符号的文字瓦和刻写吉、川、本、述等文字或符号的文字瓦，在内城各建筑遗迹中基本都有出土。而有些种类的文字瓦，出土地点存在一定的局限。模印孝的文字瓦，仅见于第一号建筑址、东西两侧廊庑和内城南门址；模印宜、乙文字或符号的文字瓦，仅见于第二号建筑址东、西朵殿及廊道；模印秋、虬文字或符号的文字瓦，仅见于第一、二号建筑址之间廊道和第二号建筑址；模印朋的文字瓦，仅见于第二号建筑址和内城南门址；模印占字的文字瓦，仅见于第二号建筑址；模印睭、仆、关文字或符号的文字瓦，仅见于内城南门址。

第六章　结　语

第一节　始建与废弃年代

目前，八连城为渤海国东京故址的学术观点已被普遍接受。据《新唐书》渤海传、地理志记载，渤海王城曾有显州—上京—东京—上京的变化过程，渤海以东京作为王城的时间约在公元785～794年期间。由于八连城遗址尚未发现有关始建年代的考古学证据，因此通常按文献记载推测，公元785年，渤海东京应已初具王城规模。

2004年～2009年的发掘，力图通过层位关系寻找八连城始建年代的考古学线索，考虑到大遗址保护工程的要求，在八连城内城进行的考古发掘，清理层位大多止于建筑址使用时期的地表，只选择了位于第一、二号建筑址之间廊道东西两侧探方远离廊道台基一侧的部分发掘至生土。通过这些探方的地层关系了解到，发掘区内现代表土层直接叠压渤海时期建筑遗迹，与建筑址同时期的地面，为一层厚约10厘米的垫土层，该层以下即是生土，未见早于内城建筑址的遗迹及地层堆积。此外，对内城南门址和外城南门址的发掘，以及对内城南墙、外城南墙进行的解剖发掘，也未见到早于城墙和门址的遗迹及地层堆积。地层关系反映，八连城城址始建于渤海时期，但不能确认建筑始建的绝对年代。

《新唐书》地理志、渤海传记载："显州，天宝中王所都。天宝末，钦茂徙上京。贞元时，东南徙东京。钦茂死，华玙为王，复还上京。"文献记载的渤海国王城变动，都发生在第三代文王大钦茂时期（738～794年）。据此推测，显州、上京、东京的营建均系大钦茂所为。

和龙西古城为"天宝中王所都"的显州故址，是文献记载中最早的渤海王城，其营建时间不应晚于唐天宝年间（742～755年）[1]。渤海上京城遗址为"天宝末徙上京"和"华玙为王复还上京"的渤海都城故址。渤海以上京为都时间最长，上京城初建时期的规划只限于宫城部分，城址现存格局经过再建[2]。八连城为"贞元时东南徙东京"的渤海东京故址，始建年代应在唐贞元初年（785年）之前。西古城、渤海上京城、八连城都曾为文王大钦茂时期的王城，但三座城址的规划却有所区别。西古城的整体格局、建筑尺度、宫殿布局等与渤海上京城宫城中部宫殿区几乎完全相同，二者显然采用的是同一规划设计，表明其营建时间同时或稍有早晚。八连城在宫殿建筑布局上与西古

[1] 吉林省文物考古研究所、延边朝鲜族自治州文化局、延边朝鲜族自治州博物馆、和龙市博物馆编著：《西古城——2000～2005年度渤海国中京显德府故址田野考古报告》，文物出版社，2007年，北京；宋玉彬：《渤海都城故址研究》，《考古》2009年第6期。

[2] 黑龙江省文物考古研究所编著：《渤海上京城——1998～2007年度考古发掘调查报告》，文物出版社，2009年，北京。

城、渤海上京城宫城大体相当，但城址整体格局已发生变化，营建时间应晚于西古城。不过，八连城出土的建筑构件、砖瓦、瓦当等遗物在器形及装饰风格上都与西古城出土的同类遗物高度一致，瓦上的模印、刻划文字或符号也几乎完全相同，两地的建筑材料出自相同的制瓦作坊。综合各种因素，八连城和西古城的营建时间应该相去不远[1]。

八连城的废弃略晚于渤海亡国之年。926年契丹灭渤海，辽太祖于其地改建东丹国，立长子耶律倍为东丹王，建元甘露。辽天显三年（东丹甘露三年，928年），东丹南迁辽东，徙渤海旧民，上京城连同渤海诸城遂成废墟。在八连城第一号建筑址殿基倒塌堆积中出土的一件板瓦型压当条，其瓦身凸面纵向刻写"维次甘露元"五个汉字。第一字"维"顶板瓦端沿刻写，"元"字以下部分瓦身残缺，按字体大小，参考同类板瓦长度推判断，此瓦残缺部分还可容纳一字。因此推测，此瓦刻字内容应为"维次甘露元年"纪年铭文。"维次甘露元年"纪年铭文板瓦的出土，证明渤海亡国后东丹曾对八连城宫殿建筑进行过修葺。此外，在第二号建筑址东朵殿之上有一座打破朵殿台基的建筑基址，该建筑使用的础石与第二号建筑址主殿台基残存础石的石质、形状及加工方式相同，柱础基础结构也与东朵殿柱础类似，而且八连城内城发掘区未出土晚于渤海时期的遗物，推测该建筑很可能是东丹南迁后不久，留居原地的渤海遗民利用废弃的宫殿建筑台基及建筑材料修建的小型房屋。据此，八连城的废弃年代似在东丹甘露三年。

八连城内城宫殿建筑及内、外城南门发掘区范围内均未见火烧迹象，第一号建筑址殿基西侧、南侧及内城南门址台基北侧的倒塌堆积，还部分保留了建筑自然倒塌形成的屋顶铺瓦有序排列的迹象。因此，八连城废弃时未遭人为有意破坏。

第二节　宫殿建筑功能

八连城的宫殿建筑集中分布在内城的北部，两座规模最大的建筑布置在城址中轴线上。第一号建筑址位于内城几何中心，第二号建筑址位居其北，两座建筑址中间设廊，组成工字殿建筑形制。

第一号建筑址由正殿和东西漫道及行廊组成。正殿台基东西约42米、南北约26米、残高约2米，南壁设左右上殿台阶。正殿的南面，由两侧廊庑及内城南墙合围形成东西约78米、南北约136米的殿前广场。第一号建筑址建筑形制、规模及所处位置与和龙西古城一号宫殿址、渤海上京城第3号宫殿址相当，建筑性质应为前朝大殿[2]。

第二号建筑址台基较第一号建筑址低矮，中央为主殿，东西两侧对称布置朵殿。主殿台基东西约30米，南北约18米，残高不足1米，东西朵殿台基东西约20米，南北约15米，高度稍低于主殿台基。第二号建筑址南面的东西两侧，设有廊庑，在第一、二号建筑址之间形成东西约78米、南北约

[1] 吉林省文物考古研究所、延边朝鲜族自治州文化局、延边朝鲜族自治州博物馆、和龙市博物馆编著：《西古城——2000～2005年度渤海国中京显德府故址田野考古报告》，文物出版社，2007年，北京。

[2] 吉林省文物考古研究所、延边朝鲜族自治州文化局、延边朝鲜族自治州博物馆、和龙市博物馆编著：《西古城——2000～2005年度渤海国中京显德府故址田野考古报告》，文物出版社，2007年，北京；黑龙江省文物考古研究所编著：《渤海上京城——1998～2007年度考古发掘调查报告》上册，文物出版社，2009年，北京。

54米的庭院。第二号建筑址的建筑形制与第一号建筑址有明显区别，是由主殿和左右朵殿构成的复合建筑。主殿建筑的明间为穿堂，未设殿堂，左右二室采取减柱形式，东室东北角的北侧、西室西北角的北侧有烟囱基址，二室均设置了取暖设施。第二号建筑址的建筑形制、规模及所处位置与西古城二号宫殿址、渤海上京城第4号宫殿址相当，建筑功能不应是朝堂，而是后宫寝殿。

第一号建筑址是内城南起第一重宫殿建筑，台基高大，正对内城南门，与南面的殿前广场构成"前朝"。第二号建筑址居北，与第一号建筑址联系紧密，两殿之间设穿廊直接相通，东西两侧环以廊庑围成庭院，担负"后寝"的功能。

第三节 城址规划特点

作为文王大钦茂时期的渤海王城，八连城与西古城均为内外二重城形制，城址规模大体相当，营建时间相去不远，但八连城的规划设计已出现了一些新的特点。

第一，八连城内、外城规模比西古城都有所扩大，城址平面形状亦发生改变。八连城内城面积约6.8万平方米，外城面积约53万平方米，西古城内、外城面积分别约为5.8万平方米和46万平方米。平面形状的变化表现为内、外城东西向明显加宽。八连城内城东西宽约216米，外城东西宽约707米，西古城内、外城东西宽分别约为187米和630米。特别是外城的宽度增幅明显，使得八连城外城平面已接近方形。

第二，八连城内城位置、宫殿建筑布局采用不同于西古城的规划手法。八连城外城的几何中心位于内城第一号建筑址的南侧，距离殿基台基约50米，而西古城外城的几何中心则位于内城南门，八连城内城位置与西古城相比明显偏南。八连城内城规划中舍弃了西古城内城北部相对独立的区划，内城几何中心位于第一号建筑址南壁中央。西古城内城的几何中心位于二号宫殿主殿中央，二者对比，八连城内城宫殿建筑位置明显偏北（图二四六）。

第三，八连城在外城的北部和南部的中央规划出了西古城所不见的三处独立区划。北部区划南北约133米，东西贯穿全城。南部二区划南北向排列。其中位于北侧的区划面积较大，东西约171米，南北约165米。南侧区划东西约150米，南北约97米。

西古城与渤海上京城宫城宫殿区规划手法相同，暗示上京最初的规划可能与显州并无差异，现存西古城城址格局即是最初渤海王城的规划设计。

目前考古学研究还未能解决有关渤海上京城现有格局形成的年代等问题。《渤海上京城》考古发掘调查报告推测：宝应元年（762年），唐诏以渤海为国，此时正值渤海以上京为都期间，大钦茂授封为渤海国王，遂按王制重建上京[1]。也有研究认为，渤海上京城现有格局是在大钦茂之后，渤海长期以上京为都期间逐渐形成的[2]。若以上京城的重建分界，渤海上京城可划分为前后二期。前期渤海上京城只营建了现存城址的宫城宫殿区部分，大钦茂授封渤海国王又扩建皇城和郭城，并对宫城

[1] 黑龙江省文物考古研究所编著：《渤海上京城——1998～2007年度考古发掘调查报告》，文物出版社，2009年，北京。

[2] 刘晓东：《渤海文化研究——以考古发现为视角》，黑龙江人民出版社，2006年，哈尔滨。

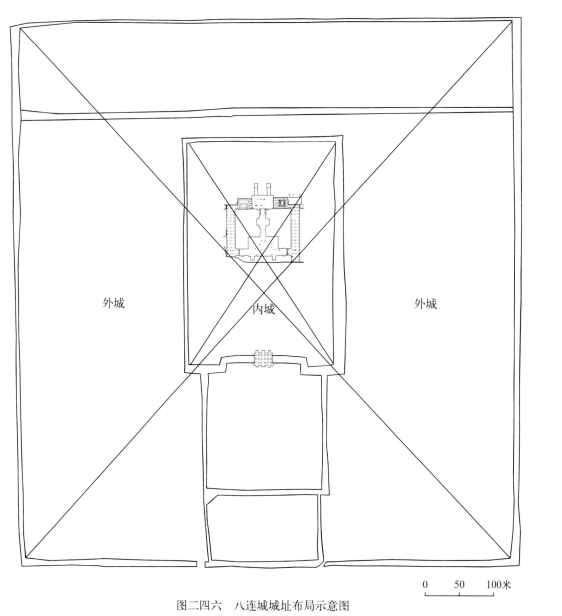

北

外城　　　内城　　　外城

0　　50　　100米

图二四六　八连城城址布局示意图

原有格局及部分建筑进行扩建，完成现存城址格局。

　　经过西古城和前期渤海上京城的营建以及王城功能的改进与完善，重建上京时，渤海对其王城功能区配置已形成更为合理的规划设计。后期渤海上京城宫城规划出中部宫殿区、东掖城、西掖城、北部圆璧城四个部分[1]。对比后期渤海上京城宫城格局，不难发现其与八连城之间存在一定程度的相似性。

　　第一，八连城与后期渤海上京城宫城的平面形状均接近方形，如果将渤海上京城宫城南面的第5号街算作后期宫城范围，则二者的长宽比基本一致。按此方案在平面图上测量，后期渤海上京城宫城的几何中心恰好位于第3宫殿基址南侧约50米，与八连城的规划手法高度近似。

　　第二，八连城外城北部区划的设置，似与后期渤海上京城宫城北部"圆璧城"规划存在相似之

————————
　[1]　黑龙江省文物考古研究所编著：《渤海上京城——1998～2007年度考古发掘调查报告》，文物出版社，2009年，北京。

处。八连城内城缺少西古城内城北部五号宫殿和前期渤海上京城第5号宫殿位置的封闭区划，而在外城的北部规划出纵贯全城的封闭区划。据早年的八连城调查资料记录，在此区划内存在建筑遗迹[1]。据此推测，西古城内城北部五号宫殿和渤海上京城第5号宫殿因其功能并不适合布置在宫殿区内，因而在八连城规划中将这一功能区转移到了外城的北部。

第三，八连城内城南门至外城南门之间二区划设置，可能与后期渤海上京城宫城由第1、2号宫殿及其东西廊庑合围形成的院落存在类似的功能设计。八连城宫殿建筑布局只相当于后期渤海上京城宫城第3、4号宫殿组成的单元，上京城第1、2号宫殿所承担的朝仪功能，在八连城规划中则表现为无宫殿建筑的大型广场形式。八连城内城南门的建筑规模超过了外城南门，为设左中右三阶，面阔5间、进深2间的木构建筑，门址的南侧由隔墙围成全城面积最大的广场。因此，内城南门及其南侧区划也有可能成为举行朝贺庆典的场所。八连城城址格局与后期渤海上京城宫城的相似性，说明二者在规划手法上存在一定程度的传承。

八连城与西古城并未采用后期上京城宫城、皇城、郭城的规划模式，始终维持最初渤海王城的内外二重城形制，这是二者与上京城之间存在的最大区别。这种差别的产生，应从渤海五京制表现形式等渤海国政治制度方面探讨原因。目前的考古发现表明，渤海王城中只有上京仿效唐长安城规划设计，长期发挥渤海国的都城功能。而显州故址西古城和东京故址八连城，城址规模及格局大体与上京城宫城宫殿区相当，行使朝寝功能的宫殿建筑也只有一组，在大钦茂为王期间曾一时作为渤海王城。

---

[1] 斋藤优：《半拉城と他の史蹟》，半拉城址刊行会，1978年。

附　表

附表1　八连城内城建筑址出土瓦件统计表（2006～2008年度出土）

地点类别			第一号建筑址东侧廊庑	第一号建筑址西侧廊庑	第二号建筑址东朵殿	第二号建筑址西朵殿	内城南门址	总计
板瓦	普通板瓦	无纹饰	79	300	109	390	100	978
		指压纹	52	75	78	180	106	491
	檐头板瓦		17	19	16	41	15	108
筒瓦	普通筒瓦		78	200	125	403	184	990
	檐头筒瓦		63	41	123	23	18	268
	绿釉筒瓦		7	9	21	8	43	88
瓦当			14	19	58	53	37	181
压当条	板瓦形	无纹饰	154	23	260	188	10	635
		指压纹	5	17	6	143	0	171
	筒瓦形		9	109	16	240	52	426
当沟			60	5	70	17	31	183
总计			538	817	882	1686	596	4519

附表2　八连城内城建筑址出土瓦当类型统计表

地点\类型		第一号建筑址			第二号建筑址						第一、二号建筑址之间廊道	第一号建筑址东侧廊庑	第一号建筑址西侧廊庑	内城南门址
		殿基	东侧漫道	西侧漫道	主殿	主殿北部建筑	东朵殿	东侧廊道	西朵殿	西侧廊道				
A型	a	√	√		√	√	√	√	√	√			√	
	b	√	√		√		√			√	√		√	√
	c	√				√							√	
	d			√						√			√	√
	e	√							√		√			
B型	a				√					√	√			
	b					√		√				√		
	c							√						
	d	√				√				√				
	e									√				
C型	a	√		√	√		√			√	√			
	b	√					√			√	√		√	
	c								√	√				
D型	a	√			√		√			√			√	
	b						√			√	√		√	
	c	√												
E型										√				
总计		127	9	7	54	32	58	18	6	47	91	3	26	40

附表3　八连城内城建筑址出土瓦件模印文字统计表

地点文字	一号建筑址			二号建筑址						一、二号建筑址间廊道	一号建筑址西侧廊道	一号建筑址东侧廊道	内城南门址	合计
	主殿	西侧通道	东侧通道	主殿	北侧附属建筑	西侧朵殿	西朵殿西侧通道	东侧朵殿	东朵殿东侧通道					
河		2								1				3
隆			3	5		5	7	13	4	1				38
碓				1	1	1	4	4	3	3				17
宣						2	1	5	3					11
恭	3	2	2	1		1	2	1	2		3			17
顺	26	4	1	2	2					13	1	3		52
仁	5	3	1	2	1		2	5	1	3	5		9	37
昆	4	4	2	1				1	1		4			17
可	4		5				2				3	2	20	36
士	23	12	24	4	2	1	8	5	10	16	23	8		136
珎	3												1	4
朋				2		1		6					2	11
里	2													2
昌	6		6				2	2		2	2		37	57
吉	2				1		2	3	1		1			10
六										1				1
十			2								2			4
商								1						1
丰			1					1						2
尖		1	6								4		6	17
成	13	6	6			1	5	2		5	13	1		52
通							2	3				2		7
若	3						4	2	2				1	12
心	1	1	1							1				4
心	4	1	2		4		1	2		4	2		8	28
乙					1		1				3			5
乙						1	5	3	1					10
巴	1	1												2
勤	1									3				4
贞	7		1	2	6		4	4		10		1	3	38
日	2									3				5
市	13	6	9	8	1	1	7	1	4	7	6	4	1	68

续附表3

地点/文字	一号建筑址			二号建筑址						一、二号建筑址间廊道	一号建筑址西侧廊道	一号建筑址东侧廊道	内城南门址	合计
	主殿	西侧通道	东侧通道	主殿	北侧附属建筑	西侧朵殿	西朵殿西侧通道	东侧朵殿	东朵殿东侧通道					
利	3	1	1	2		2	5	10	3	2	2	3	2	36
述		2	1	1	2		2	1	1	1	3	1		15
德		5		3	1	3	7	5	2	7				33
昏	2				1	2	9						1	15
仁	6		2		3		4	7	4	6	4		3	39
赤	4	4	5	1		1	1		3	8	6	2		35
素	24	3	15	11	4	2	7	2	8	23	15	11	5	130
渴	6	12	3	3	2	1	3		3	10	3	4	1	51
计	82	5	4	10	2	3	2	2	3	31	3	4	2	153
亡	9	3	1		1		2	1		9				26
元	12		1	2			2			6	2			25
不	2	1									2		2	7
大	5		1				1						3	10
从	5	2	1					1			13		10	32
代											5		3	8
開	7	1			1			1		2				12
用	2									2				4
天	3	1					2	2						8
音	30	3		5	1		1			11	4			55
馬	27	2	4	4			4			7	2			50
羔	3	4	1				1				2		13	24
則	8			7	3	6	2	3	2	8			1	40
石	1	4	2	2			6	1	4	11	9	1		41
古				2	1			2	1					6
犬	1						1		4					6
主		1	1										7	9
多	2	2	1				1			3	1	1		11
用		1												1
壺		1												1
委	15		4	1	2			7	4	4		4		41
狄				2	6		6	6	6	13				39

地点 文字	一号建筑址			二号建筑址						一、二号建筑址间廊道	一号建筑址西侧廊道	一号建筑址东侧廊道	内城南门址	合计
	主殿	西侧通道	东侧通道	主殿	北侧附属建筑	西侧朵殿	西朵殿西侧通道	东侧朵殿	东朵殿东侧通道					
水										1				1
罗	5			2		1	3	4	6				7	28
盖	9						4	2	2	3		1		21
青											4		5	9
士	14	1	2	4		2	5	1	2	17	8	1	1	58
目				1				1					2	4
尹	1												3	4
殊	2									1				3
省	5				3		4	2		4	3			21
文	3		1	1		2	7	11	5	1	2	1	7	41
阿	5			2	3	1	10	6	1	4	2			34
青	3		1		3				1	1	1			10
目	4		1	4		1	1	7	12	2		2		34
湖					3		1	7	2	1		1		15
兴	2			6	1	1	6	54	10	2		1		83
保	9							1	2				10	22
居	2		1								2			5
季	3		2								3	4	12	24
登	44	2		2	2		2	4	6	11	4	4		81
寸											2			2
信	1												6	7
寺	1												6	7
卑													2	2
仂													2	2
夫	1												6	7
美		1												1
制					1									1
月											1			1
北										1				1
不清													2	2
合计	496	105	128	106	64	41	163	225	129	286	180	67	212	2202

注：表格中数字为出土数量。

附表4　八连城内城建筑址出土瓦件刻划文字统计表

地点 文字	第一号建筑址			第二号建筑址						第一、二号建筑址之间廊道	第一号建筑址西侧廊庑	第一号建筑址东侧廊庑	内城南门址	合计
	殿基	西侧漫道	东侧漫道	主殿	主殿北部建筑	西朵殿	西侧廊道	东朵殿	东侧廊道					
吉	1	2		2			2		1	3	2	2	1	16
川	6	1	3		1			2		3	3	1	1	21
本	6	4	3	4	1		2	1	1	3	2	2		29
述	7	2	4	4	1	1	4	1		8	5			37
田	1													1
天			1								1			2
土			1											1
不									1					1
王											1			1
大											1			1
才											2			2
合计	21	9	12	10	3	1	8	4	3	18	16	5	2	112

后 记

八连城遗址田野考古调查与发掘，是"吉林省境内渤海都城址研究"学术课题的组成部分，同时也是实施八连城遗址保护规划的基础工作。为此，2004年～2009年，吉林省文物考古研究所与吉林大学边疆考古研究中心组成联合考古队，对八连城遗址开展了六个年度的考古调查发掘工作。

通过对八连城遗址的全面调查，联合考古队制定了针对内城主要建筑址的考古发掘规划。2004年～2006年，展开对位于内城北部中央的两座大型建筑址及其东西两侧廊庑遗迹的考古发掘工作，揭露面积约10500平方米，明确了八连城内城宫殿建筑的基本布局。

2007年～2009年，配合八连城遗址本体保护工程，又对内城南门址、外城南门址进行了考古发掘，揭露面积约1830平方米，明确了内、外城南门及南墙的建筑结构。

八连城遗址田野考古调查发掘期间，承蒙吉林省文物局、吉林省文物考古研究所、吉林大学文学院、吉林大学边疆考古研究中心、延边州文物管理委员会、珲春市政府、珲春市文体局的关怀与支持。吉林省文物考古研究所在工作组织协调、专业及技术人员安排等方面给予全力协助，为确保田野考古工作的顺利实施和完成创造了必要条件。报告初稿完成后，课题组邀请延边州文物管理委员会李强研究员、东北师范大学傅佳欣教授、黑龙江省博物馆刘晓东研究员、黑龙江省文物考古研究所赵哲夫研究员、吉林省文物考古研究所王洪峰、宋玉彬研究员，吉林大学魏存成、冯恩学、彭善国教授组成专家组对报告进行评议，提出修改意见。

本报告内容系2004～2009年度八连城遗址全部调查发掘资料整理完毕后形成的最终报告书，此前所发表的相关资料如有与本报告相违之处，以本报告为准。2004～2009年度珲春八连城遗址田野考古报告由吉林大学边疆考古研究中心王培新、吉林省文物考古研究所梁会丽主编，吉林省文物考古研究所刘玉成参加部分编写工作。报告第一章、第二章（第一、二节）、第三章（第一节、第二、三、四、五节中的遗迹部分、第六、第七节）、第四章、第六章、后记由王培新执笔，第二章（第四节）、第三章（第二、三、四、五节中的出土遗物部分）、第五章由梁会丽执笔，第二章（第二节中的外城南墙结构部分、第三节）由刘玉成执笔。吉林大学边疆考古研究中心魏存成、吉林省文物考古研究所宋玉彬参加报告结构设计、内容编排，编写过程中负责报告各章节的审阅、修订及学术指导。

八连城城址地形测量由北京特种工程设计研究院承担；全站仪遗迹测量、遗迹图AutoCAD电脑绘图由吉林省文物考古研究所王昭承担；遗迹平面图测绘由吉林大学边疆考古研究中心王培新、吉林省文物考古研究所梁会丽、珲春市文管所李今锡承担；遗迹图现场手绘由吉林省文物考古研究所梁会丽、刘玉成、徐坤、王新胜承担；出土遗物图绘制由吉林大学边疆考古研究中心林雪川，吉林省文物考古研究所王新胜、梁会丽、刘玉成承担；发掘区空中摄影由辽宁省文物考古研究所穆启文、李军承担；田野遗迹摄影由吉林大学边疆考古研究中心王培新，吉林省文物考古研究所梁会丽、刘玉成、谷德平、赵昕承担；出土遗物摄影由吉林省文物考古研究所谷德平、梁会丽，吉林大学边疆考古研究中心王培新承担；出土遗物的修复、拓片制作由吉林省文物考古研究所林世香、于丽群承担。

Abstract

Located in Hunchun City, Jilin Province, Baliancheng Site is the original location of Longyuanfu, the eastern capital of Bohai State. From 2004 to 2009, Institute of Cultural Relics and Archaeology of Jilin Province, Research Center of China Frontier Archaeology of Jilin University and Hunchun Cultural Relics Administration conducted a joint effort to investigate and excavate Baliancheng Site. The field archaeological work during that period had two focuses: One is to conduct comprehensive archaeological investigation and to complete topographic mapping of the site; the other is to excavate the relics of the main palaces, the south gate of inner city, the south gate of outer city, the south wall of inner city, and the south wall of outer city.

This report is a conclusive archeological report which summarizes the findings from the investigation and excavation of Baliancheng Site. The report consists of six parts, namely Introduction, City Walls and Gates, Inner City Architectures, A Study on the Design of the Site, A Study on the Unearthed Relics, and Conclusions.

I

Baliancheng Site is located in Hunchun City, Yanbian Korean Autonomous Prefecture, Jilin province. It is 6 kilometers east of the city center of Hunchun, situated on the Alluvial Plain of Hunchun River which is the lower reaches of Tumen River. At its center, the site's geographic latitude and longitude coordinates are E130°16'58"and N42°51'30", respectively. The site has an altitude of 36 meters.

Academic investigations of Baliancheng Site began in the first half of the 20th century. In 1937, Japanese scholar Toriyama Kichi excavated Baliancheng Site. In the following year, he expressed the academic view that Baliancheng Site is the original location of Longyuanfu, the eastern capital of Bohai State. Baliancheng Site subsequently attracted wide academic attention. The site had been investigated and excavated for multiple times while Northeastern China was occupied by the Japanese. Despite the many issues associated with archaeological excavations conducted during that period, their findings have casted long-lasting influences on the academic research of Baliancheng Site.

Field archaeological investigation and excavation of Baliancheng Site between 2004 and 2009 was part of the academic project: *Study on Capital Site of Bohai State in Jilin Province*. At the same time, these activities also set the stage for carrying out more broad-based preservation programs on Baliancheng Site. This thematic investigation and excavation project aimed at revealing a comprehensive picture of the current status of Baliancheng Site as well as its layout features. Such information will provide systematic archaeological materials for the implementation of preservation plans and academic researches on the design of Bohai's capital cities.

II

Baliancheng Site has both inner and outer walls. The plane of outer city is rectangular in shape, extending approximately 707.4 meters from east to west and 744.6 meters from north to south. There is a gate arranged in the center of the outer city south wall. Inner city is located slightly north to the center of outer city, extending approximately 216.4 meters from east to west and 317.6 meters from north to south. The middle section of inner city south wall folds towards north, with its plane looking like an "凹" shape. A gate is arranged in the center of the inner city south wall. The south gates of outer and inner cities sit on the south-north central axis of the city. There is a partition wall in the north part of outer city. This partition wall makes the north of outer city a closed area, roughly 700 meters east-west and 130 meters north-south. There are four walls that extend north-south and one wall that extends east-west between the south walls of inner and outer cities. These walls divide the center of the south part of outer city into two parallel closed areas. The north area is about 170 meters east-west and 160 meters north-south. The south area is about 156 meters east-west and 95 meters north-south.

The south gate site of outer city sits at the center of its south wall. The gate site is small in size, with only one door way, about 3.2 meters east-west and 5.2 meters north-south. The wall itself also serves as piers on both sides of the city gate.

The south gate site of inner city sits at the center of its south wall. The platform of the south gate was rammed with yellow earth. Its plane is rectangular in shape, extending roughly 28 meters from east to west and 16.2 meters from north to south. The centers of eastern and western ends of the platform are connected with the city wall. The current remains are 0.6 to 0.8 meters high. On the top of the platform there are column foundations that consist of three rows from north to south and six columns from east to west. Correspondingly, between the north and south ends of the platform there are three stairways located on the left, center, and right, respectively.

III

Two large-scale architecture sites are located on the central axis of Baliancheng in the north part of its inner city. Architecture site No.1 sits south, facing the south gate of inner city. Architecture site No.2 is approximately 38 meters north to site No.1. A corridor connects these two sites.

Architecture site No.1 consists of a palace foundation, walkways on both sides, and corridors. The platform of the palace foundation was rammed with yellow earth and cobbles alternately. Its plane is rectangular in shape, roughly 42.4 meters from east to west and 26.3 meters from north to south. Its center remains are approximately 2 meters in height. The east, north, and west walls of the platform of the palace foundation are covered in stones, while there is no sign of stone coverage on the south wall. The top of the platform of the palace foundation has been severely destroyed, and the layout of the pillars is unclear. The stairways at the left and right sides of the palace foundation platform are located at the east and west ends of the south wall, roughly 25.7 meters from each other. There are walkways and corridors that connect the east and west sides of the platform of the palace foundation. These walkways and corridors are approximately 18 meters in length; they connect the corridors on the east and west sides of inner city.

Architecture site No.2 consists of the main palace, east and west side halls and corridors. Its structure is the same as that of site No.1. The plane of the main palace foundation is rectangular in shape, about 30.6 meters from east to west and 18.5 meters from north to south. Its center remains are about one meter in height. The stairways are set at the east and west sides of the south wall and the central north wall of the platform of the main palace. The top of the foundation of the main palace has been severely destroyed. Judging from existing remains of stone pillars and pillar bases, there should be three rows from north to south and six columns from east to west. There are remains of chimney that extends from south to north on both east and west sides of the north part of the main palace foundation. The side halls are located at the east and west side of the main palace foundation. Its plane is rectangular in shape, about 20.2 meters from east to west and about 15.3 meters from north to south. Its remains are 0.6-0.65 meters in height. The corridors are situated at the east and west sides of the side halls. One end of these corridors is connected with the side hall; the other is connected with other inner city buildings.

On both east and west sides of site No.1, there are remains of corridors that extend from south to north. The north ends of the corridors are connected with the east and west corridors of site No.2, respectively. The central of the corridors are connected vertically with the east and west corridors of site No.1, extending to the further south. The east and west corridors are identical in shape and structure. They are arranged symmetrically between site No. 1 and site No. 2.

In addition, other building sites were found to the northwest of site No.1 and to both east and west of site No.2. Since these building sites are not located in the planned areas of excavation, we only conducted small-scaled cleaning on these sites. Their shapes and structures remain unclear.

IV

Baliancheng has both inner and outer cities. Archeology investigations so far have failed to reveal clear signs that a bigger city exists. A partition wall divides the outer city into several closed areas and courtyards. Inner city is located at roughly north to the center of outer city. The palace area is in the north part of inner city. The south gates of the inner city and outer city sit on a north-south line which is also the central axis of the city.

Architecture sites No.1 and No.2 are both large in size. Located on the central city axis, they are the main palace buildings in Baliancheng. Site No.1 represents the first layer of palaces inside the inner city. The site sits at the geometric center of the inner city, and is largest in size. The palace foundation of site No.1 is large in size and tall in height. Its two sides are connected to walkways and corridors. To the left and right of the south wall are two stairways, respectively. Their architectural structure, size and position are comparable to the palace site No.3 of upper capital of Bohai. Site No.2 is located north to site No.1. It is a complex consisting of the main palace and east and west side halls. The foundation of site No.2 is lower than that of site No.1. The central foundation is the main palace, with two sides halls arranged symmetrically on its east and west sides. There is a corridor at the center of the main palace foundation of site No.2, which is connected with site No.1. The combination of site No.1 and site No.2 forms a structure that resembles "工". The architectural structure, size and position of site No.2 are comparable to the palace site No.4 of upper capital of Bohai.

Other inner city buildings surround architectural sites No.1 and No.2. Corridors and hallways connect the two sites and form a closed courtyard.

V

Most relics unearthed from Baliancheng Site are different kinds of architectural pottery, including plates and semi-cylindrical tiles laid on the top of the buildings, as well as glazed pottery beast, beast heads and chi tails that are used as ornamental pieces for buildings on the ridge. In addition, there are some building materials used to decorate the ground, such as glazed pottery columns, square and rectangular bricks, brick nails, paving stones, and stone nails, among others.

The majority of tile-ends unearthed from Baliancheng have lotus patterns. There are also a few with flower and grass patterns. Among them, there are a large amount of "character tiles" which are stamped or carved with Chinese characters, in the form of either rilievo or intaglio.

VI

According to *New Book of Tang: Bohai Chuan*, the Longyuanfu eastern capital served as Bohai's king city approximately from 785-794 AD. Archeological evidence of Baliancheng's initial year of construction is still absent. Based upon existing literatures, it is commonly inferred that Baliancheng had already become a sizable city by 785 AD. In 926 AD, Khitan conquered Bohai and founded Dongdan State in the original location of Bohai, using Ganlu(甘露) as the new title of reign. An unearthed plate tile excavated from the collapsed accumulations of the No.1 architecture site of Baliancheng is carved with the Chinese characters: "维次甘露元", The part under the character "元" is missing. We speculate that the entire inscription should read "维次甘露元年", which serves as evidence that Dongdan State used to repair the Baliancheng palaces after Bohai was conquered.

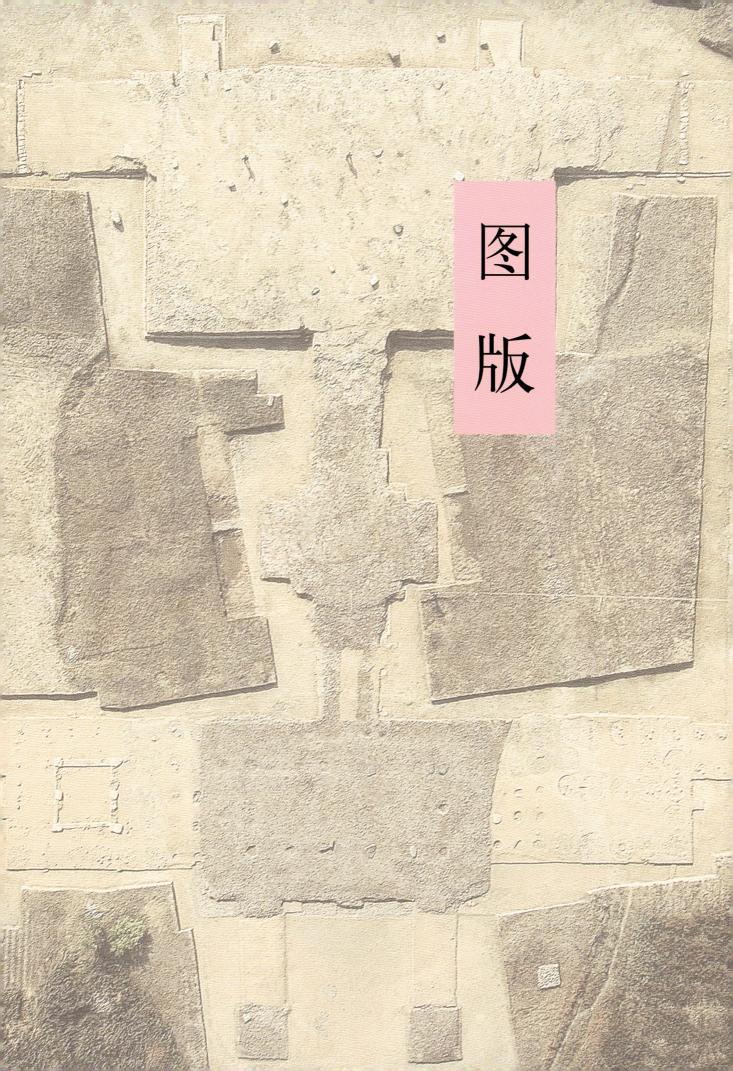

图版

八连城遗址北部（南—北）

八连城遗址北部

北部建筑址（西北—东南）

八连城遗址北部建筑址

1. 解剖沟西壁剖面（东北－西南）

2. 解剖沟西壁夯土层剖面（东北－西南）

内城南墙解剖

1. 南门址（南—北）

2. 南门址（东—西）

外城南门址

南门台基（南—北）

内城南门台基

图版六

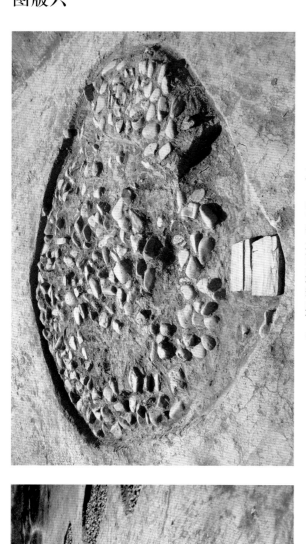

2．第1排第1列柱础（北－南）

1．柱础排列（西－东）

4．第2排第6列柱础解剖（西－东）

3．第2排第1列柱础（东－西）

内城南门址柱础

1. 台基南侧堆积（东南－西北）

2. 台基北侧堆积（东北－西南）

内城南门址建筑倒塌堆积（一）

3. 西侧土台白灰块堆积（西—东）

1. 台基北壁中阶侧堆积（北—南）

2. 台基北壁东阶西侧堆积（北—南）

内城南门址建筑倒塌堆积（二）

内城建筑址（上南）

内城建筑址

第一号建筑址

第一号建筑址

1. 第一号建筑址殿基台基东壁
（东北—西南）

2. 第一号建筑址殿基台基东壁北段包壁砌石（东—西）

3. 台基北壁西段及西壁北段（西北—东南）

4. 台基北壁东段（东—西）

第一号建筑址殿基台基（一）

1. 台基南壁炭灰土条带（南—北）

2. 台基南壁炭灰土条带内铁制构件

3. 台基南壁炭灰土条带里侧膏泥迹象

第一号建筑址殿基台基（二）

1. 台基南部（西—东）

2. 台基东部（东北—西南）

3. 台基西部（西北—东南）

第一号建筑址殿基台基（三）

1. 殿基东南部建筑倒塌堆积（西一东）

2. 殿基东南部建筑倒塌堆积（南一北）

3. 殿基东南部建筑倒塌堆积（北一南）

4. 殿基东阶西壁建筑倒塌堆积（西一东）

第一号建筑址殿基建筑倒塌堆积

1. 殿基台阶（西南—东北）

2. 殿基东侧台阶（南—北）

3. 殿基西侧台阶（南—北）

第一号建筑址殿基台阶

1. 东侧台阶东壁散水铺砖（北—南）

2. 东侧台阶西壁散水铺砖（东北—南）

3. 东侧台阶散水及踏跺铺砖（西南—东北）

第一号建筑址殿基东侧台阶（一）

1. 东侧台阶南部散水及踏跺铺砖（东—西）

2. 东侧台阶东南角铺砖结构（东—西）

3. 东侧台阶南部中央铺砖结构（南—北）

4. 东侧台阶西南角铺砖结构（东—西）

第一号建筑址殿基东侧台阶（二）

1. 西侧台阶东壁散水铺砖（北—南）

2. 西侧台阶西壁散水铺砖（北—南）

第一号建筑址殿基西侧台阶

1. 东漫道及行廊南壁（西南—东北）

2. 东漫道及行廊北壁（西北—东南）

3. 西漫道及行廊南壁
（西南—东北）

4. 西漫道及行廊北壁
（西北—东南）

第一号建筑址漫道及行廊（一）

2. 西漫道南壁建筑结构（西南—东北）

4. 西行廊南壁出土方砖（南—北）

1. 东漫道南壁建筑结构（南—北）

3. 西漫道北壁建筑结构（北—南）

第一号建筑址漫道及行廊（二）

1. 东漫道及行廊台基顶部（西—东）

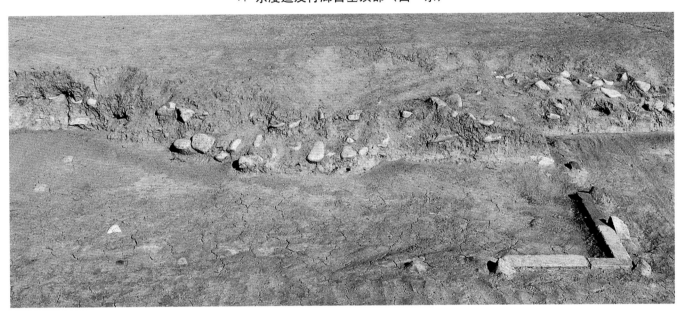

2. 东行廊南壁台阶（南—北）

3. 东行廊南壁台阶散水牙子（东—西）

4. 东漫道西南角散水铺砖（南—北）

第一号建筑址东漫道及行廊

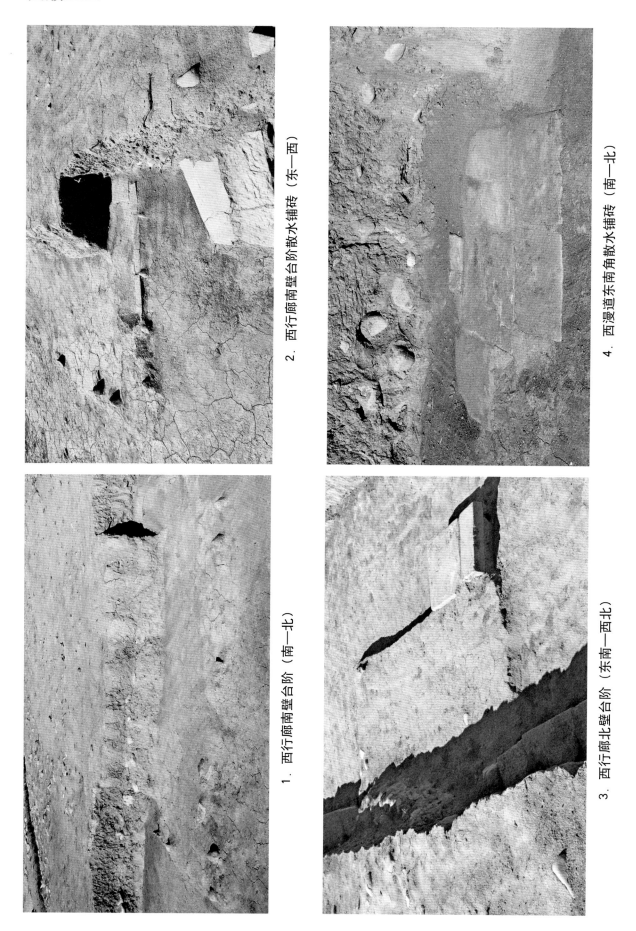

2. 西行廊南壁台阶散水铺砖（东—西）

4. 西漫道东南角散水铺砖（南—北）

1. 西行廊南壁台阶（南—北）

3. 西行廊北壁台阶（东南—西北）

第一号建筑址西漫道及行廊

第二号建筑址

第二号建筑址

建筑址主殿

第二号建筑址主殿

2. 主殿台基北壁中部（西—东）

4. 主殿台基西北部（北—南）

1. 主殿台基南壁东部（东南—西北）

3. 主殿台基东北部（东北—西南）

第二号建筑址主殿台基

1. 主殿东侧台阶（西—东）

2. 主殿西侧台阶（东—西）

第二号建筑址主殿台阶

1. 主殿础石（西南—东北）

2. 主殿北排础石（西北—东南）

第二号建筑址主殿础石

1. 主殿台基柱础排列（西—东）

2. 主殿台基北排柱础（西—东）

3. 主殿台基南排柱础（东—西）

第二号建筑址主殿柱础（一）

1. 主殿台基第1列柱础（北—南）

2. 主殿台基第3列柱础（北—南）

3. 主殿台基第4列柱础（北—南）

4. 主殿台基南排第1列柱础础石（西—东）

第二号建筑址主殿柱础（二）

1. 主殿北部东侧建筑基址
（西南—东北）

2. 主殿北部西侧建筑基址（西南—东北）

3. 主殿北部建筑基址（西—东）

第二号建筑址主殿北部建筑基址

2. 主殿北部东侧建筑基址北端台基（西—东）

4. 主殿北部东侧建筑基址北端台基东南角础石（东—西）

1. 主殿北部东侧建筑基址北端台基（东—西）

3. 主殿北部东侧建筑基址（北—南）

第二号建筑址主殿北部东侧建筑基址

1．主殿北部西侧建筑基址（北—南）

2．主殿北部西侧建筑基址北端台基（东南—西北）

3．主殿北部西侧建筑基址北端台基（东—西）

4．主殿北部西侧建筑基址北端台基（西—东）

第二号建筑址主殿北部西侧建筑基址

东朵殿及东廊（上北）

第二号建筑址东朵殿及东廊

西朵殿及西廊（上北）

第二号建筑址西朵殿及西廊

1. 东朵殿台基及晚期建筑址础石（东—西）

2. 西朵殿台基（西—东）

3. 东朵殿东壁台阶（东南—西北）

4. 西朵殿西壁台阶（西—东）

第二号建筑址朵殿台基

1．西廊及四号排水渠（西—东）

2．西廊柱础（东—西）

第二号建筑址西廊

廊道（上南）

第一、二号建筑址之间廊道

1. 廊道台基中段（东—西）

2. 廊道台基中段西北部（南—北）

3. 廊道台基中段西壁南部（南—北）

第一、二号建筑址之间廊道台基

1. 廊道东侧台阶（东—西）

2. 廊道西侧台阶砌石及散水铺砖（东—西）

3. 廊道西侧台阶（西—东）

第一、二号建筑址之间廊道台阶

1. 东侧廊庑（上南）

2. 西侧廊庑（上南）

第一号建筑址东西两侧廊庑

1．东侧廊庑台基（南—北）

2．西侧廊庑台基（南—北）

第一号建筑址东西两侧廊庑台基

2. 台基南部第2列柱础（北—南）

1. 台基东壁（北—南）

第一号建筑址西侧廊庑台基

2. 排水渠北口（北—南）

1. 排水渠南口（南—北）

一号排水渠

2. 排水渠北口（北—南）

1. 排水渠南口（南—北）

二号排水渠

1. 排水渠南口（南—北）

2. 排水渠北口（北—南）

三号排水渠

1. 四号排水渠南口（南—北）

2. 四号排水渠北口（北—南）

3. 四号排水渠内部结构（北—南）

4. 五号排水渠（南—北）

四、五号排水渠

1．第四号建筑址东南角包壁石（西南—东北）

2．二号建筑遗迹东南角（南—北）

3．二号建筑遗迹台阶（南—北）

4．二号建筑遗迹东北角（北—南）

内城其他建筑遗迹

A型普通板瓦

1．05HBⅡT0601③∶30

2．05HBⅡT0601③∶32

3．05HBⅡT0601③∶33

4．05HBⅡT0601③∶62

A型普通板瓦

1. 05HB Ⅱ T0601③：63

2. 05HB Ⅰ T0202③：76

3. 05HB Ⅰ T0202③：34

4. 05HB Ⅳ T0102③：27

5. 05HB Ⅰ T0202③：77

B型普通板瓦

1. Aa型 （05HB Ⅳ T0204③：14）

2. Aa型 （05HB Ⅱ T0201③：46）

3. Aa型 （04HB Ⅰ T0506②：1）

4. C型 （05HB Ⅰ T0202③：26）

5. Ab型 （04HB Ⅰ T0404②：106）

6. Ab型 （04HB Ⅰ T0505③：45）

A、C型檐头板瓦

1．B型（05HBⅡT0201③：44）

2．B型（08HBⅡT0214②：46）

3．D型（04HBⅠT0504③：215）

4．D型（05HBⅣT0102③：18）

5．D型（06HBⅠT0105②：3）

6．D型（06HBⅠT0105③：7）

B、D型檐头板瓦

A型普通筒瓦

1. 04HBⅠT0808②：2

2. 05HBⅡT0601③：59

3. 04HBⅠT0403③：68

4. 06HBⅣT0105③：1

5. 08HBⅡT0316②：19

6. 08HBⅡT0214②：3

A型普通筒瓦

1．05HBⅡT0601③：57

2．05HBⅡT0601③：29

3．05HBⅡT0601③：31

4．05HBT0102③：27

5．05HBⅠT0102③：28

6．05HBⅣT0102③：26

B型普通筒瓦

1．A型檐头筒瓦（04HBⅠT0509②：17）

2．C型檐头筒瓦（06HBⅠT0108③：1）

3．B型檐头筒瓦（05HBⅡT0601③：58）

4．B型檐头筒瓦（05HBⅡT0601③：60）

5．B型檐头筒瓦（05HBⅠT0503③：55）

6．B型檐头筒瓦（05HBT0503③：51）

檐头筒瓦

1．05HBⅡT0201③：50

2．05HBⅠT0101③：15

3．05HBⅡT0201③：49

4．05HBⅣT0102③：30

5．05HBⅡT0201③：48

6．05HBⅠT0101③：19

绿釉筒瓦（一）

1．05HB Ⅰ T0201③：2

2．05HB Ⅰ T0601③：21

3．05HB Ⅰ T0601③：26

4．05HB Ⅰ T0201③：3

5．05HB Ⅰ T0201③：1

6．05HB Ⅰ T0202③：102

绿釉筒瓦（二）

1. 05HBⅡT0601③：28

2. 05HBⅠT0601③：46

3. 04HBⅠT0410②：19

4. 04HBⅠT0709②：1

5. 05HBⅣT0201③：1

6. 04HBⅠT0608①：1

Aa型瓦当

1. 04HB I T0406③: 6

2. 05HB II T0801③: 1

3. 04HB I T0406①: 2

4. 04HB I T0504③: 216

5. 04HB I T0503③: 213

6. 04HB I T0405③: 4

Ab型瓦当

1．Ac型（05HBⅠT0202③：56）

2．Ac型（05HBⅠT0203③：30）

3．Ae型（04HBⅠT0403③：69）

4．Ae型（05HBⅡT0201③：27）

5．Ae型（06HBⅠT0207②：29）

6．Ae型（04HBT0404②：91）

Ac、Ae型瓦当

1．05HBⅣT0204③：4

2．05HBⅣT0204③：1

3．05HBⅣT0204③：2

4．05HBⅣT0203③：1

5．05HBⅣT0101③：1

6．08HBⅢT0114②：4

Ad型瓦当

1．Ba型（04HB I T0404②：95）

2．Ba型（04HB I T0405③：3）

3．Ba型（04HB I T0606③：25）

4．Bb型（06HB I T1007③：62）

5．Bb型（06HB I T1004③：1）

6．Bc型（06HB I T1007③：63）

B型瓦当（一）

1．Bc型 （06HBⅣT0108②：14）

2．Bc型 （06HBⅣT0108③：15）

3．Bd型 （05HBⅠT0403③：14）

4．Bd型 （06HBⅠT0108②：17）

5．Be型 （06HBⅠT0105③：1）

6．Be型 （06HBⅠT0107②：28）

B型瓦当（二）

C型瓦当

1．Ca型（04HBⅠT0606③：27）

2．Ca型（06HBⅠT0108②：8）

3．Ca型（04HBT0404②：89）

4．Ca型（06HBⅠT0806③：72）

5．Cb型（05HBⅡT0401②：7）

6．Cb型（06HBⅠT0106③：1）

C型瓦当

1．Cc型（06HBⅠT0108②：19）

2．Cc型（06HBⅠT0108②：24）

3．Cc型（06HBⅠT0108②：40）

4．Cc型（06HBⅠT0207②：33）

5．Da型（04HBⅠT0606③：20）

6．Da型（04HBⅠT0606③：21）

C、D型瓦当

1. Da型 （06HBⅠT0806③：41）

2. Da型 （05HBⅠT0601③：38）

3. Db型 （06HBⅣT0108③：13）

4. Db型 （04HBⅠT0504③：227）

5. Dc型 （05HBⅡT0601③：35）

D型瓦当

1. E型瓦当（06HBⅠT0108②：85）

2. 绿釉瓦当（04HBⅠT0709②：16）

3. 绿釉瓦饰件（05HBⅣT0102③：31）

4. 鸱尾（05HBⅠT0503③：37）

5. 三彩饰件（05HBⅠT0201②：29）

6. 三彩饰件（05HBⅠT0403③：21）

其他瓦当及建筑饰件

当沟

1．05HBⅣT0204③：17

2．04HBⅠT0307①：11

3．06HBⅠT0706③：5

4．08HBⅢT0116②：11

5．06HBⅠT0808③：19

6．04HBⅠT0305③：22

1．Aa型（05HBⅡT0201③：40）

2．Aa型（05HBⅡT0601③：45）

3．Aa型（05HBⅡT0902②：6）

4．Aa型（05HBⅠT0503③：52）

5．Ab型（05HBⅣT0102③：28）

6．Ab型（05HBⅠT0303③：38）

A型压当条

1．Ab型（04HBⅠT0307②：9）

2．Ab型（04HBⅠT0506③：49）

3．Ab型（05HBⅡT0501③：48）

4．Ab型（05HBⅡT0501③：49）

5．B型（05HBⅡT0201③：41）

6．B型（08HBⅡT0116②：19）

A、B型压当条

1. 套兽（04HBⅠT0503③：275）

2. 兽头（05HBⅡT0201③：52-1）

3. 兽头（05HBⅡT0201③：52-2）

4. 兽头（05HBⅡT0201③：52-3）

5. 兽头（05HBⅡT0201③：52-4）

6. 兽头（05HBⅡT0201③：52-5）

套兽、兽头（一）

1．套兽（05HBⅡT0301③：53）

2．兽头（05HBⅡT0401③：26）

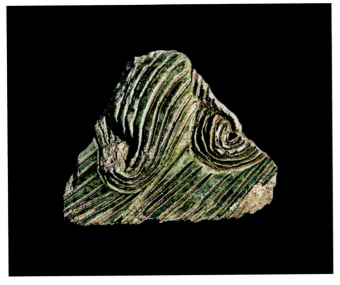

3．套兽（05HBⅡT0601②：2）

4．套兽（05HBⅡT0301③：56）

5．兽头（05HBⅡT0201③：21）

6．套兽（05HBⅡT0601②：4）

套兽、兽头（二）

套兽、兽头（三）

1．兽头（05HBⅡT0201③：22）

2．兽头（05HBⅡT0401③：25）

3．兽头（05HBⅡT0301③：52）

4．兽头（05HBⅡT0301③：51）

5．兽头（05HBⅠT0501③：11）

6．兽头（05HBⅡT0601②：5）

套兽、兽头（三）

1. 兽头（05HBⅡT0401②：12）

2. 兽头（05HBⅠT0201②：7）

3. 兽头（05HBⅡT0301③：55）

4. 兽头（05HBⅠT0201③：20）

5. 套兽（05HBⅡT0701③：3）

6. 兽头（04HBⅠT0407②：14）

套兽、兽头（四）

1．兽头（06HBⅠT0207②：11）

2．兽头（06HBⅠT0107②：54）

3．兽头（06HBⅠT0107②：17）

4．兽头（06HBⅠT0108②：48）

5．兽头（04HBⅠT0406③：5）

套兽、兽头（五）

套兽、兽头（六）

1. 兽头（06HBⅠT1006③：79）

2. 兽头906HBⅠT0107②：19）

3. 兽头（06HBⅠT0907③：62）

4. 兽头（04HBⅠT0404③：88）

5. 套兽（04HBT0504③：6）

6. 兽头（04HBT0403③：123）

套兽、兽头（六）

1．兽头（04HBⅠT0403③：124）

2．兽头904HBⅠT0403③：129）

3．兽头（04HBⅠT0403③：127）

4．兽头（06HBⅣT0205③：18）

5．兽头06HBⅠT0106②：4）

套兽、兽头（七）

A型柱围

1．04HBⅠT0403③：117

2．05HBⅠT0303③：3

3．04HBⅠT0504③：247

4．04HBⅠT0504③：254

5．04HBⅠT0504③：249

6．04HBⅠT0504③：253

A型柱围

1．05HBⅠT0801③：15

2．06HBⅠT0803③：13

3．05HBⅡT0601③：68

4．05HBⅡT0701③：4

5．04HBⅠT0505③：64

B型柱围

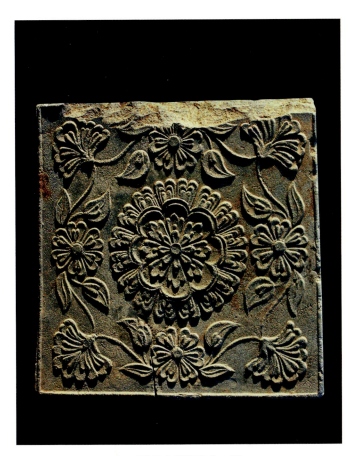

1．05HBⅡT0501③：51

2．05HBⅡT0201③：18

4．05HBT0501③：22

3．05HBT0501③：19

5．05HBⅠT0901③：1

砖（一）

1. 05HBⅡT0601③：64

2. 05HBⅣT0204③：18

3. 08HBⅡT0316②：22

4. 05HBⅡT0601③：65

5. 08HBⅡT0316②：7

6. 05HBⅡT0601③：66

砖（二）

1. 长方砖（05HBⅡT0301③∶48）　　　　　　2. 长方砖（05HBⅡT0601③∶67）

3. 长方砖（08HBⅡT0316②∶8）　　　　　　4. 砖钉（08HBⅢT0115②∶18）

5. 长方砖908HBⅢT0115②∶19）

砖、砖钉

1. 石构件（04HB Ⅰ T0303③：1）

2. 石构件（05HB Ⅰ T0503③：56）

3. 石构件（04HB Ⅰ T0608①：10）

4. 石权（04HB Ⅰ T0305③：27）

5. 石钉（04HB Ⅰ T0506③：204）

石器

1. 陶碗（05HBT0401②：1）

2. 陶钵（05HBT0503③：30）

3. 陶盘（05HBⅡT0401①：1）

4. 文字瓦（05HBⅡT0301③：18）

5. 文字瓦（05HBⅠT0501③：6）

6. 文字瓦（05HBⅡT0501③：25）

陶器、瓦件刻划文字

1．05HBⅣT0203③：8

2．08HBⅢT0314②：8

3．08HBⅡT0116①：1

4．08HBⅡT0114②：9

5．08HBⅡT0214②：35

6．08HBⅡT0116②：4

7．08HBⅡT0214②：61

8．08HBⅢT0115②：25

瓦件模印文字